总第93辑 (2023.1)

中国审判指导丛书

民事审判指导与参考

最高人民法院民事审判第一庭 编

人民法院出版社

图书在版编目（CIP）数据

　　民事审判指导与参考. 总第93辑 / 最高人民法院民事审判第一庭编. -- 北京：人民法院出版社，2023.9
　　（中国审判指导丛书）
　　ISBN 978-7-5109-3212-0

　　Ⅰ. ①民… Ⅱ. ①最… Ⅲ. ①民事诉讼－审判－中国－丛刊 Ⅳ. ①D925.118.2

　　中国国家版本馆CIP数据核字(2023)第016016号

民事审判指导与参考　2023年第1辑（总第93辑）
最高人民法院民事审判第一庭　编

责任编辑	丁丽娜
出版发行	人民法院出版社
地　　址	北京市东城区东交民巷27号（100745）
电　　话	（010）67550608（责任编辑）　67550558（发行部查询）
	65223677（读者服务部）
客服QQ	2092078039
网　　址	http://www.courtbook.com.cn
E-mail	courtpress@sohu.com
印　　刷	河北鑫兆源印刷有限公司
经　　销	新华书店
开　　本	787毫米×1092毫米　1/16
字　　数	227千字
印　　张	15.25
版　　次	2023年9月第1版　2023年9月第1次印刷
书　　号	ISBN 978-7-5109-3212-0
定　　价	68.00元

版权所有　侵权必究

《民事审判指导与参考》
编辑委员会

编委会主任 贺小荣

编委会副主任 陈宜芳 吴景丽 刘晓勇

　　　　　　　　刘银春

编委会委员 （以姓氏笔画为序）

　　　　　　　于 蒙　万 挺　王 丹

　　　　　　　王永明　王 灯　危浪平

　　　　　　　李赛敏　汪 军　汪治平

　　　　　　　张 闻　张 艳　金 悦

　　　　　　　赵凤暴　高燕竹　谢爱梅

　　　　　　　谢 勇　潘 杰

执行编辑 谢勇 王永明

执行编辑助理 张一宸

特约编委

北京高院	宋　毅	湖南高院	孙元清
天津高院	王会君	广东高院	刘样发
河北高院	宋晓玉	广西高院	谭庆华
山西高院	王　东	海南高院	詹润红
内蒙古高院	孙　磊	重庆高院	田晓梅
辽宁高院	刘玉喜	四川高院	周　静
吉林高院	白金城	贵州高院	秦　娟
黑龙江高院	王　剑	云南高院	崔　艳
上海高院	殷勇磊	西藏高院	琼　巴
江苏高院	俞灌南	陕西高院	王建敏
浙江高院	俞少春	甘肃高院	刘　恒
安徽高院	何爱武	青海高院	齐卫军
福建高院	黄浩洪	宁夏高院	武靖非
江西高院	熊　杰	新疆高院	宋振芹
山东高院	戴　磊	兵团法院	徐丽丽
河南高院	刘天华	军事法院	李　毅
湖北高院	邵远红		

特约通讯员

北京高院	程惠炳	湖南高院	胡翔俊
天津高院	段昊博	广东高院	刘史丹
河北高院	孙　雷	广西高院	张　芳
山西高院	张华峰	海南高院	麦　琳
内蒙古高院	党宏艳	重庆高院	明　鹭
辽宁高院	郝　宁	四川高院	蔡源原
吉林高院	岳　航	贵州高院	龙　夔
黑龙江高院	韩馨仪	云南高院	王俊杰
上海高院	洪　波	西藏高院	旦增罗布
江苏高院	秦岸东	陕西高院	滕欣燕
浙江高院	陈逸群	甘肃高院	刘建军
安徽高院	王惠玲	青海高院	王　微
福建高院	齐传楠	宁夏高院	宋成祥
江西高院	吴玉萍	新疆高院	马忠雄
山东高院	陈东强	兵团法院	张志伟
河南高院	朱正宏	军事法院	田昕鑫
湖北高院	王　艳		

目 录

【大法官论坛】

以习近平法治思想为指导　推动新时代家事审判工作

高质量发展 …………………………………… 贺小荣（ 1 ）

【网络消费专题】

最高人民法院网络消费典型案例新闻发布稿

（2023 年 3 月 15 日） ……………………………（ 12 ）

最高人民法院民一庭负责人就网络消费典型案例

答记者问 ……………………………………………（ 15 ）

最高人民法院网络消费典型案例 ……………………（ 19 ）

【涉体育纠纷专题】

最高人民法院涉体育纠纷民事典型案例新闻发布稿

（2023 年 6 月 21 日） ……………………………（ 32 ）

最高人民法院民一庭负责人就涉体育纠纷民事典型案例

答记者问 ……………………………………………（ 35 ）

最高人民法院涉体育纠纷民事典型案例 ……………（ 38 ）

【老年人权益保护专题】

最高人民法院第三批老年人权益保护典型案例新闻发布稿
　　（2023年4月27日） ………………………………（51）
最高人民法院民一庭负责人就老年人权益保护典型案例
　　答记者问 ……………………………………………（55）
最高人民法院第三批老年人权益保护典型案例 ………（60）

【人民法庭工作专栏】

打造"四个中心"　深化"龙山经验"　推动"枫桥式人民法庭"
　　建设　做实诉源治理的实践探索
　　——以金华法院40个基层人民法庭的实践为例
　　…………………浙江省金华市中级人民法院课题组（71）
"365警务保障计划"护航人民法庭高质量发展
　　………………………江苏省淮安市中级人民法院（82）
"法"挺在前　诉"源"治理　"四个一同"搭建法院与
　　乡镇矛盾纠纷化解共同体
　　………………………河北省邯郸市永年区人民法院（85）
"三不到庭全到家"　能动司法新实践　张家口市阳原县
　　倾力打造群众家门口法院
　　………………………河北省张家口市中级人民法院（89）

【理论前沿】

民间借贷案件审判重点难点问题探析 …………谢　勇（93）
关于继父母继子女法律关系若干问题的探析 …于　蒙（105）
对规范和完善涉竞业限制劳动争议裁判规则的思考
　　………………………………………………吴博文（116）

【审判实务热点问题研究】

《关于劳动人事争议仲裁与诉讼衔接有关问题的
意见（一）》的理解与适用……………………张 艳（130）
劳动合同解除制度中违反规章制度"严重"程度之司法判定
……………………………………………………王 岑（154）

【最高人民法院案件解析】

表见代理认定中相对人是否善意无过失应综合审查判断
——平安银行股份有限公司上海分行诉绿地能源集团
有限公司等金融借款合同纠纷案
……………………汪 军 魏佳钦 邵 辉（169）

【地方法院案件解析】

互联网平台用工劳动关系认定的审查进路
——何某红诉兢择公司确认劳动关系纠纷案
…………………………………陈 丹 赵洋洋（181）

【地方法院调研】

关于涉养老机构纠纷案件的调研报告
………………………天津市第一中级人民法院课题组（195）
关于人口老龄化背景下构建和完善适老型民事诉讼模式的
调研报告………………北京市朝阳区人民法院课题组（209）
预付式消费中消费者权益的司法保护探究
——关于涉预付式消费纠纷案件的调研报告
………………………浙江省杭州市中级人民法院课题组（223）

【大法官论坛】

以习近平法治思想为指导
推动新时代家事审判工作高质量发展*

最高人民法院党组成员、副院长　贺小荣

婚姻家庭关系是基于两性关系、血缘关系和扶养关系而形成的人与人之间的关系。习近平总书记指出："家庭是社会的细胞。家庭和睦则社会安定，家庭幸福则社会祥和，家庭文明则社会文明。"作为家庭领域的主要行为规范，我国以民法典为主干的婚姻家庭制度是具有中国特色的社会主义婚姻家庭制度，是规范夫妻关系和家庭关系的基本准则，核心要旨在于促进和维护家庭关系的和谐。如何将具有我国特色的婚姻家庭制度贯彻好、落实好，充分发挥司法的规范、指引、评价和教育功能，在中国式现代化过程中丰富人民精神世界，家事审判工作大有可为。新时代、新征程，我们应当始终坚持以习近平新时代中国特色社会主义思想和习近平法治思想为指导，努力推动家事审判工作高质量发展。

一、近年来全国家事审判工作取得的成效

党的十八大以来，全国法院坚持以习近平新时代中国特色社会主义思想和习近平法治思想为指导，认真贯彻习近平总书记关于注重家庭家教家风建设重要论述精神，始终将保障未成年人、老年人、残疾人、妇

---

*　本文原载于《中国审判》2023年第12期。

女合法权益,维护婚姻家庭和谐稳定作为家事审判工作的重要目标任务。据统计,2013年至2022年十年间,全国法院一审审结婚姻家庭继承纠纷案件1750.7万件。

(一)家事纠纷多元解纷格局普遍形成。2017年,在中央政法委的坚强领导和相关部门的大力支持下,由最高人民法院牵头会同中央综治办等14家单位共同建立家事审判方式和工作机制改革联席会议制度,部署选择118家中基层人民法院开展为期两年的改革试点工作。各地法院积极探索,深刻把握家事审判改革的重要意义,建立联席会议制度,推动跨部门协作联动,努力打造"党委领导、政府尽责、法院牵头、社会参与、专业介入"的工作格局,为深入推进家事审判方式改革、充分发挥家事审判职能作用创造了前所未有的良好环境。

(二)家事审判工作理念深入转变。传统家事审判侧重财产权益保护,未能充分考虑家庭成员的身份利益和人格利益,难以满足人民群众日益多元的司法需求。通过近年来的改革努力,全国家事审判工作理念发生了较为深刻的变化,符合家事审判规律和特点的审判理念逐步确立:一是注重追求实质正义,强化法官的职权探知、自由裁量和对当事人处分权的适当干预,关注其他家庭成员合法合理的诉求,强调对弱势群体的差异性保护;二是注重人身权益保护,从偏重财产分割、财产利益保护转变为更加重视当事人的人格利益、安全利益、隐私利益、情感利益保护;三是注重修复家庭关系,不再过分追求结案率、当庭裁判率、简易程序适用率等考核指标,通过适当放宽审限、优化考核指标等方式,为彻底化解家庭纠纷和修复心理创伤提供有利条件。

(三)家事审判机制程序不断完善。各高级人民法院和试点法院因地制宜、不断探索,以试点规范为基础,加强建章立制,制定符合本地实际的家事审判规程。通过不断完善家事案件心理辅导干预、家事情况调查、诉前调解、案后回访等制度,建立健全具有中国特色的家事审判诉讼程序。以积极态度和扎实举措创新工作方式机制,推动实现本轮改革目标,维护家庭和谐稳定、依法保障弱势群体合法权益、培育和践行社会主义核心价值观、促进社会和谐健康发展。其中，夫妻共同财产申报制度被妇女权益保障法第六十七条吸收，具有中国特色的家事诉讼程序进一步完善。

（四）家事审判专业化水平大幅提升。各地法院着力强化机构人员配置，通过集中管辖家事案件、设立家事审判团队、培养专门家事法官等方式，切实加强家事审判条线的专业化建设。注重选任熟悉家事审判业务、热爱家事审判工作，具有一定社会阅历、审判经验，特别是掌握社会学、心理学知识，善于疏导沟通的法官，持续加强家事审判的专业化队伍建设。通过购买社会服务等方式引入社会力量，由司法、妇联、社工团体等组织推荐的包括家事调查员、家事调解员、心理咨询师、未成年人诉讼辅助人在内的家事审判辅助人员，有效提升家事审判队伍的办案能力和水平。

（五）家事审判的人性化配套设施加快推进。传统的原、被告双方对抗式辩论的审判场所，不能很好契合家事纠纷案件的特质。为此，各地法院积极推进情景化改造，打造以家庭责任、亲情维系、宽容理解为内涵的体现"家庭化"特点的办案场所。配置专用的"圆桌式"家事审判庭，对法庭进行"家庭化"布置；设置家事调解室、沙盘分析室、单面镜观察室、心理辅导室，更好满足多元司法需求；有的地方法院还积极推动设立家事纠纷调处室，专门用于家事辅助人员开展综合调处工作。相关设施的普遍配置，充分彰显家事审判的人性化特点，引导当事人"带着亲情去解决问题"，将法与德、情与理融为一体，展现出中国特色家事审判的法治温度。

二、当前家事审判工作面临的新形势、新挑战

（一）国家、社会、人民群众对家事审判工作提出更高要求。近年来，随着家庭规模缩小，生产功能和社会功能弱化，加之社会主要矛盾变化，婚姻家庭关系出现了一些新情况新特点。一是婚姻家庭关系纠纷容易成为违法犯罪的导火索，个别人甚至选择用极端方式解决家事矛盾、

情感纠葛，最终逾越法律底线，严重影响社会稳定。最高人民法院2023年6月发布的中国反家暴十大典型案例中，就不乏家庭矛盾引发的刑事案件。新时代的家事审判应当注意防范"民转刑"，做实诉源治理，避免家事纠纷升级为社会问题。二是婚姻家庭关系的维护已经成为国家治理的重要内容。习近平总书记强调："千家万户都好，国家才能好，民族才能好。"家事审判改革在一定程度上是国家为了消弭家庭危机所作的司法应对，具有国家治理意义。新时代家事审判应当立足治理思维，转变裁判理念，提升解纷技能。三是婚姻家庭关系的和谐已经成为评价人民群众幸福感的重要指标。因此，新时代家事审判不应简单局限于是非判断和权利义务厘定，而要延伸至"诊断、治疗、修复"职能，切实满足人民群众日益增长的多元司法需求。

（二）经济社会发展对家事审判工作产生深刻影响。一是社会发展转型带来家庭传统功能的整体弱化。中国传统的农业经济长期通过"家"来组织生产活动，注重亲属团体和家庭生活，很大程度是因为个体一旦脱离家庭为依托的熟人社会便很难生存。而在现代社会，随着生产力的进步和社会经济的发展，个体可以脱离家庭成为能够"自我依靠"的社会主体，出现了"不婚"或者"丁克"等社会现象，由此引发的人身和财产纠纷成为家事审判面临的新课题。二是市场经济的逐利性在一定程度上影响着传统的婚姻家庭观念。婚姻家庭是异性间以共同生活为目的而结合在一起的社会组织，夫妻双方一旦将彼此的物质利益置于不当位置来考量，不仅会影响传统家庭组织秩序，还可能在一定程度上影响甚至动摇家庭内部互相关爱的核心价值。例如，以逐利为目的的"假离婚""假结婚"引发的虚假诉讼，正是当前家事审判不可回避的新挑战。三是网络时代的个性释放也在弱化传统家庭的社会责任。随着互联网的普及，个人自由空间得以大幅扩张，部分社会成员的家庭责任感出现弱化现象。以婚育为例，随着生殖技术的不断进步，以人工授精和"代孕"引起的亲权纠纷以及财产纠纷，同样成为家事审判领域不得不面对的新课题。

（三）家事审判工作的制度机制有待进一步优化。一是法官观念的不同极易导致婚姻家庭案件中司法判断标准的多元化。客观地讲，受社会观念变化的影响，不同年龄层次的法官在家事审判中的判断标准难免存在差异。以判断"感情确已破裂"为例，可能年长的法官更加重视婚姻生活中的谦让与包容，更多地考量诸多家庭和社会因素进行综合判断。而在年轻法官看来，个性的释放与生活方式的自由选择在判断"感情确已破裂"的诸多因素中权重更高。因此，家事案件中独任法官、人民陪审员、合议庭成员的选任要更加科学合理。二是家事审判工作考核体系有待完善。一方面，受普通民事案件考核"指挥棒"的影响，部分家事法官可能为追求效率而尽快结案，难免影响家事审判维护家庭和谐稳定、保护弱势群体权益等价值目标的实现；另一方面，考核指标对家事审判工作量认定要进一步完善。家事审判需要对人格、身份权益、特殊群体等提供全面司法保护，需要大量审判外工作，应当适当计入考核指标体系。三是家事审判理论研究和经验总结还有待提高。2023年5月底，最高人民法院在山东青岛召开全国部分法院家事审判工作座谈会，对存在争议的多数问题达成共识，并且梳理出了不少新的问题。今后要建立常态化信息沟通机制，及时总结提炼各地家事审判好的经验做法。四是民法典的颁布施行对家事审判工作提出更高要求。一方面，随着婚姻法、继承法、收养法回归民法体系，需要做好民法典内部的体系化解释，既维护婚姻家庭领域独特的伦理价值，又要统筹协调好与民法典其他各编的关系。以无民事行为能力人的婚姻效力为例，民法典总则编中的第一百四十四条有"无民事行为能力人实施的民事法律行为无效"的规定，但婚姻家庭编中未作进一步明确，这就涉及如何体系化解释民法典的总则编和婚姻家庭编的法律适用关系。另一方面，婚姻家庭领域还涉及家庭教育促进法、未成年人保护法、妇女权益保障法等法律的适用，均与家事审判工作密切相关。以2022年10月底修订的妇女权益保障法为例，在维护"她"权益方面，新法特别提到，要加强婚恋交友关系中的妇女权益保护。反家庭暴力法扩大人身安全保护令的适用范围，规定"家庭成员以外共同生活的人之间实施的暴力行为，参照本法规定执行"，将同居、离异等人员的暴力行为一并纳入法律约束，增加了《最高人民法院关于办理人身安全保护令案件适用法律若干问题的规定》（自2022年8月1日起施行）第四条的适用情形。因此，家事审判必须处理好基本法与部门法之间的关系，确保法律设定的权利义务得以实现。

（四）部分法律制度还需要通过司法实践予以具体明确。以民法典具体规定为例，民法典第一千零五十三条规定的"重大疾病"、第一千零六十条规定的"家庭日常生活"保障了当事人的婚姻自主权、个人财产权；民法典第一千零八十八条有关离婚家务经济补偿制度意义重大，赋予承担较多家庭义务且在经济上处于劣势一方以独立的诉讼请求权，使其在婚姻关系终结时可以要求对方给予经济上的补偿，符合现代法律公平原则。但是，一旦具体到特定案件，由于概括性立法条款过于原则，必然需要司法机关的裁判经验进行补缀结合，实际上授权裁判者运用自由裁量权，在司法实践中作进一步的价值权衡，并对立法者的价值判断作出必要的补充。结合家事审判工作，在司法实践中应当秉持两个基本要求：一是人民法院应当有所担当，承担起保护弱势群体合法权益的责任，避免弱势群体权益保障成为公正审判的"盲点"和"短板"；二是人民法院的裁判应当对婚姻家庭中的"私人空间"予以必要的尊重和保护，不得进行无限干预，要通过司法智慧平衡利益冲突，确保良好的家事制度落地生根。

三、新时代家事审判工作的重点和努力方向

第一，提高政治站位，坚持以习近平法治思想为指导，从维护社会大局稳定、建设中国式现代化、实现中华民族伟大复兴的高度推动家事审判工作高质量发展。习近平总书记高度重视家庭家教家风建设。他指出："无论时代如何变化，无论经济社会如何发展，对一个社会来说，家庭的生活依托都不可替代，家庭的社会功能都不可替代，家庭的文明作用都不可替代。"因此，作为新时代的家事审判工作者，应当牢记如下三点"国之大者"：一是科学的婚姻家庭制度与维护社会大局稳定、建设中

国式现代化、实现中华民族伟大复兴紧密相联，决定了加强社会治理、维护社会稳定，必须将家庭建设放在十分重要的位置。二是家事案件每年将近200万件，占所有民事案件的13%，体量庞大。要坚持正确指导思想，确保家事审判职能定位、利益保护以及价值追求方面的正确政治方向，坚持婚姻家庭和谐稳定原则，坚持司法为民原则，切实提升社会公众对家事审判的尊重、信赖与认同。确保家事审判有力量、有是非、有温度，才能让群众有温暖、有遵循、有保障，从每一个家事案件中感受到公平正义。三是家事审判承载着当事人的微观诉求和社会公众的宏观期待，必须承担起时代赋予的使命和责任。"法与时转则治。"符合时代需要的民事审判是满足人民日益增长的多元司法需要的"主阵地"，对社会普遍关切的高价彩礼、隔代探望、忠诚协议、家务补偿等问题，及时出台司法解释、司法政策或者发布典型案例，引领裁判思路、理念和尺度的统一，提高服务大局的前瞻性、针对性和有效性。

第二，以科学稳妥方式，推进家事审判方式和工作机制改革，坚持家事审判的中国化方向。具体可从如下四方面努力：一是坚持中国道路、中国方式和中国方法。习近平总书记指出："我们要建设的中国特色社会主义法治体系，必须是扎根中国文化、立足中国国情、解决中国问题的法治体系，不能被西方错误思潮所误导。"问题是时代的声音，回答并指导解决问题是理论的根本任务。再完美的理论，不能解决中国问题就是空的理论。一方面，人民法院推动完善婚姻家庭制度，必须坚持问题导向，解决中国问题，注意和中华优秀传统文化相结合，所提方案举措符合中国国情。另一方面，坚定不移树立新时代正确司法理念，倡导文明进步的婚姻家庭伦理道德观念，维护健康向上的婚姻家庭关系；树立家庭本位的裁判理念，对家庭财产关系的处理以维护家庭成员共同生活为价值目标；坚持以人为本，发挥家事审判的"诊断、治疗、修复"作用，实现家事审判司法功能与社会功能有机结合。二是明确划定家庭成员行为自由的边界。现实生活中，确有夫妻双方为了取得购房资格、规避夫妻债务或者追求其他利益等，通过通谋离婚的形式达到其真实目的。针对"假离婚"变成真分手的情形,人民法院要态度明确,依法认定婚姻关系已经解除,财产分割协议应予履行,不利后果由其自己承担。针对非法转移夫妻共同财产问题,不能局限于借贷、赠与等情形,与平台主播存在主观恶意串通、以网络打赏方式转移的亦当予以否定。道德性、价值性的共识,只有通过法律的方式,才能被规范化、制度化,才能保障其被有效遵守。通过公正裁判树立行为规则,传导正确的理想信念、价值观念和道德观念,以生动的司法实践弘扬和践行社会主义核心价值观。三是避免将家庭关系商品化或者财产化。家事案件还涉及亲情、感情、友情等情感因素,具有较为突出的伦理性与社会性特质,应当注意婚姻家庭领域特殊的价值理念,避免财产法思维的过度影响。以农村地区婚恋市场为例,处理婚前赠与、结婚彩礼等问题时,应综合考虑男方给付彩礼数额、女方陪送嫁妆数额、彩礼用途、双方共同生活时间长短等因素来衡量、判断和处理。四是弘扬社会主义核心价值观。习近平总书记强调:"培育和弘扬核心价值观,有效整合社会意识,是社会系统得以正常运转、社会秩序得以有效维护的重要途径,也是国家治理体系和治理能力的重要方面。"家事审判改革通过培育和践行社会主义核心价值观,促进社会和谐健康发展,深入贯彻落实习近平总书记关于把社会主义核心价值观融入法治建设重要指示精神,坚持德法相辅。一方面,强化裁判文书释法说理,要求人民法院在家事裁判中深入阐释法律法规所体现的国家价值目标、社会价值取向和公民价值准则,在遇到涉婚姻家庭的法律和道德难题时,亮明立场,辨明方向,发挥司法裁判在国家治理和社会治理中的教育、引导功能。另一方面,通过司法解释、典型案例引领社会良好风尚,推动法治德治自治有机融合。明辨是非、惩恶扬善,旗帜鲜明地告诉社会提倡什么、否定什么、保护什么、制裁什么,有效推动国家治理体系和治理能力现代化。

第三,在民法典范围内,统一家事审判工作的裁判理念和规则标准。习近平总书记指出:"民事案件同人民群众权益联系最直接最密切。各级司法机关要秉持公正司法,提高民事案件审判水平和效率。要加强民事司法工作，提高办案质量和司法公信力。要及时完善相关民事司法解释，使之同民法典及有关法律规定和精神保持一致，统一民事法律适用标准。"因此，家事审判工作应当将民法典关于"树立优良家风，弘扬家庭美德，重视家庭文明建设"等规定落到实处：一是要做好调查研究工作。坚持以习近平新时代中国特色社会主义思想为指导，全面贯彻党的二十大精神，讲政治、顾大局，坚持问题导向，以解决问题为根本目的，了解掌握、推动解决家事条线审判工作中群众急难愁盼的具体问题，深入基层实行问题大梳理、难题大排查。调研到一线去、到田间去，还可以通过座谈讨论等方式研究实践难题、完善统一裁判标准，着力打通民事审判工作中的堵点难点。二是要做好司法解释工作，同时注意区分立法解释和司法解释。对法律条文本身的含义进行解释，属于立法解释的范畴；但在具体案件中难以适用时，可以就法律的具体应用问题作出解释。司法解释是最高人民法院根据法律赋予的职权，对审判工作中具体应用法律所作的具有普遍法律效力的解释，有关家事领域的司法解释必须在民法典等法律规定的框架下进行。三是要加快信息化建设步伐。切实建好、用好中国法院家事审判网，为家事审判提供技术支撑。未来要加强平台推广、完善平台建设，实现四级法院在家事审判工作方面的互联互通。四是要加强对家事审判工作信息的收集、分析和运用，全面及时掌握全国家事审判工作动态，准确研判存在的问题和原因，充分发挥家事审判大数据功能，促进基层社会治理。地方人民法院可通过微信、邮箱等方式及时反映相关问题、推荐优秀文书、介绍经验做法。

第四，注重诉源治理，推动家事审判工作良性健康发展。党的二十大报告强调，加快建设法治社会，推进多层次多领域依法治理，提升社会治理法治化水平。源头治理是人民法院依法能动履职的突出体现，是贯彻落实习近平总书记"法治建设既要抓末端、治已病，更要抓前端，治未病"的具体举措：一要积极参与矛盾纠纷源头治理，做实司法建议工作，推动建设社会矛盾化解第一道防线。法院要履行好自己担负的社会职责，必须紧紧依靠党委领导，强化与公安、司法行政、民政、妇联等部门单位的协作配合,坚持和完善齐抓共管长效机制。当前,人民法院要重点做好司法建议工作,就孩子教育、社会责任承担等问题提出建议,发挥司法建议在国家治理、社会治理中的重要作用,形成诉源治理的合力。二要坚持把非诉讼纠纷解决机制挺在前面,履行好指导人民调解的法定职责,引导打造社会矛盾化解的重要防线。充分利用诉讼服务、指导制定村规民约、诉讼费用分担等,引导当事人选择非诉讼纠纷解决方式。通过组织人民调解员旁听庭审、依法确认调解协议、聘任人民调解员为人民陪审员、设立人民调解指导员等措施,做实基层人民法院指导人民调解业务的法定职能。人民法庭定期向县级司法局、乡镇司法所等通报民间纠纷成诉情况,建立矛盾可能激化或者引发"民转刑"等恶性事件的预警通报机制。三要立足执法办案,做实诉讼纠纷实质化解工作,筑牢守护社会公平正义的最后一道防线。特别应当强调家事审判的统筹平衡理念,处理好家庭伦理与经济理性、个体的婚姻自由与家庭关系的稳定、男女平等原则与弱势主体保护,防范化解衍生纠纷,促进诉讼纠纷实质性化解。同时,注意挖掘发布典型案例,充分发挥案例的示范引领作用。"一个案例胜过一打文件"。各地法院要善于发现、及时编辑整理案例,推荐至最高人民法院进行法治宣传。

第五,以主题教育为契机,全面加强家事审判工作队伍能力建设。当前,全国上下正在扎实开展学习贯彻习近平新时代中国特色社会主义思想主题教育活动。要结合深入开展主题教育,真正将习近平新时代中国特色社会主义思想、习近平法治思想内化于心、外化于行,始终恪守坚持党的绝对领导、坚持以人民为中心、坚持中国特色社会主义法治道路。一是要提高家事法官政治素质,把厚植党执政的政治根基落到实处,为大局服务。"家事如天",家事审判与国家治理密切相关,每件家事纠纷当中都有政治,和社会稳定、国家安全密切联系。不断提升家事法官政治素质,坚持"小案不小办",以小案件讲述大道理,以小视角展示大情怀,妥善处理个人、家庭、国家三者关系。二是要提高家事法官业务素质,把为人民司法落到实处。基于婚姻形成的家庭关系既属于私法调整的范畴，又承载着多元社会功能，因此实现家事裁判结果的妥适性、可接受性，就对法官提出了更高要求：其一，需要法官把法律规定、社会知识与文化传统融为一体，既要懂法律，又要懂社会，还要懂传统文化；其二，需要法官将国家立场、公众评价、个人感受融会贯通，实现三个效果的统一；其三，需要法官结合个人生活经验，去换位思考当事人的处境难处，实现情理法的统一。三是要提高家事法官职业道德素质，落实严管厚爱，严管本身就是厚爱，把纪律建设、廉政建设挺在前面，坚定不移抓实"三个规定"如实填报制度，锻造忠诚、干净、担当的新时代家事审判铁军，确保让党放心、让人民满意。

【网络消费专题】

最高人民法院网络消费典型案例新闻发布稿

(2023年3月15日)

  党的十八大以来，以习近平同志为核心的党中央高度重视扩大内需、促进消费和发展数字经济。习近平总书记在参加十四届全国人大一次会议江苏代表团审议时指出，"必须以满足人民日益增长的美好生活需要为出发点和落脚点，把发展成果不断转化为生活品质，不断增强人民群众的获得感、幸福感、安全感。"在刚刚闭幕的十四届全国人大一次会议和全国政协十四届一次会议上，不少代表和委员高度重视网络消费和消费者权益保护，建议要改善消费环境，提升消费服务质量，将扩大消费放在优先位置。为认真贯彻全国两会精神，回应代表、委员和人民群众对网络消费问题的关切，我们今天发布网络消费典型案例，进一步维护网络消费者合法权益，促进数字经济持续健康发展。

  加强消费者权益司法保护对于扩大内需、促进消费、构建新发展格局、推动经济高质量发展、不断满足人民群众对美好生活的向往具有重要作用。近年来，最高人民法院主动适应消费者权益保护的新形势新要求，加大消费者权益司法保护力度，积极营造有利于消费升级的法治环境。

  当前，随着我国数字经济的蓬勃发展，网络消费已经成为社会大众的基本消费方式之一。网络消费纠纷案件也随之增长，近五年，全国各级人民法院一审共审结网络购物合同纠纷案件9.9万件、网络服务合同纠纷案件 2.3 万件。以网络购物合同纠纷案件为例，2018 年一审审结 1.2 万件，2022 年一审审结 3.2 万件，案件数量增长近两倍。除这两类案件以外，还有大量涉及产品责任、租赁合同、旅游合同等网络消费的案件。

最高人民法院高度重视网络消费领域的法律适用问题。2022 年 3 月，制定并发布了《最高人民法院关于审理网络消费纠纷案件适用法律若干问题的规定（一）》，对网络直播营销、外卖餐饮等群众普遍关切的问题作出回应。

此次发布的十个网络消费典型案例精选自全国法院报送的数百起案件，涉及负面内容压制合同效力、消费者个人信息保护、未成年人网络充值、在线旅游预订服务、限时免单促销、二手商品交易、在线租赁、平台经营者责任、网络食品安全、格式条款效力等问题。这十个案例主要有以下三个方面特点。

一是持续优化网络消费环境，不断加大对消费者权益保护力度。彭某某诉某电子商务有限公司网络购物合同纠纷一案，明确网络食品经营者销售未标明生产日期的预包装食品，应当承担惩罚性赔偿责任，以落实"四个最严"要求，引导经营者把好市场准入关，规范网络食品交易秩序。当前，未成年人网络打赏、网络充值行为时有发生。张某某诉某数码科技有限公司网络买卖合同纠纷一案，认定未成年人超出其年龄、智力程度进行网络游戏充值的，监护人可依法追回充值款，切实维护未成年人合法权益，为未成年人健康成长营造良好的网络空间和法治环境。这些案件对于指导人民法院积极发挥司法职能作用，维护消费者合法权益，营造健康、安全的消费环境具有示范意义。

二是引导电商主体规范经营，促进数字经济持续健康发展。某文化传播公司诉某信息技术公司网络服务合同纠纷一案，认定通过算法技术等手段不正当干预搜索结果排名，以实现正面前置、负面后置的负面内容压制合同条款无效，切实维护消费者知情权和网络空间公共秩序。张某与周某、某购物平台信息网络买卖合同纠纷一案，认定限时免单约定条件成就，经营者应当依约免单，有利于进一步规范网络促销活动。张某与吴某网络购物合同纠纷一案，剑指网络消费中的霸王条款现象，明确认定"交易完成，不支持售后维权"的格式条款无效。这些案件通过个案裁判明确价值导向，彰显了司法在引导市场主体规范诚信经营、维护公平有序市场竞争秩序、促进数字经济健康发展方面的重要作用。

三是明确权利行使边界和责任范围，进一步发挥司法裁判引领作用。张某等人诉某商家网络侵权责任纠纷一案，认定商家因遭差评擅自公布消费者个人信息构成侵权，厘清了经营者行为边界，切实维护消费者个人信息权益。消费者通过在线旅游平台预订酒店服务，可能涉及中间商等多个环节，法律关系错综复杂。在熊某等诉某旅行社网络服务合同纠纷一案中，人民法院认定提供酒店预订服务方应当履行协助退订等合同附随义务，未履行义务的应当承担违约责任，维护了旅游消费者的合法权益。这些案件对于进一步厘清网络消费法律关系，明确权利义务和责任承担，具有重要的规则意义和指引价值。

2023年是全面贯彻党的二十大精神的开局之年，也是实施"十四五"规划的关键之年。开局关乎全局，起步决定后势。消费者权益司法保护工作事关民生福祉和经济社会发展，任重而道远。人民法院将以习近平新时代中国特色社会主义思想为指导，深入贯彻习近平法治思想，全面落实十四届全国人大一次会议和全国政协十四届一次会议精神，进一步发挥审判职能作用，为保护消费者合法权益、护航经济高质量发展提供更加有力的司法服务和保障！

最高人民法院民一庭负责人就网络消费典型案例答记者问

3月15日是国际消费者权益日，最高人民法院举行新闻发布会，发布十件网络消费典型案例。最高人民法院副院长贺小荣、最高人民法院民一庭庭长陈宜芳、最高人民法院民一庭二级高级法官高燕竹出席发布会并答记者问。

问：今天是"3·15"国际消费者权益日，请问近年来，人民法院就消费者权益保护方面主要做了哪些工作？

答：近年来，人民法院通过案件审理、制定司法解释和司法政策、发布典型案例、推进社会共治等方式加强消费者合法权益保护，为营造安全、有序、清朗的消费环境提供有力司法服务和保障。主要有以下方面工作。

第一，妥善化解纠纷。消费类纠纷案件是民事纠纷案件主要类型之一。近年来，全国各级法院依法妥善审理大量住房、教育培训、食品药品等重点民生领域消费纠纷案件以及网络消费、预付式消费等新类型消费纠纷案件，严惩制售假冒伪劣商品、网络欺诈等行为，维护市场公平有序，支持和规范新业态经济发展，保障人民群众放心消费、安心消费。

第二，完善司法制度。2020年12月，最高人民法院发布《关于审理食品安全民事纠纷案件适用法律若干问题的解释（一）》，对切断"黑作坊"食品经营链条、强化经营者标签标明义务等作出规定，守护人民群众"舌尖上的安全"。2022年3月，发布《关于审理网络消费纠纷案件适用法律若干问题的规定（一）》，对于网络直播营销、外卖餐饮等群众普遍关切的问题作出规定，依法保护数字经济背景下消费者合法权益。2022年7月，发布《关于为加快建设全国统一大市场提供司法服务和保障的意见》，提出完善扩大内需司法政策支撑体系、优化消费纠纷案件审理机制等举措，支持消费服务质量提升。2022年12月，发布《关于为促进消费提供司法服务和保障的意见》，提出依法规制霸王条款、预付式消费、新业态消费、快递服务、住房、个人信息保护等30条具体保障举措，全面加强消费者权益司法保护。

第三，发布典型案例。2022年3月15日，最高人民法院发布了十件消费者权益保护典型案例、4月发布了十件涉药品安全典型案例。另外，发布的未成年人权益保护和老年人权益保护案例也有多件涉及消费者权益保护，通过个案裁判，发挥司法引领功能，彰显司法价值理念。

第四，加强沟通协作。人民法院注重与相关部门沟通协作，2021年3月，最高人民法院联合最高人民检察院、农业农村部等六单位印发《探索建立食品安全民事公益诉讼惩罚性赔偿制度座谈会会议纪要》，探索建立食品安全民事公益诉讼惩罚性赔偿制度，维护市场秩序和社会公共利益。同时通过建立多元化解、长效沟通机制等方式，共同推动消费者权益保护工作迈上新台阶。

问：近年来，人民法院审理了大量网络消费纠纷案件。请问与传统消费纠纷相比，网络消费纠纷有哪些自身的特点？

答：网络消费纠纷与传统消费纠纷相比较，主要有以下几个特点。

第一，交易主体复杂。传统的线下消费一般采用面对面交易方式，交易主体比较简单清晰。但在网络消费中，增加了网络平台运营商、网络支付平台、物流公司等主体，这也使得法律关系更加复杂，一定程度上增加了案件审理难度。在制度制定和案件审理中，首先要厘清法律关系，明确责任主体，同时也要特别注意处理好不同主体之间的权利冲突，做好利益平衡。

第二，交易环境虚拟化。网络消费通过在线方式进行交易，经营者通过网络平台以文字、图片、视频等方式展示商品，双方以网络为媒介在虚拟化的环境中完成下单交易。这就要求在规则制定时充分考虑网络消费的特点，比如七天无理由退货就是为适应新型消费模式而设立的法律制度。

第三，交易合同格式化。传统零售活动中，交易双方通常有更多机会对商品价格、质量等进行磋商后订立合同。而网络交易中经营者面对的是不特定的众多消费者，为了降低交易成本，通常采用格式合同进行交易。这就要求在案件审理中要处理好契约自由和契约正义的关系，在尊重当事人约定的同时也要进行合法性审查，比如要审查格式条款是否存在对消费者不公平不合理的情形。

第四，新业态新模式不断涌现。数字经济领域的发展日新月异，直播营销、外卖餐饮、在线租赁、网络约车等新业态新模式不断涌现，这也给民商事审判提出了新要求，带来了新挑战。民商事审判中，要及时了解并不断适应数字经济发展新形势，坚持鼓励和规范并重，引导新业态健康发展，同时也注意为市场创新留出空间。

问：刚刚闭幕的全国两会上，多名代表委员都很关心新业态新模式的发展，请问此次发布的典型案例中是如何体现对这方面的规范和引导？

答：最高人民法院一直高度重视代表委员意见建议，我们此次发布的多个案例中都体现了对新业态新模式的司法引领，积极回应代表委员和人民群众关切。

王某与甲公司产品责任纠纷一案，涉及外卖餐饮经营模式下平台经营者责任承担问题。该案裁判明确外卖餐饮平台经营者未依法尽到资质审核义务导致消费者合法权益受损的，应承担连带赔偿责任，通过压实平台经营者主体责任，确保人民群众的身体健康和生命安全不受侵害。

熊某等诉某旅行社网络服务合同纠纷一案，涉及在线旅游平台经营模式下的消费者权益保障问题。线上预订服务提供者上游对接各类服务商或供应商，下游对接广大消费者，中间往往涉及多个环节，容易滋生侵害消费者权益的道德风险。该案裁判认定提供酒店在线预订服务方应当履行协助退订等合同附随义务,未履行义务的应当承担违约责任,防止消费者权益被不当减损,有利于促进在线旅游平台经营模式健康发展。

　　王某诉陈某网络购物合同纠纷一案涉及二手物品交易模式。二手物品交易平台的出现有利于闲置物品的盘活、再利用。但在现实中,有些人在二手交易平台以交易闲置物品的名义进行经营行为,商品出现问题后又以仅是自用闲置物品交易为由拒绝承担经营者责任。该案裁判综合销售者出售商品的性质、来源、数量、价格、频率、收入等情况,认定以盈利为目的持续性销售二手商品的销售者,应当承担经营者责任,有利于更好地维护消费者合法权益,对于类似案件的处理具有借鉴意义。

　　杨某与某租车公司车辆租赁合同纠纷一案涉及网络租车平台经营模式下消费者权益保护问题。在线租赁平台是数字化赋能的新型商业模式。实际经营中,存在经营者为降低成本、提高利润,为出租的汽车投保的保险金额与承诺投保的金额不符的情况。该案裁判通过判令在线租赁公司承担投保不足导致的赔偿责任,树立正确的价值导向,引导市场主体诚信经营,保障在线租车消费者的合法权益。

最高人民法院网络消费典型案例

目录

案例一：不正当干预搜索结果的负面内容压制约定无效
　　——某文化传播公司诉某信息技术公司网络服务合同纠纷案

案例二：商家因"差评"擅自公布消费者个人信息构成侵权
　　——张某等人诉某商家网络侵权责任纠纷案

案例三：未成年人超出其年龄智力程度购买游戏点卡，监护人可依法追回充值款
　　——张某某诉某数码科技有限公司网络买卖合同纠纷案

案例四：提供酒店在线预订服务方应当履行协助退订等合同附随义务
　　——熊某等诉某旅行社网络服务合同纠纷案

案例五：限时免单条款约定条件成就，经营者应当依约免单
　　——张某与周某、某购物平台信息网络买卖合同纠纷案

案例六：以盈利为目的持续性销售二手商品，应承担经营者责任
　　——王某诉陈某网络购物合同纠纷案

案例七：电商经营者销售未标明生产日期的预包装食品，应承担惩罚性赔偿责任
　　——彭某某诉某电子商务有限公司网络购物合同纠纷案

案例八：外卖平台未审核餐饮服务提供者资质应承担连带责任
　　——王某与甲公司产品责任纠纷案

案例九：在线租车公司未按照承诺足额投保三责险，应在不足范围内对消费者损失承担赔偿责任

——杨某与某租车公司车辆租赁合同纠纷案

案例十:"不支持售后维权"的霸王条款无效

——张某与吴某网络购物合同纠纷案

案例一

不正当干预搜索结果的负面内容压制约定无效
——某文化传播公司诉某信息技术公司网络服务合同纠纷案

【基本案情】

原告某文化传播公司为某新能源电池品牌提供搜索引擎优化及线上传播服务。被告某信息技术公司与原告系合作关系,双方于2020年11月签订《委托合同》,该《委托合同》附件具体列明了被告应提供的各项服务内容。其中"软文优化"服务项目中的负面压制条款约定:被告对某新能源电池品牌方指定的关键词搜索引擎优化,实现某搜索引擎前5页无明显关于该品牌的负面内容,以及负面压制期为三十天等。后原告以被告未按约完成负面压制服务为由诉请解除合同。

【裁判结果】

审理法院认为,提供网络负面压制服务之约定是否有效,应当结合合同目的、行为方式、社会危害依法作出认定。从缔约目的看,负面压制目的违反诚信原则;从履行方式看,负面压制实质是掩饰了部分公众本可以获取的信息,影响公众对事物的客观和全面的认知;从行为危害性来看,负面压制行为损害消费者权益及市场竞争秩序,有损社会公共利益,违背公序良俗;从社会效果来看,负面压制行为扰乱互联网空间管理秩序,影响互联网公共空间的有序发展。综上,诉争负面压制条款具有违法性,依据《中华人民共和国民法总则》(2017年施行)第一百四十三条、《最高人民法院关于适用〈中华人民共和国民法典〉时间效力的若干规定》第一条规定，应认定为无效。

【典型意义】

互联网时代，搜索引擎是重要流量来源以及流量分发渠道，搜索结果排序是搜索引擎最核心的部分。负面内容压制服务以营利为目的，通过算法技术等手段人为干预搜索结果排名，以实现正面前置，负面后置，严重影响消费者正常、客观、全面地获取信息，侵害消费者知情权，破坏公平有序市场竞争秩序，依法应认定为无效。本案裁判对于维护网络消费者知情权及互联网空间公共秩序具有积极意义。

案例二

商家因"差评"擅自公布消费者个人信息构成侵权
——张某等人诉某商家网络侵权责任纠纷案

【基本案情】

原告张某等人因不满被告某商家的"剧本杀"游戏服务，上网发布"差评"，该商家遂在微信公众号发布与张某等人的微信群聊记录、游戏包厢监控视频录像片段、微信个人账号信息，还称"可向公众提供全程监控录像"。张某等人认为商家上述行为侵害其隐私权和个人信息权益，起诉要求商家停止侵权、赔礼道歉及赔偿精神损失等。

【裁判结果】

审理法院认为，消费者在经营者提供的包间内的活动具有私密性，商家为了澄清"差评"通过微信公众号公开消费者包间内监控录像并称可提供全程录像，构成对消费者隐私权的侵害；商家未经张某等人同意公布其微信个人账号信息，侵害了张某等人的个人信息权益。依据《中华人民共和国民法典》第一千零三十二条、第一千零三十三条、第一千零三十四条,《中华人民共和国个人信息保护法》第四条、第十三条规定,判令商家立即停止公开监控录像,删除公众号文章中"可向公众提供全程监控录像"表述及张某等人的微信个人账号信息,在微信公众号发布致歉声明,并向张某等人赔偿精神损害抚慰金。

【典型意义】

评价机制在网络消费领域中的作用日益明显,消费者提出批评意见的权利应予保护。经营者对其因提供商品或服务而获取的消费者个人信息负有保护义务,经营者公开回应消费者"差评"时,应注意不得侵犯消费者隐私权和个人信息权益。本案裁判厘清了经营者澄清消费者"差评"时的行为边界,维护了消费者合法权益,为网络消费信用评价机制的有序运行提供了司法保障。

案例三

未成年人超出其年龄智力程度购买游戏点卡,监护人可依法追回充值款
——张某某诉某数码科技有限公司网络买卖合同纠纷案

【基本案情】

原告张某某的女儿张小某,出生于2011年,为小学五年级学生。张小某于2022年4月19日晚上在原告不知情的情况下使用原告的手机通过某直播平台,在主播诱导下通过原告支付宝账户支付给被告某数码科技有限公司经营的"某点卡专营店"5949.87元,用于购买游戏充值点卡,共计四笔。该四笔交易记录发生在2022年4月19日21时07分53秒至2022年4月19日21时30分00秒。原告认为,张小某作为限制民事行为能力人使用原告手机在半个小时左右的时间里从被告处购买游戏充值点卡达到5949.87元,并且在当天相近时间段内向其他游戏点卡网络经营

者充值及进行网络直播打赏等消费 10 余万元，显然已经超出与其年龄、智力相适宜的范围，被告应当予以返还，遂诉至法院请求被告返还充值款 5949.87 元。

【裁判结果】

审理法院认为：限制民事行为能力人实施的纯获利益的民事法律行为或者与其年龄、智力、精神状况相适应的民事法律行为有效；实施的其他民事法律行为经法定代理人同意或者追认后有效。本案中，原告张某某的女儿张小某为限制民事行为能力人，张小某使用其父支付宝账号分四次向被告经营的点卡专营店共支付 5949.87 元，该行为明显已经超出与其年龄、智力相适宜的程度，现原告对张小某的行为不予追认，被告应当将该款项退还原告。依据《中华人民共和国民法典》第十九条、第二十三条、第二十七条、第一百四十五条规定，判令被告返还原告充值款 5949.87 元。

【典型意义】

当前，随着互联网的普及，未成年人上网行为日常化，未成年人网络打赏、网络充值行为时有发生。本案裁判结合原告女儿在相近时间内其他充值打赏行为等情况，认定案涉充值行为明显超出与其年龄、智力相适宜的程度，被告应当返还充值款，依法维护未成年人合法权益，有利于为未成年人健康成长营造良好的网络空间和法治环境。

案例四

提供酒店在线预订服务方应当履行
协助退订等合同附随义务
——熊某等诉某旅行社网络服务合同纠纷案

【基本案情】

原告熊某通过某旅游 App 向被告某旅行社预订了"机票+酒店"自

由行产品。出行前两日，因同行人员中原告儿子患病无法出行，原告遂向被告申请退订。被告就该酒店产品联系其中间供应商，中间供应商反馈"需要扣除每间每晚 200 元共计违约金 800 元，去申请且不保证结果"。但被告未将酒店取消政策告知原告，亦未继续要求供应商取消订单，而是告知原告该订单不可取消，如未实际入住将全额收取房费。熊某后未实际出行，诉至法院。审理中，经当庭拨打酒店客服电话，确认涉案订单当时的取消政策为"如自行取消要扣除每间每晚 200 元的违约金，如提供相关疾病证明则除节假日外可无损取消"。

【裁判结果】

审理法院认为，本案双方是网络服务合同关系，被告提供服务的主要内容为通过相应渠道代原告预订其指定酒店，以使原告与酒店方顺利建立住宿服务合同关系。鉴于涉案服务合同履行的特殊性，预订等事宜并非由原告直接与相应产品提供方沟通确定，故在原告因同行人员患病需取消预订时，应当认为被告依法负有及时协助原告向酒店方申请取消订单、申请退款等合同附随义务，而非一经预订成功即视为全部义务已履行完毕。本案中，案涉酒店预订事实上可以取消，至多承担 800 元违约金，但被告未将该情况如实告知原告，依据《中华人民共和国民法典》第五百零九条之规定，应认定被告未能履行附随义务导致原告损失，被告应予以赔偿。

【典型意义】

现实生活中，人们通过在线旅游平台预订酒店等服务的情况十分常见。线上预订服务提供者上游对接各类服务商或供应商，下游对接广大消费者，中间往往涉及多个环节，容易滋生侵害消费者权益的道德风险。本案裁判认定提供酒店在线预订服务方应当履行协助退订等合同附随义务，防止消费者权益被不当减损，有利于促进在线旅游平台经营模式健康发展。

案例五

限时免单条款约定条件成就，经营者应当依约免单
——张某与周某、某购物平台信息网络买卖合同纠纷案

【基本案情】

被告周某在经营网上店铺过程中开展了"双12"限时免单活动，制定并公示了相关规则，原告张某在购买产品时参与了限时免单活动。张某在参与该次活动前向店铺客服咨询了免单的规则为付款优先者享受。但在张某付款时间在先的情况下，周某未按照规则给张某免单，张某认为周某构成违约，诉请周某退还其支付的货款。

【裁判结果】

审理法院认为，根据《中华人民共和国合同法》（1999年施行）第十四条、第六十条、第四十四条，《中华人民共和国电子商务法》第四十九条规定，当事人关于限时免单的约定属于附条件履行义务的合同条款，消费者符合免单规则的要求，经营者即应当履行免单义务，否则构成违约。张某在参加活动前咨询客服获知的规则应视为此次活动的规则，双方应当遵守。张某付款时间在先，周某未按照免单规则为张某免单，构成违约，张某要求周某退还货款的行为，于法有据，应予支持。

【典型意义】

随着电子商务的蓬勃发展，各种形式的促销手段层出不穷。这些促销活动活跃了市场，刺激了消费，同时也伴生了一些损害消费者权益的问题。本案裁判进一步厘清了电子商务经营者进行免单、打折等各类促销活动制定的活动规则的法律性质，引导经营者依法依约诚信经营，切实保护消费者合法权益。

案例六

以盈利为目的持续性销售二手商品，应承担经营者责任
——王某诉陈某网络购物合同纠纷案

【基本案情】

2019年9月，原告王某为求学所需，在某二手交易平台中被告陈某处下单购买某品牌笔记本电脑一台，收货后发现该电脑外观磨损严重，无法正常充电使用，后送至官方售后检测发现电脑内部电池鼓胀、有非官方拆改和非原厂部件，与陈某所宣传的九五成新明显不符，王某联系陈某退货退款遭拒。王某认为陈某构成欺诈，诉至法院请求陈某退款并按照价款三倍赔偿。陈某辩称，其在二手平台处理自用二手物品，不属于《中华人民共和国消费者权益保护法》规定的经营者。

【裁判结果】

审理法院认为，本次合同成立前，陈某通过其二手平台账号多次销售某品牌电脑等电子设备，非偶然、少量处理闲置物品，超过一般二手闲置物品处理的合理范畴，具有以盈利为目的持续性对外出售商品获利的意图，故陈某具有电子商务经营者身份。根据双方联系情况看，双方是以涉案电脑为正品电脑作为交易前提，而涉案电脑经检查设备内部固态硬盘非原装部件，设备有非官方拆改痕迹，即涉案电脑并非正品二手电脑。被告构成欺诈，应当承担惩罚性赔偿责任，依据《中华人民共和国消费者权益保护法》第五十五条之规定，判决陈某退款并按照货款三倍赔偿。

【典型意义】

闲置物品交易模式是数字经济中的一种典型模式。二手物品交易平台的出现有利于闲置物品的盘活、再利用。但在现实中，有些人在二手

交易平台以交易闲置物品的名义进行经营行为，商品出现问题后又以是自用闲置物品交易为由拒绝承担经营者责任。本案裁判综合销售者出售商品的性质、来源、数量、价格、频率、收入等情况，认定以盈利为目的持续性销售二手商品的销售者应承担经营者责任，有利于更好地维护消费者合法权益，对于类似案件的处理具有借鉴意义。

案例七

电商经营者销售未标明生产日期的预包装食品，应承担惩罚性赔偿责任
——彭某某诉某电子商务有限公司网络购物合同纠纷案

【基本案情】

原告彭某某在被告某电子商务有限公司开立的网络商铺购买了4份"××压力瘦身糖果"（每份为2盒60粒），共计支付货款1475.60元后，该商铺通过快递向彭某某送达货物。彭某某收到上述货物并食用部分后发现，商品包装盒上虽然注明：保质期24个月；生产商某纤瘦有限公司；生产地址××省××市××区×××号；生产日期见喷码，但是产品包装上均无相关生产日期的喷码标识，亦未查询到生产商的相关信息。彭某某遂以某电子商务有限公司销售不符合食品安全标准的食品为由诉至法院，要求某电子商务有限公司退还货款1475.60元并支付货款金额十倍的惩罚性赔偿金。

【裁判结果】

审理法院认为，某电子商务有限公司作为食品经营者，在电商平台上销售无生产日期标识、虚构生产厂家的"××压力瘦身糖果"，属于《中华人民共和国食品安全法》第一百四十八条规定的"生产不符合食品安全标准的食品或者经营明知是不符合食品安全标准的食品"的情形，

依据《最高人民法院关于审理食品安全民事纠纷案件适用法律若干问题的解释（一）》第十一条规定，应当承担惩罚性赔偿责任，判决某电子商务有限公司退还彭某某货款1475.60元，并支付货款金额十倍的赔偿金14756元。

【典型意义】

目前，大众通过网络购买食品十分普遍，同时，于消费者而言，网络食品因交易环境的虚拟化潜藏着一定的风险。预包装食品包装标签上缺少生产日期信息，消费者无法对食品安全作出判断，存在损害消费者身体健康和生命安全的重大隐患。本案裁判认定电商经营者销售未标明生产日期的预包装食品，应承担惩罚性赔偿责任，压实了食品经营者主体责任，进一步规范网络食品交易秩序。

案例八

外卖平台未审核餐饮服务提供者资质应承担连带责任
——王某与甲公司产品责任纠纷案

【基本案情】

被告甲公司运营某外卖餐饮平台，提供外卖订餐服务，并向消费者郑重承诺：我平台已对入网餐饮服务提供者的食品经营许可证进行严格的实地审查，并保证入网餐饮服务提供者食品经营许可证载明的经营者名称、经营场所、主体业态、经营项目、有效期等许可信息合法、真实、准确、有效。原告王某在该平台上一家麻辣烫店铺购买了一份麻辣烫，后发现该麻辣烫店铺未取得食品经营许可证。王某诉至法院，要求甲公司与该麻辣烫店铺承担连带赔偿责任。

【裁判结果】

审理法院认为，甲公司经营的外卖餐饮平台属于网络交易第三方平台，依照《中华人民共和国食品安全法》第一百三十一条规定以及甲公司在外卖平台上作出的承诺，甲公司应对入网食品经营者进行实名登记，并审查其是否取得食品经营许可证，但甲公司未履行上述义务，使王某购买到了无食品经营资质商家制作的食品，合法权益受损，甲公司应与食品经营者承担连带赔偿责任。

【典型意义】

在数字经济背景下，互联网平台应当依法履行主体责任，尤其是涉及消费者身体健康的外卖餐饮平台，更应加强对平台内餐饮服务提供者身份及经营许可资质的审核。本案裁判明确外卖餐饮平台经营者未依法尽到资质审核义务，导致消费者合法权益受损的，应承担连带赔偿责任，确保人民群众的身体健康和生命安全不受非法侵害。

案例九

在线租车公司未按照承诺足额投保三责险，应在不足范围内对消费者损失承担赔偿责任
——杨某与某租车公司车辆租赁合同纠纷案

【基本案情】

原告杨某通过某租车App向被告某租车公司承租一辆小型客车，并按约享受"尊享服务"，租期四天。某租车公司为该租车App的运营者。租车App中说明："在您购买尊享服务后，无须承担保险理赔范围内的损失以及保险理赔范围外的轮胎损失。"某租车公司在保险责任中承诺商业第三者责任险保险金额为200000元，但实际仅投保50000元。后杨某驾驶租赁车辆发生交通事故，造成他人财产损失。因商业第三者责任险投保不足，扣除通过保险获赔金额后，杨某被判赔偿案外人428000元。后杨某诉至法院，请求某租车公司支付其事故赔偿428000元等。

【裁判结果】

审理法院认为，某租车公司承诺投保商业第三者责任险保险金额200000元，尊享服务中说明承租人无须承担保险理赔范围内的损失，但本案中杨某发生交通事故后保险公司赔付的商业第三者责任险保险金仅50000元，差额部分150000元属于杨某本可以通过商业保险避免的损失，该损失应由被告承担。依据《中华人民共和国合同法》（1999年施行）第一百零七条规定，判决被告某租车公司赔偿原告杨某150000元。

【典型意义】

网络租车平台是数字化赋能的典型商业模式。实际经营中，存在经营者为规避风险、提高利润，违背向租车人作出的承诺，为出租的汽车投保保险金额较低的商业保险的情况。本案裁判通过认定在线租赁公司承担投保不足导致的赔偿责任，树立正确的价值导向，引导在线租赁公司诚信经营，保障租车消费者的合法权益。

案例十

"不支持售后维权"的霸王条款无效
——张某与吴某网络购物合同纠纷案

【基本案情】

2020年12月，原告张某在某网络交易平台向吴某购买了某品牌二手女款包，价款14000元，卖家保证为正品，承诺货到付款，如假包退。后张某委托检测机构进行检测，发现该包并非正品，遂将该包寄回给吴某，张某要求退款未果，遂诉至法院要求全额退款。被告吴某陈述，其专业从事奢侈品经营交易，与原告曾进行过多次交易，并辩称交易是货到付款，买家付款表明已认可商品质量，且平台《用户行为规范》明确："交易成功后，不支持售后维权"，故不同意退货退款。

【裁判结果】

审理法院认为，平台《用户行为规范》关于"交易完成后，不支持售后维权"的内容，是电子商务经营者为重复使用而预先拟定，在订立合同时未与对方协商的条款，属格式条款。该格式条款不合理地免除了经营者责任，排除了消费者权利，依据《最高人民法院关于审理网络消费纠纷案件适用法律若干问题的规定（一）》第一条之规定，应认定为无效。

【典型意义】

实践中，存在电子商务经营者利用其优势地位，制定不公平不合理的格式条款侵害消费者合法权益的情况。本案裁判通过对网络消费格式条款进行合法性审查，对于不合理地免除经营者责任、排除消费者权利的格式条款作出否定性评价，有力地维护消费者合法权益和健康、清朗消费环境。

【涉体育纠纷专题】

最高人民法院涉体育纠纷民事典型案例新闻发布稿

(2023年6月21日)

  2023年6月24日是新修订的《中华人民共和国体育法》颁布一周年。为在法治轨道上保障全民健身、促进竞技体育发展、繁荣体育产业，更好发挥人民法院司法保障体育强国、健康中国建设的职能作用，今天最高人民法院首次发布涉体育纠纷民事典型案例。

  体育是人民健康幸福生活的重要组成部分，是国家综合国力和社会文明程度的重要体现。体育强则中国强，国运兴则体育兴。党的十八大以来，以习近平同志为核心的党中央站在国家强盛、民族复兴的战略高度，对体育领域若干重大关系和基本问题作出重要论述，就体育工作作出一系列重要指示批示。习近平总书记指出："体育是提高人民健康水平的重要途径，是满足人民群众对美好生活向往、促进人的全面发展的重要手段，是促进经济社会发展的重要动力，是展示国家文化软实力的重要平台。"党的二十大报告提出要广泛开展全民健身活动，加强青少年体育工作，促进群众体育和竞技体育全面发展，加快建设体育强国。体育事业正在成为中华民族伟大复兴的标志性事业。

  最高人民法院坚持以习近平新时代中国特色社会主义思想为指导，深入贯彻习近平法治思想，贯彻落实习近平总书记关于体育工作的系列重要讲话和批示精神，切实实施《中华人民共和国民法典》《中华人民共和国体育法》等法律法规，高度重视并充分发挥体育在满足人民群众对美好生活向往、促进人的全面发展中的重要作用，激发人民群众健身热情，助推体育事业蓬勃发展。为进一步发挥法治对体育强国、健康中国建设的保驾护航作用，最高人民法院从全国范围撷选了涉体育纠纷的民事典型案例，向社会公布。此次发布的典型案例涉及合同纠纷、知识产权与竞争纠纷、劳动争议、侵权责任纠纷等，主要有以下四个方面特点。

一是支持开展全民健身运动，推动全民健身和全民健康深度融合。近年来，人民群众运动观与健康观不断增强，健身热情不断被激发。人民身体健康是全面建成小康社会的重要内涵，全民健身是全体人民增强体魄、健康生活的基础和保障。此次发布的典型案例中既有群众性体育赛事因奖励未及时发放产生的纠纷，又有体育爱好者在培训机构受伤引发的纠纷。人民法院通过依法维护体育爱好者的合法权益，鼓励和支持公众参加健身活动，提高赛事组织者、培训机构的合同意识、安全保障意识和服务质量，有利于把全民健身国家战略落实落细，增强人民群众参与体育健身活动的获得感、幸福感。

二是切实保护运动员的合法权益，推动提高我国竞技体育综合实力。竞技体育是体育事业的核心组成部分，在体育强国建设中具有重要的带动和引领作用。运动员权益保障始终是社会各界关注的焦点。此次发布的典型案例中既涉及欠付运动员工资、未成年运动员劳动关系认定等关系运动员切身利益的纠纷，又涉及竞技体育中犯规行为导致损害的责任认定、赛事主办方违约责任承担等问题。人民法院依法认定相关主体的民事责任，充分保障运动员的合法权益，有助于推动运动人才培养、筑牢竞技体育发展的人才基础，促进人才强国战略的实施。

三是持续促进体育消费，推动体育产业高质量发展。体育产业在满足人民日益增长的美好生活需要方面发挥着不可替代的作用。随着体育越来越多地走进人民生活，经常参加体育锻炼成为一种生活方式，体育培训、健身、旅游等在内的体育产业蓬勃发展。此次发布的典型案例中既有健身房经营不善导致的涉众型纠纷，又有采取诉前行为保全保障体育企业市场化经营的案件。人民法院采取内部构建审执无缝衔接机制、外部搭建多元解纷协同平台的方式，探索体育行业诉源治理新模式，及时有效保护体育行业消费者、体育企业合法权益，激发消费热情和市场活力。

四是不断加大体育知识产权保护力度，维护公平有序市场竞争环境。在数字传播技术高度发展的今天，知识产权与体育的关系比以往任何时候都要密切。妥善使用转播技术、运营转播权利可以让更多人共享体育之美，品牌的力量可以让体育赛事和体育产业获得更好发展。保护体育知识产权，严格规制各类不正当竞争行为，有利于激励体育企业改革创新、赢得经营优势，引导体育组织树立品牌意识、维护品牌形象。此次发布的典型案例中既有维护亚运会组委会特殊标志专有权案件，又有保护体育赛事相关知识产权案件。人民法院坚决制止不正当竞争行为，鼓励知识创新，尊重智力成果，营造保护知识产权良好社会氛围，向社会公众传递充分尊重和保护知识产权价值的司法理念。

在全面建设社会主义现代化国家开局起步的关键时期，新时代对体育事业发展提出更高需求，人民法院将深入贯彻习近平法治思想，全面贯彻落实党的二十大精神，以习近平总书记关于体育的重要论述为根本遵循和行动指南，充分运用司法手段服务体育事业发展、推进体育改革创新、完善全民健身体系，回应人民群众对健康生活的美好向往，回应新时代实现中华民族伟大复兴中国梦的要求，为推进体育治理体系和治理能力现代化、加快体育强国和健康中国建设提供有力的司法保障！

最高人民法院民一庭负责人就涉体育纠纷民事典型案例答记者问

2023年6月21日上午,最高人民法院举行新闻发布会,发布涉体育纠纷民事典型案例。最高人民法院民一庭庭长陈宜芳、最高人民法院民一庭副庭长吴景丽、最高人民法院民一庭二级高级法官张艳出席发布会并回答记者提问。

问: 这是最高人民法院第一次发布涉体育纠纷民事典型案例,请您介绍一下案例选取的标准。其典型性、代表性体现在哪些地方?

答: "一个案例胜过一打文件。"我们本次选取的案例是按照有助于完善全民健身体系、发展竞技体育、繁荣体育产业、促进体育事业发展、增强人民体质的标准从大量的案例中挑选出来的。选取的案例具有公正性、合理性、指导性和普适性,符合裁判公正、效果良好、范围普遍、形式规范等条件,努力实现以个案诠释法律,弘扬社会主义法治的目标。

涉体育纠纷案件的公正审判关系人民健康水平的提高、体育产业的高质量发展,此次发布的案例中涵盖了竞技体育、全民健身、体育产业、体育仲裁范围的典型争议。探讨的争议焦点,既包括了培训机构的安保义务、运动员劳动关系认定、体育赛事相关知识产权保护、不正当竞争行为认定等实体问题,还包括了行为保全措施采取、体育仲裁与人民法院受案范围等程序问题。既有人民法院采用"集中处置+示范判决+多元化解"推动多元共治诉源治理创新的典型案例,又有精准保护体育赛事无形资产的生动实践。这批案例涉及多类体育主体的权利义务，涉及体育事业改革发展的诸多方面，具有比较强的典型性和代表性。

问：请问近年来，人民法院在推进体育强国、健康中国建设方面主要做了哪些工作？

答：近年来，人民法院主要通过依法公正审理案件、加强体育运动法律问题研究、发布典型案例等方式为体育强国、健康中国建设保驾护航。

一是加强组织领导。经最高人民法院党组批准成立体育运动法律问题研究指导工作小组。工作小组由多个部门共同组成。成立工作小组是加强体育运动法律理论研究、推动新形势下体育法治保障工作改革创新发展的有力举措，对于凝聚研究力量、整合研究资源、提升研究水平、促进成果转化，具有十分重要的意义。

二是妥善化解纠纷。近年来，人民法院依法妥善审理涉及学校体育、体育培训、运动员、教练员、裁判员、转会等民生领域案件以及预付式消费、体育赛事相关知识产权保护、不正当竞争等新类型案件。回应民生关切，维护人民群众合法权益；推进全民健身事业，不断提高人民健康水平；加强体育主体权益保护，促进竞技体育发展；严惩垄断行为，加大侵害知识产权损害赔偿力度，促进体育产业健康发展。

三是发布典型案例。本次发布的是涉体育纠纷民事典型案例。通过个案审判宣传法治、发挥司法引领功能，落实好全民健身国家战略，推动群众体育和竞技体育全面平衡发展，弘扬中华体育精神。

四是加强研究指导。2021年12月，国家体育总局与河北省高级人民法院签约成立"冰雪运动法律问题研究（张家口）基地"。工作小组指导河北法院充分运用冬奥遗产，建好用好体育纠纷研究基地。加强与国家体育总局等机构的合作，服务统筹推进国内法治和涉外法治，发挥有重大国际影响的体育纠纷案件在国际规则制定、填补国际法空白领域方面的作用。

问：《中华人民共和国体育法》修订的突出亮点之一是增设专章规定体育仲裁，彻底改变长期以来体育仲裁规定一直未能落地的状况。请您介绍下，涉及体育纠纷的当事人，在体育仲裁和诉讼之间如何准确选择维权途径？

答：新修订的《中华人民共和国体育法》第九十二条规定，当事人可以根据仲裁协议、体育组织章程、体育赛事规则等，对有关纠纷申请体育仲裁，并采用"列举+排除"的立法表述方式，对可以申请体育仲裁的范围作出规定。首先，第九十二条第一款规定，下列纠纷属于体育仲裁范围：对体育社会组织、运动员管理单位、体育赛事活动组织者按照兴奋剂管理或者其他管理规定作出的取消参赛资格、取消比赛成绩、禁赛等处理决定不服发生的纠纷；因运动员注册、交流发生的纠纷；在竞技体育活动中发生的其他纠纷。其次，第九十二条第二款将《中华人民共和国仲裁法》规定的可仲裁纠纷和《中华人民共和国劳动争议调解仲裁法》规定的劳动争议排除在体育仲裁范围之外。值得注意的是，因运动员注册、交流发生的纠纷，原则上应限于因确定运动员的代表单位、参赛资格等管理行为引起的争议。对于因运动员注册、交流衍生出的平等主体之间的合同纠纷和其他财产权益纠纷、劳动人事争议等不属于体育仲裁范围。

对当事人而言，体育仲裁与诉讼等纠纷解决方式是选择关系。一方面，在当事人未达成体育仲裁协议的情况下，法院不宜以"案件应由体育仲裁机构仲裁，不应由法院管辖"为由不予受理；另一方面，体育仲裁具有"一裁终局"的效力，当事人选择体育仲裁后不得再选择诉讼途径解决同一纠纷。

最高人民法院涉体育纠纷民事典型案例

案例一：多元化解涉众型体育行业矛盾纠纷

——朱某等二百余人与某体育公司等服务合同纠纷案

（关键词：健身房费用　多元化解）

案例二：体育活动培训协议的免责条款依法无效

——齐某与某文化公司、郝某健康权纠纷案

（关键词：免责条款　安全保障义务）

案例三：未成年运动员劳动关系的认定

——雷某与某体育公司合同纠纷案

（关键词：未成年运动员　确认劳动关系）

案例四：帆船比赛中发生的碰撞适用自甘风险规则

——某设备公司与某刀模公司等侵权责任纠纷案

（关键词：帆船竞技比赛　自甘风险规则）

案例五：赛事主办方应依约履行合同义务

——孙某等四十三人与某传播公司合同纠纷案

（关键词：赛事奖励　合同义务）

案例六：侵害赛事组委会特殊标志专有权应承担赔偿责任

——亚运会组委会与某置业公司、某科技公司侵害特殊标志专有权及不正当竞争纠纷案

（关键词：特殊标志专有权　损害赔偿）

案例七：体育赛事转播应获得合法授权

——某数码公司与某科技公司等不正当竞争纠纷行为保全案

（关键词：不正当竞争　诉前行为保全）

案例八：运动员持工资欠条起诉可作为普通民事纠纷处理

——李某与某俱乐部追索劳动报酬纠纷案

（关键词：受案范围　运动员劳动报酬）

案例一

多元化解涉众型体育行业矛盾纠纷
——朱某等二百余人与某体育公司等服务合同纠纷案

关键词：健身房费用　多元化解

【基本案情】

某体育公司在当地经营健身房。朱某等二百余人均系健身房会员，向某体育公司交纳了金额不等的会籍费及购买课时费用。因健身房经营不善，某体育公司搬离后未确定新的经营场地，致朱某等人无法继续使用会员课程服务，某体育公司拒不退还相应费用。朱某等人陆续起诉，请求解除健身服务合同、某体育公司退还剩余会籍费及课程费用。

【裁判结果】

审理法院受理零星服务合同纠纷后，判断本案存在群体性纠纷风险，遂向相关单位发出预警信息，多部门参与化解矛盾纠纷。在核实某体育公司仍有可供执行款项的情况下，审理法院先期组织调解，对调解不成的案件迅速作出示范判决。审理法院认为，某体育公司因房屋租赁问题搬离原经营地，致使其与朱某等人之间的健身服务合同无法继续履行，判决解除健身服务合同、某体育公司退还朱某等人剩余会籍费及课程费用。示范判决作出后，对其他消费者提起的诉讼，审理法院参照示范判决促成该批案件全部调解，并迅速将执行款项发放到位。

【典型意义】

《中华人民共和国体育法》明确国家实施全民健身战略。商业化运营的休闲健身体育产业是全民健身服务体系的有机组成部分，其健康有序发展对促进体育消费规模化增长具有重要意义。本案系涉众型体育行业纠纷案件，通过党委牵头、多方参与、调解先行、示范判决、以判促调、调判结合的方式，依法及时高效化解涉众型纠纷，有效化解社会面群体性纠纷风险，依法保护体育行业消费者合法权益，推动全民健身、促进体育消费，为后续体育行业矛盾纠纷多元化解工作提供了有益实践经验。

案例二

体育活动培训协议的免责条款依法无效
——齐某与某文化公司、郝某健康权纠纷案

关键词：免责条款　安全保障义务

【基本案情】

齐某与某文化公司签订《培训协议》，约定由某文化公司对齐某进行泰拳培训，除非公司存在故意或者重大过失，否则在培训中受伤的后果应由齐某自行承担。课程开始前，某文化公司临时将原泰拳教练更换为散打教练为齐某授课；课程即将结束时，教练安排齐某与另一名泰拳学员郝某进行摔跤对练，但未按照规定在旁进行指导保护。齐某在对练中倒地受伤，起诉请求某文化公司及郝某共同赔偿其医疗费等损失。

【裁判结果】

审理法院认为，《培训协议》的免责条款违反了《中华人民共和国民法典》第五百零六条及《中华人民共和国消费者权益保护法》第二十六条的规定,应当认定为无效。某文化公司作为专门从事体育运动项目培训的机构,应当尽到对学员的专业指导、安全保障等义务;其作为培训活动的组织者,无权以《中华人民共和国民法典》规定的自甘风险规则进行抗辩。现有证据不能认定齐某受伤由齐某、郝某故意或者重大过失所致,二人均不承担责任。审理法院判决某文化公司赔偿齐某医疗费等损失。

【典型意义】

全民健身在体育事业发展中具有基础性作用。随着"健身热"持续升温,社会力量办体育的积极性不断提高,越来越多的人选择到健身场所锻炼,随之产生的涉体育纠纷也成为公众关注的热点问题。体育活动培训协议有关除非培训公司存在故意或者重大过失,其不承担责任的约定将培训公司承担责任的情形仅限于存在故意或者重大过失,属于"造成对方人身损害的"免责条款无效情形,此约定依法无效。本案裁判维护了体育培训学员的合法权益,有利于提升体育培训机构安全保障意识、服务质量和教学水平,促使其依法依约开展培训活动,引导体育培训行业良性发展。

案例三

未成年运动员劳动关系的认定
——雷某与某体育公司合同纠纷案

关键词:未成年运动员 确认劳动关系

【基本案情】

未成年人雷某之父代其与某体育公司签订《合约书》,约定:雷某成为某体育公司的台球合约选手，某体育公司承担雷某在培训基地的教育培训、比赛交通等费用及运动器材；雷某不得与其他公司、团体签订类似合约，参加所有赛事及活动必须由某体育公司统一安排，并佩戴指定的产品标识，使用某体育公司提供的球杆等产品，所获奖金双方各占50%，如违约则退还所有费用。后某体育公司与案外人解除了培训基地的投资合作协议，雷某未再参加任何培训及公司安排的比赛活动。雷某以无法享受培训、某体育公司无法继续履行合同义务为由，起诉请求判令解除合同、某体育公司支付违约金。某体育公司以雷某未经同意擅自离开、违约在先为由，反诉请求判令雷某返还学费、住宿费等费用，平均分配雷某自行参赛所获奖金。

【裁判结果】

审理法院认为，雷某签订合同时系未成年人，具备受体育单位招用的资格。某体育公司作为招用单位，应当遵守国家有关规定，并保障雷某接受义务教育的权利。雷某与某体育公司签订的合同性质及履行状况均符合劳动关系建立的组织性、从属性、有偿性等条件，双方已建立劳动关系。本案不属于合同纠纷，属于劳动争议，应当适用劳动法律法规确定双方权利义务。

【典型意义】

国家促进和规范职业体育市场化、职业化发展。运动员与其接受训练、代表参赛的单位之间的法律关系性质引发社会普遍关注。未成年人可以被文艺、体育和特种工艺单位招用，只要招用单位与未成年人之间的法律关系具备人身、经济从属性等劳动关系特征，应当认定双方建立劳动关系。人民法院结合案件情况，不简单适用"外观主义"审查，重点审查未成年运动员与招用单位之间是否存在劳动管理事实和从属性特征，有利于充分保障未成年运动员的合法权利，打牢竞技体育人才培养的根基，促进职业体育行业健康有序发展。

案例四

帆船比赛中发生的碰撞适用自甘风险规则
——某设备公司与某刀模公司等侵权责任纠纷案

关键词：帆船竞技比赛　自甘风险规则

【基本案情】

"白鲨号"游艇、"中国杯24号"游艇分别属于某设备公司及某刀模公司。在帆船比赛期间，"白鲨号"游艇与"中国杯24号"游艇发生碰撞事故，游艇均不同程度受损。某设备公司认为"中国杯24号"游艇构成恶意犯规，应当承担事故的全部责任。某刀模公司确认"中国杯24号"游艇违反了赛事规则，但主张当时处于激烈竞赛环境中，参赛队员没有主观上的过错，并主张"白鲨号"游艇亦违反了赛事规则，应当承担事故的主要责任。某设备公司和某刀模公司对各自游艇进行了修理，但双方对事故责任和赔偿金额未能达成一致，遂诉至审理法院，主张对方赔偿己方损失。

【裁判结果】

审理法院认为，双方当事人在明知帆船比赛风险性的前提下自愿报名参加，在比赛中因一方行为遭受损害产生的争议应当适用《中华人民共和国民法典》第一千一百七十六条自甘风险规则审查认定双方当事人的责任。"中国杯24号"游艇作为上风船未避让处于下风的"白鲨号"游艇，在未减速的情况下左转绕标，导致触碰"白鲨号"游艇尾部，但其在竞赛中左转是为了比赛的绕标要求，当时的行动属于判断失误，现有证据不足以认定"中国杯24号"游艇对碰撞事故的发生具有故意或者重大过失。"白鲨号"游艇在激烈比赛突发紧急状况下未采取避让措施，亦不能认为其对碰撞事故的发生存在故意或者重大过失。双方当事人应当各自承担事故造成的损失。审理法院驳回了某设备公司的诉讼请求和某刀模公司的反诉请求。

【典型意义】

本案是明确体育赛事活动法律责任的典型案例。在比赛过程中发生的帆船碰撞事故，应当根据竞赛规则而非船舶避碰规则审查避碰义务。体育赛事竞技过程中产生的民事损害赔偿责任适用《中华人民共和国民法典》第一千一百七十六条规定的自甘风险规则。致害人违反竞赛规则造成损害并不必然承担赔偿责任，人民法院应当结合竞技项目的固有风险、竞赛实况、犯规动作意图、运动员技术等因素综合认定致害人对损害的发生是否有故意或者重大过失，进而确定致害人的民事责任。本案裁判对于人民法院积极发挥促进竞技体育发展作用、推动体育赛事活动规范有序发展、实现《中华人民共和国体育法》弘扬中华体育精神及发展体育运动等立法目的，具有积极意义。

案例五

赛事主办方应依约履行合同义务
——孙某等四十三人与某传播公司合同纠纷案

关键词：赛事奖励　合同义务

【基本案情】

某传播公司作为主办方举办了足球赛，与其他单位组成组委会，发布了赛事规程，规定：小组第一名奖励2万元及奖牌；总冠军奖励5万元、总冠军奖杯（价值10万元）及赴德交流学习（价值30万元）。孙某等四十三人组队报名参赛，经过激烈角逐，先后获得了高校组冠军和总冠军。某传播公司仅向孙某等人颁发了高校组冠军奖牌以及部分奖金，余下奖金以及赴德交流学习等赛事规程承诺的奖励迟迟不予兑现。某传播公司认为，本次赛事的实际承办方为两家案外公司，奖励费用应由两家案外公司承担。孙某等人起诉请求某传播公司承担违约责任，将比赛奖励按照标注价值金额折现予以赔偿。

【裁判结果】

审理法院认为，某传播公司是赛事的主办方，对外发布的赛事规程明确具体约定了主办方、参赛者的权利义务。孙某等人按照赛事规程规定交纳参赛费用并实际参赛，双方依法成立合同关系。即使因案外公司原因造成某传播公司无法履行合同义务，根据合同相对性原则，某传播公司也应先履行己方合同义务，而后再向案外公司追偿。经审理法院主持调解，某传播公司支付孙某等人赛事奖励24万元。

【典型意义】

群众性体育赛事有助于满足人民群众日益增长的多层次、多样化参赛和观赛需求，增强人民群众参与体育赛事的获得感、幸福感。群众性体育赛事在飞速发展的同时，也存在赛事管理不健全、承办机构选择不严格、赛事资金供给不足等问题，引发涉体育纠纷。体育赛事的主办方与获奖的参赛者依法成立合同关系，当事人应当诚信履行合同义务。人民法院在查明案件事实、分清责任的基础上，积极促成当事人达成调解，既提高了纠纷解决效率，又保障了体育赛事活动各方合法权益。本案裁判有助于推动体育赛事活动繁荣发展，营造良好的体育事业发展环境。

案例六

侵害赛事组委会特殊标志专有权应承担赔偿责任
——亚运会组委会与某置业公司、某科技公司侵害特殊标志专有权及不正当竞争纠纷案

关键词：特殊标志专有权　损害赔偿

【基本案情】

国家知识产权局发布公告，对亚运会组委会提交的"2022年第19届亚运会""杭州亚运会"等十二件特殊标志登记申请予以核准。亚运会组委会在某网站搜索"杭州亚运会"时发现，第一条搜索内容是某置业公司开发楼盘的营销页面，该信息由某科技公司发布。某置业公司曾向亚运会组委会出具《说明及承诺书》，承认侵害杭州2022年第19届亚运会相关知识产权。亚运会组委会起诉请求某置业公司和某科技公司共同赔偿损失150万元。

【裁判结果】

审理法院认为，"杭州亚运会"已经被亚运会组委会提交国家知识产权局核准登记，并据此取得特殊标志专有权。某置业公司未经亚运会组委会许可，擅自在其发布的互联网广告中将"杭州亚运会"设置为搜索关键词，其行为已构成对亚运会组委会特殊标志专有权的侵害；其将搜索"杭州亚运会"关键词的公众引流至其房产广告链接，该行为客观上使得相关公众误认为某置业公司所开发房产与"杭州亚运会"存在关联，构成不正当竞争。某科技公司作为专业广告公司，未尽合理审查义务，致使某置业公司发布的广告侵害亚运会组委会的民事权利，依法应当承担相应责任。审理法院依法判决某置业公司、某科技公司赔偿亚运会组委会相应损失。

【典型意义】

特殊标志是指经国务院批准举办的全国性和国际性的文化、体育、科学研究及其他社会公益活动所使用的，由文字、图形组成的名称及缩写、会徽、吉祥物等标志。《中华人民共和国体育法》第五十二条第一款规定："在中国境内举办的体育赛事，其名称、徽记、旗帜及吉祥物等标志按照国家有关规定予以保护。"擅自将特殊标志设置为互联网广告的搜索关键词的行为构成侵权，侵权人应当承担相应责任。本案在侵权人存在明显过错的基础上，全额支持权利人赛事组委会的赔偿主张，体现了人民法院加强知识产权保护、加大损害赔偿力度的司法导向，有利于营造公平竞争的市场环境，形成竞争有序的市场体系。

案例七

体育赛事转播应获得合法授权
——某数码公司与某科技公司等不正当竞争纠纷行为保全案

关键词：不正当竞争　诉前行为保全

【基本案情】

某数码公司是某网络视频平台的运营商，获得了中央广播电视总台的授权，许可在自营的某网络视频平台和 App 上以短视频、长视频（完整赛事节目）点播形式向用户提供第 24 届冬奥会赛事节目的点播服务。冬奥会赛程期间，某数码公司发现某科技公司等通过其运营的"电视 X" App 提供冬奥会赛事节目的直播、回看、点播以及相关节目集锦短视频，同时设置了冬奥会专题，整理和推荐某科技公司提供的冬奥会赛事节目，并以冬奥会赛事节目作为"电视 X" App 的主要宣传点，以此来吸引用户下载使用。某数码公司以某科技公司等上述行为构成不正当竞争为由，向审理法院提出诉前行为保全申请，要求某科技公司等立即停止通过"电视X"App提供第24届冬奥会赛事节目相关内容。

【裁判结果】

审理法院认为，某数码公司投入巨大成本获得相应授权，在自营的网络视频平台等传播第24届冬奥会开闭幕式、各项赛事活动，此为其参与市场竞争的优势所在。某科技公司等并非合法的被授权主体，其提供冬奥会赛事节目直播、回看以及相关节目短视频等服务的行为减损了某数码公司可能获得的关注度和用户流量，攫取了不当的商业利益，对某数码公司运营的网络视频平台造成现实的、可预见的损害，违反了体育赛事转播应当获得合法授权的商业惯例和法律规定，扰乱市场竞争秩序，构成不正当竞争的可能性极大。审理法院裁定，某科技公司等立即停止在"电视X"App提供第24届冬奥会赛事节目相关内容；如不停止侵权，审理法院将通知相关网络服务提供者在冬奥会期间，停止为"电视X"App提供网络服务。诉前行为保全裁定生效后，某数码公司就本案提起民事诉讼，最终以调解方式化解纠纷。

【典型意义】

本案是保护第24届冬奥会相关知识产权的典型案例。《中华人民共和国体育法》第五十二条第二款规定："未经体育赛事活动组织者等相关权利人许可，不得以营利为目的采集或者传播体育赛事活动现场图片、音视频等信息。"冬奥会赛程仅有十几天，相关赛事节目具有极强的时效性，若不及时采取行为保全措施将会使获得许可的申请人的合法权益受到难以弥补的损害。审理法院在受理申请后二十四小时内即作出诉前行为保全裁定，责令被申请人立即停止相关侵权行为。为保障执行效果，审理法院在全面衡量损益大小、充分论证可行性后，裁定如被申请人不停止侵权行为，将通知相关网络服务提供者在冬奥会期间停止为案涉App提供网络服务，提高了对冬奥会相关知识产权保护的及时性和有效性。

人民法院结合案件情况，及时采取行为保全措施，维护权利人的合法权益，规范体育赛事转播市场化运营行为，彰显了人民法院加大知识产权司法保护力度的鲜明态度，有助于促进体育产业的健康发展。

案例八

运动员持工资欠条起诉可作为普通民事纠纷处理
—— 李某与某俱乐部追索劳动报酬纠纷案

关键词：受案范围　运动员劳动报酬

【基本案情】

某俱乐部向李某出具欠条，载明某俱乐部欠李某赛季绩效工资及奖金，并承诺于两个月之内支付。因某俱乐部逾期未支付，李某向审理法院提起诉讼，请求某俱乐部支付所欠工资及奖金。

【裁判结果】

审理法院认为，某俱乐部与李某之间属于劳动关系。李某以欠条为据直接向审理法院提起民事诉讼，诉讼请求不涉及劳动关系其他争议，视为拖欠劳动报酬争议，无须经过劳动争议仲裁前置程序，应当按照普通民事纠纷受理。审理法院判决某俱乐部向李某支付欠付工资及奖金。

【典型意义】

《中华人民共和国体育法》明确国家建立体育仲裁制度，及时、公正解决体育纠纷。该法第九十二条第二款将《中华人民共和国仲裁法》规定的可仲裁纠纷和《中华人民共和国劳动争议调解仲裁法》规定的劳动争议排除在体育仲裁范围之外，明晰了体育仲裁的范围。劳动争议案件实行"一调一裁两审"程序。为及时、有效地维护劳动者的合法权益，

《最高人民法院关于审理劳动争议案件适用法律问题的解释（一）》第十五条规定，劳动者以用人单位的工资欠条为证据直接提起诉讼，诉讼请求不涉及劳动关系其他争议的，无须经过仲裁前置程序。本案裁判依法将运动员追索劳动报酬纠纷纳入人民法院民事案件受案范围，支持运动员关于劳动报酬的诉讼请求，及时有效保障运动员劳动权益，有助于运动员人才队伍稳定，促进人才强国战略的实施。

【老年人权益保护专题】

最高人民法院第三批老年人权益保护典型案例新闻发布稿

(2023年4月27日)

新闻界的各位朋友，上午好！今天，最高人民法院发布第三批老年人权益保护典型案例。

"老吾老以及人之老"，尊老、敬老、养老、助老是中华民族的传统美德，也是社会文明进步的标志。党的十八大以来，以习近平同志为核心的党中央高度重视老年人的生活保障和权益保护。习近平总书记深刻指出："有效应对我国人口老龄化，事关国家发展全局，事关亿万百姓福祉。"党的二十大报告提出，实施积极应对人口老龄化国家战略，发展养老事业和养老产业，优化孤寡老人服务，推动实现全体老年人享有基本养老服务。今年全国两会期间，许多代表、委员关注养老问题，提出了很多好的意见建议。最高人民法院一直高度重视老年人权益保护工作，将依法保护老年人权益作为服务经济社会高质量发展的重要方面。为认真贯彻党的二十大和全国两会精神，回应人民关切，我们发布第三批老年人权益保护典型案例。此次发布的八个案例精选自全国各地法院报送的典型案件，既涉及赡养、继承、居住权益保障等传统领域，又涉及养老产业、消费欺诈等前沿热点问题；既侧重考虑老年人特殊的身体和精神健康状况，也注重对养老相关产业的规范和引导。这些案例主要具有以下几方面特征。

一是着眼居家养老、财产权益保护等民生问题,让老年人能够幸福安度晚年。随着我国社会人口老龄化程度不断加深,失能老人生活照顾、财产管理等成为困扰许多家庭的难题。被指定的监护人能否尽心尽力、依法履职,由谁来履行监督职能,更是实践操作的堵点。在本次发布的赵甲、赵乙、赵丙申请指定监护人纠纷一案中,人民法院依法指定监护人的同时要求其定期公示财产管理及监护情况,由近亲属共同监督,让失能老人得到最有利监护。近年来,子女以"为父母好"为由监管掌控父母财产的情况时有出现。经济上不自由,影响了老年人生活的便利程度及幸福感。在任某诉李某合同纠纷一案中,老人任某将其剩余存款交由其子李某保管并安排供自己养老使用,后任某提出从该存款中支取3000元用于生活,遭到李某拒绝。法院判决李某返还任某相关款项。该判决依法保护了老年人对财产的自由处分权,明确子女不得以任何形式干涉老年人使用个人财产。

二是聚焦健康养老、消费欺诈等重点领域,净化老年人生活环境。平安健康是人生最大的财富,身康体健对老年人来说,更是头等大事。全面的医疗保障是老年人安度晚年的重要支撑。目前,除我国社保体系承担的老年人医疗费用外,商业保险机构针对老年人医疗、健康等需求推出多种保险产品,为老年人健康养老提供了更多选择,在一定程度上弥补了现有社会保障体系的不足,特别是对患有重大疾病的老年人更有特殊意义。但有的保险产品投保门槛较低,而老年人多存在一些基础病情况,容易产生纠纷隐患。在此次发布的李某诉某保险公司健康保险合同纠纷一案中,老年人李某向某保险公司投保了老年防癌险,后因确诊癌症向保险公司索赔,该保险公司以老人曾患慢性支气管炎未如实告知为由拒赔。该案判决明确,保险公司承保时未询问相关情况,老年人对此不负有告知义务,不属于投保人故意隐瞒,保险公司应当承担赔付责任。该判决有力维护了患重大疾病老年人的合法权益,保障老有所安,同时也对保险公司在该领域业务存在的法律风险起到提示作用。随着生活水平的提高,老年人越来越注重生活品质。老年群体消费正从"衣食住用行"等传统消费逐渐向服务型消费拓展。部分企业关注到养生养老服务的商机，以提供疗养服务、支付预订金获得会员资格和积分消费等名义吸引老年人签订养老合同，进行大额充值消费。在吴某诉某养老产业发展有限公司养老服务合同纠纷一案中，某养老产业发展有限公司收到吴某定金后无法提供相应服务。法院在认定养老服务机构根本违约的同时，将涉嫌犯罪线索及时移送公安机关，依法打击恶意诱导老年人养老消费的违法犯罪行为。同时，净化养老产业，进一步引导和规范新兴养老产业的发展。

三是弘扬孝亲敬老中华民族传统美德，践行社会主义核心价值观。中华民族素有安土重迁、落叶归根的传统。老年人对旧有居所往往怀有多重情愫和美好回忆，对自身社交、就医养老处所也有自己的现实考虑。在此次发布的吕某诉戴某排除妨害纠纷一案中，房屋为吕某父亲生前单位的保障性住房，吕某父母购买后长期居住在该房屋内，为处分便利登记在吕某名下。吕某欲置换房屋以提高居住品质，但其母戴某已至耄耋之年，有在此颐养天年直至终老的意愿。判决明确家庭成员在老年人居所选择上不能仅考虑自己便利以及自己对居住品质的理解，应尊重老年人的选择，不应滥用民事权利排除老年人居住权益，不得违背公序良俗。家庭是组成社会的最基本单元。子女赡养、夫妻扶助，是老年人最常见的养老方式。敬老、养老、助老是中华民族的传统美德，更是基本的伦理道德观。在孙丙诉袁某、孙乙继承纠纷一案中，子女与配偶虽同为第一顺位法定继承人，但在依照法定继承分割遗产时，判决考虑了各继承人履行义务的情况，并特别注意保护对被继承人尽了主要扶养义务并共同生活的被继承人老年配偶合法权益，切实保障老年人的居住权益。现实生活中，有些老年人基于家庭现实情况考虑，选择在养老机构安度晚年。应当依法保障老年人自主选择养老方式的诉求。在苏甲诉苏乙等赡养费纠纷一案中，苏甲要求到养老机构生活。判决支持了老年人对养老方式的选择，同时，考量其实际需要、各子女经济条件以及当地生活水平等因素，判决子女给付赡养费并看望、问候老人，体现了对老年人在养老方式上自主意愿的尊重和对于精神赡养的倡导，使老有所依得到更全面保障。

各位记者朋友，习近平总书记深刻指出："让老年人老有所养、生活幸福、健康长寿是我们的共同愿望。"尊重老年人的意愿，善待和帮助老年人，就是帮助我们未来的自己。2023年，是全面贯彻党的二十大精神的开局之年，也是实施"十四五"规划的关键之年。在新征程上，人民法院将以习近平新时代中国特色社会主义思想为指导，深入贯彻习近平法治思想，全面落实党的二十大和全国两会精神，聚焦老年人急难愁盼的现实问题，进一步完善保护老年人权益工作机制，加大审判执行力度，为全面保护老年人权益提供高质量的司法服务和保障，让老年人老有所养、老有所依、老有所乐、老有所安，不断增强老年人的获得感、幸福感、安全感，更好回应人民期待！

最高人民法院民一庭负责人就老年人权益保护典型案例答记者问

2023年4月27日上午,最高人民法院在全媒体新闻发布厅发布人民法院第三批老年人权益保护典型案例,民一庭相关负责人回答记者提问。

问:近年来,我国社会人口老龄化程度不断加深。请问人民法院如何通过加强保护老年人权益,增强老年人的幸福感、获得感和安全感?

答:根据国家统计局公布的数字,截至2022年底,我国60岁及以上人口达到2.8亿人,占全国总人口的19.8%。而随着传统家庭模式、生活方式的变迁,老年人在健康养老、财产处分、情感慰藉等方面的需求也日益增加。如您所言,人口老龄化是我们今后较长一个时期要面临的基本国情。近年来,人民法院通过案件审理、制定司法解释和司法政策、发布典型案例等方式加强老年人合法权益保护,增强全社会积极应对人口老龄化意识,为实现老有所养、老有所医、老有所为、老有所学、老有所乐提供司法保障。

一是加强顶层设计,及时出台司法解释、司法政策文件。为贯彻实施好《中华人民共和国民法典》(以下简称民法典),2020年底,最高人民法院清理后重新编纂《关于适用〈中华人民共和国民法典〉婚姻家庭编的解释(一)》和《关于适用〈中华人民共和国民法典〉继承编的解释(一)》,对涉及老年人婚姻家庭、继承纠纷等案件统一法律适用标准,依法保护老年人合法权益。2022年3月,最高人民法院专门发布

《关于为实施积极应对人口老龄化国家战略提供司法服务和保障的意见》，老年人权益保护工作顶层设计不断加强。2022年7月，最高人民法院出台《关于办理人身安全保护令案件适用法律若干问题的规定》，明确对受家暴老年人可以由有关部门代为申请人身安全保护令，加大救济力度。

二是建立适老型诉讼服务机制，保障老年人便利参与诉讼活动。人民法院坚持和发展新时代"枫桥经验"，坚持把非诉讼纠纷解决机制挺在前面，建立完善涉老年人婚姻家庭、侵权等矛盾纠纷的预警、排查、调解机制。采取形式多样的举措，保障老年人便利诉讼。依法准许书写起诉书确有困难的老年人口头起诉，有效给予老年人诉讼服务指导和帮助。为行动不便的老年人开通上门立案、电话立案等"绿色通道"，实现快速、便捷立案。开展网上立案、电子诉讼的同时，保留老年人易于接受的传统司法服务方式。逐步完善无障碍诉讼设施及服务，方便老年人参加诉讼。

三是注重法、理、情融合，倡导柔性司法，大力弘扬社会主义核心价值观。利用司法手段维护老年人合法权益，是人民法院的重要职责使命。2021年以来，最高人民法院连续两年发布共两批十五件典型案例，涉及老年人生活的方方面面。其中，赡养、继承类纠纷是老年人权益保护的传统领域，也是老年人关注的重点。人民法院针对老年人需求，加强对赡养尤其是精神赡养类案件的调解力度，保障老年人基本生活需要，让"常回家看看"成为子女的自觉行动；在继承纠纷中，依法保护各类遗嘱形式，切实尊重老年人遗产自主处分权。法定继承中注重扶养、扶助事实，弘扬孝老敬亲、友善互助的传统美德和社会主义核心价值观。

问：近年来，不法分子瞄准与老年群体日常消费密切相关的保健养生领域，播放虚假视频"看疗效"，进行夸大或虚假宣传。刚刚闭幕的全国两会上，也有很多代表、委员关注老年人在健康养生等方面的新需求。请问人民法院如何打击虚假宣传，维护老年人合法权益？针对目前常见或高发的涉老案件，最高人民法院有哪些风险提示？

答：确如您所提，随着我国经济的高速发展，人民群众生活水平显著提高，老年人在满足基本生活需求的前提下，开始更关注生活品质，对健康养老等方面的需求增多。近年来，有些不法分子为了迎合老年人养生保健的强烈愿望，对产品功能进行夸大宣传，诱导老年人购买。此次发布的杨某某诉某健康科技有限公司买卖合同纠纷案中，该公司工作人员将仅具有物理退热功能的冷敷贴虚假宣传具有抗衰老、预防疾病功能，诱导老年人购买，法院在认定商家构成欺诈的基础上判决三倍赔偿，坚决打击虚假宣传和消费欺诈行为，维护老年消费群体合法权益。

根据人民法院近年司法实践情况，并结合这些典型案例所反映的问题，我们也特别就生活中可能遇到的风险向广大老年人作出以下提示。

一是老年人要增强反诈意识，谨慎处置财产，特别要警惕在养老服务领域中多发的诈骗类违法犯罪。一些不法分子常常以老年人关注的养生、养老服务和养老投资等名义，诱骗老年人。而一些老年人因为子女长期不在身边，有一定的情感需求，加之存在"数字鸿沟"之下信息不对称的劣势，在不法分子勾勒的美好愿景面前更易上当。因此，对于不了解的投资领域和不熟悉的服务产业，建议广大老年人还应在与家人充分协商、经正常渠道清楚了解企业信用、人员资质及法律风险等相关资讯后再作出决定。

二是老年人要增强个人信息保护意识，注意抵御虚假宣传背后的消费风险。老年人对医药和保健品的需求较大。有些商家和个人以免费赠送小礼品等作为引诱，通过扫码、加好友、进入聊天群等方式获取老年人个人信息，创造机会接近独居老年人，通过培养情感或以利益、优惠来诱惑老年人进行不理智大额消费。近年来，更是利用微商、直播等自媒体途径夸大虚假宣传食品、药品等各类产品的功效。对这样的消费陷阱和宣传攻势，老年朋友更应注意防范。不要轻易将自己和家人的身份证号、住址、工作单位等个人信息告知他人，以免上当受骗。

三是老年人要提高法律意识，懂得利用法律武器保护自己的合法权益。在家庭生活和社会交往中，老年人在人身权利、婚姻自由、财产权利等受到侵害或威胁时，要注意保存证据，并及时与家人、朋友、当地居委会（村委会）、老年人保护组织等取得联系，寻求帮助。权益受到严重侵害的，应当及时向公安机关报警，并可依法向人民法院提起相关诉讼。

问：2021年中共中央、国务院发布《关于加强新时代老龄工作的意见》，提出要完善老年人监护制度。随着我国社会老龄化程度加深，失智、失能老年人增多，相关监护问题引起社会广泛关注。请问，这次发布的典型案例是否有所体现？如何利用民法典新规定的意定监护制度，有效保障老年人的合法权益？

答：确如您所言，随着我国老龄化程度加深，如何充分尊重老年人真实意愿，保障失智、失能老年人的合法权益，需要全社会共同面对。鉴于此，我们选取了一个对指定监护人创新监督模式的案例。这个案例中，患有阿尔兹海默病的老人有三名子女，均愿担任老人的监护人，同时认为其他子女在监护方面存在不利因素，担心不能尽责，争执不下。人民法院考虑最便利履行监护职责等情况，判决指定其中一名子女担任监护人，同时，要求其每月定期向其他子女公示财产管理及监护情况，真正让最有利于被监护人原则落地生根。该案中，以监护人履职报告和定期公示为内容的创新模式，让失能老人监护归于"老人本位、家庭成员共同参与"。有利于促进矛盾纾解和孝亲敬老家风建设，对监护人监督模式进行了有益探索。引导监护人自觉履行监护职责，让失智、失能老年人感受到家庭的温暖、社会的友善，让他们活得更有尊严。同时，也为在家庭内部如何对监护人履职情况进行监督提供了切实有效的规则参考和行为指引。

民法典在老年人权益保障法基础上进一步发展和完善了意定监护制度。这个制度对老年人尤其是担心随着年纪增长、身体机能衰退可能导致失能、失智的老年人非常贴心和友好。满足了老年人"我的监护我做主"的愿望，体现了对人的自由意志和人格尊严的充分尊重。老年人可以在身体尚康健、神志尚清晰时与自己最信任的人提前签订意定监护协议，受委托的可以是其亲属、朋友、同事，还可以是其他愿意担任监护人的组织，通过意定监护制度对自己失能、失智后的生活提前作出安排，解除老年人的后顾之忧。在签订意定监护协议时，可以考虑参照本次发布的典型案例，确定意定监护人的同时，约定由其他人对该监护人进行监督，充分保障老年人得到全面照护。

最高人民法院第三批老年人权益保护典型案例

案例一：对老年人消费欺诈应承担惩罚性赔偿责任
——杨某某诉某健康科技有限公司买卖合同纠纷案
（关键词：消费欺诈　惩罚性赔偿）

案例二：对失能老年人监护加强监督，保障其得到最有利监护
——赵甲、赵乙、赵丙申请指定监护人纠纷案
（关键词：监护监督　最有利于被监护人）

案例三：投保老年人健康保险已履行告知义务应依法获赔
——李某诉某保险公司健康保险合同纠纷案
（关键词：老年医疗保险　告知义务范围）

案例四：未按约定提供养老养生服务应依法承担违约责任
——吴某诉某养老产业发展有限公司养老服务合同纠纷案
（关键词：养老服务　养老产业）

案例五：子女处分老年人购买并长期居住的房屋应尊重其意愿
——吕某诉戴某排除妨害纠纷案
（关键词：权利滥用　安土重迁）

案例六：分配遗产时应依法保护被继承人老年配偶权益
——孙丙诉袁某、孙乙继承纠纷案
（关键词：分割遗产　保护老年配偶）

案例七：子女应当尊重老年人选择的合理养老方式
——苏甲诉苏乙等赡养纠纷案

（关键词：养老方式　精神赡养）

案例八：子女不得干涉老年人自主处分个人财产

——任某诉李某合同纠纷案

（关键词：无偿保管　财产处分权）

案例一

对老年人消费欺诈应承担惩罚性赔偿责任
——杨某某诉某健康科技有限公司买卖合同纠纷案

关键词：消费欺诈　惩罚性赔偿

【基本案情】

杨某某经介绍加入某健康科技有限公司销售微信群，工作人员不断在其中宣传推广一款光量子芯片医用冷敷贴，称其系经核准的国家一类医疗器械，能抗衰老、预防疾病等。并以赠送礼物等方式诱导杨某某多次免费体验。杨某某后花费近3万元购买产品，使用后未觉见效。杨某某认为存在消费欺诈，起诉请求判令某健康科技公司退款并三倍赔偿。经查，该产品核准的产品适用范围仅为物理退热理疗等功能。

【裁判结果】

审理法院认为，《中华人民共和国消费者权益保护法》第五十五条第一款规定："经营者提供商品或者服务有欺诈行为的，应当按照消费者的要求增加赔偿其受到的损失，增加赔偿的金额为消费者购买商品的价款或者接受服务的费用的三倍；增加赔偿的金额不足五百元的，为五百元。法律另有规定的，依照其规定。"本案中，某健康科技有限公司人员对医疗器械突出宣传未经国家核准的预期用途和性能，且与说明书适用范围严重不符，误导消费者，致使杨某某以明显畸高的价格购买仅具有冷敷退热功能的医用冷敷贴，构成虚假宣传误导消费者的欺诈行为，应当承担退一赔三的惩罚性赔偿责任。判决该公司退还杨某某全部货款并赔偿三倍损失。

【典型意义】

健康是老年人关注的重要消费领域。现实生活中，一些商家利用老年人对健康的重视，通过夸大产品的保健治疗功能诱导老年人进行消费。近年来，随着智能手机的普及，通过微信群等媒介虚假宣传，形式更加隐蔽化，需要引起高度重视。本案判决明确了在微信群对医疗器械、药品等功效超出国家核准范围进行虚假宣传误导老年消费者，构成欺诈，应承担惩罚性赔偿责任。本案对于引导经营者诚信经营，维护老年消费者的健康权益具有典型示范作用。

案例二

对失能老年人监护加强监督，保障其得到最有利监护
——赵甲、赵乙、赵丙申请指定监护人纠纷案

关键词：监护监督　最有利于被监护人

【基本案情】

老人严某某有赵甲、赵乙、赵丙三名子女，严某某自丈夫去世至患病住院前一直与赵甲共居生活。住院期间三名子女均有看护，存折及证件由赵甲管理。严某某现无民事行为能力。三名子女就严某某监护事宜存在争议，起诉申请由法院指定监护人，均主张他人存在不利监护因素，自己最适于担任严某某监护人。审理中，赵甲按动产、不动产等类别向法院报告了严某某名下财产。三名子女表示若自己为监护人，愿意定期公示财产和监护情况，接受监督，并由判决确定该义务。

【裁判结果】

审理法院认为,《中华人民共和国民法典》第三十一条规定,人民法院应当尊重被监护人的真实意愿,按照最有利于被监护人的原则在依法具有监护资格的人中指定监护人。本案中,赵甲与严某某长期共同生活,为最便利履行监护职责,结合照顾现状、交通条件等情况,判决指定赵甲担任严某某监护人,令其每月向赵乙、赵丙公示上一月度严某某财产管理及监护情况。

【典型意义】

随着我国社会人口老龄化程度不断加深,失能老人生活照顾、财产管理等成为困扰许多家庭的难题。被指定的监护人能否尽心尽力、依法履职,由谁来履行监督职能,更是实践操作的堵点。本案判决按照最有利于被监护人的原则,确定以监护人履职报告和定期公示为内容的创新模式,让失能老人监护归于"老人本位、家庭成员共同参与",不仅有利于促进矛盾纾解和孝亲敬老家风建设,也对监护人监督模式进行了有益探索。

案例三

投保老年人医疗保险已履行告知义务应依法获赔
——李某诉某保险公司健康保险合同纠纷案

关键词:老年医疗保险　告知义务范围

【基本案情】

2020年9月,李某与某保险公司签订《支付宝老年防癌险电子保险单》,投保老年防癌险。保险单健康告知部分需要告知的疾病、体征或症状不包括气管炎。半年后李某经诊断为气管肿瘤癌变,向该保险公司提出索赔申请。该保险公司以李某患慢性支气管炎投保时未告知而严重影响其承保决定为由拒赔。李某起诉请求判令该公司履行保险合同,赔付医疗费用。

【裁判结果】

审理法院认为,《中华人民共和国保险法》第十六条第一款、第二款规定:"订立保险合同,保险人就保险标的或者被保险人的有关情况提出询问的,投保人应当如实告知。投保人故意或者因重大过失未履行前款规定的如实告知义务,足以影响保险人决定是否同意承保或者提高保险费率的,保险人有权解除合同。"本案中,某保险公司在保险单需要告知的部分并未询问被保险人是否患有支气管炎。李某在投保时已合理履行如实告知义务,某保险公司无权解除该保险合同。李某被诊断为肿瘤癌变,依据癌症医疗保险条款,判决某保险公司继续履行保险合同,支付李某医疗费16万余元。

【典型意义】

医疗保险是老年人安度晚年的重要保障。目前,针对老年人的保险投保门槛较低,而老年人因为年龄等原因,可能存在一些基础病情况,存在纠纷隐患。本案判决明确投保老年人医疗保险时,已根据某保险公司询问事项履行如实告知义务。在某保险公司询问之外的事项,不属于告知范围。判决有力维护了患重大疾病老年人的合法权益,保障老有所安,同时,也提示保险公司开展此项业务的相关风险,具有一定的典型意义。

案例四

未按约定提供养老养生服务应依法承担违约责任
——吴某诉某养老产业发展有限公司养老服务合同纠纷案

关键词：养老服务　养老产业

【基本案情】

某养老产业发展有限公司是一家为老年人、残疾人提供养护服务的酒店。2019年，吴某同该公司签订养生养老合同，约定吴某支付预订金后，即获得会员资格和相应积分，积分可以在该公司旗下任何酒店抵现使用。预付的订金如果没有额外消费，期满后还可退还。吴某支付21万元预订金后，该公司无法提供相应服务且不退款。吴某起诉请求解除合同，并判令该公司返还预订金及利息。

【裁判结果】

审理法院认为，《中华人民共和国民法典》第五百六十三条规定，当事人一方迟延履行债务或者有其他违约行为致使不能实现合同目的的，当事人可以解除合同。民事主体从事民事活动应当遵循诚信原则，秉持诚实，恪守承诺。本案中，双方签订的养生养老合同合法有效，某养老产业发展有限公司收到吴某订金后无法提供相应服务，存在根本违约，吴某享有合同解除权。判决某养老产业发展有限公司返还吴某预订金，并支付利息。法院亦将该公司涉嫌养老诈骗犯罪线索移送公安机关。

【典型意义】

随着人们生活水平的提高，老年人越来越注重生活品质。部分企业关注到养生养老服务的商机，以提供疗养服务、支付预订金获得会员资格和积分消费等名义吸引老年人签订养老合同，进行大额充值消费。司法既保护相关新兴产业的发展,引导其合法规范经营,又依法制裁其中违法犯罪行为,保护老年人财产权益,维护老年人生活安宁。本案在民事审判中依法认定养老服务机构根本违约的同时,将涉嫌犯罪线索及时依法移送公安机关,对遏制针对老年人养老消费领域的恶意诱导,打击针对老年人的侵财违法犯罪行为、净化养老产业,具有一定的示范意义。

案例五

子女处分老年人购买并长期居住的房屋应尊重其意愿
——吕某诉戴某排除妨害纠纷案

关键词:权利滥用　安土重迁

【基本案情】

戴某(85岁)系吕某之母。案涉房屋系吕某父亲生前依单位保障家庭用房政策出资购买,戴某一直居住在该房屋内。吕父去世后戴某同意房屋登记于吕某名下。在工作日期间,吕某夫妇为接送孙辈上下学与戴某共同居住。吕某为生活便利欲置换房屋,承诺保障戴某居住需求。戴某认为自己已在该处居住半生,邻里熟悉,就医便利,希望能在此终老。即使新居面积更大、条件更优,亦不愿搬离旧宅。因协商未果,吕某以房屋所有权人身份起诉请求判令戴某不得妨害其置换房屋行为。

【裁判结果】

审理法院认为,《中华人民共和国民法典》第一百三十二条规定,民事主体不得滥用民事权利损害国家利益、社会公共利益或者他人合法权益。戴某虽放弃登记为所有权人,但对该房屋仍有正常居住的权益。吕某欲置换房屋以提高居住品质,但戴某已至耄耋之年,有在此颐养天年直至终老的意愿,吕某轻视戴某意愿而欲售房置换不当。判决驳回吕某的诉讼请求。

【典型意义】

中华民族素有安土重迁、落叶归根的传统。本案判决没有机械按照物权变动规则支持登记权利人的主张，而是全面考虑房屋来源和现实情况，充分尊重耄耋老人对旧有居所数十载的多重情愫和美好回忆，及老人对自身社交、就医养老处所的现实考虑，明确家庭成员要尊重老年人意愿，不应滥用民事权利排除老年人居住权益，不得违背公序良俗。本案判决对于如何细化老年人居住权益保障，真正实现老有所居、老有所安，切实维护老年人权益，具有一定的指导意义。

案例六

分配遗产时应依法保护被继承人老年配偶权益
——孙丙诉袁某、孙乙继承纠纷案

关键词：分配遗产　保护老年配偶

【基本案情】

老人袁某与孙甲有婚生子孙乙、养女孙丙。二人有房产、存款若干。2005年孙甲患病不能自理，住院十五年至去世均由袁某照顾护理。孙乙因犯罪长期服刑。孙丙大学毕业到外埠工作定居。孙甲住院期间仅探望几次。孙甲去世尚未安葬时，孙丙即起诉要求分配遗产。

【裁判结果】

审理法院认为，原《中华人民共和国继承法》第十三条规定，同一顺序继承人继承遗产的份额，一般应当均等。对被继承人尽了主要扶养义务或者与被继承人共同生活的继承人，分配遗产时，可以多分。有扶养能力和有扶养条件的继承人，不尽扶养义务的，分配遗产时，应当不分或者少分。本案中，孙甲未留遗嘱，应当按照法定继承顺序继承，第一顺位继承人为袁某、孙乙、孙丙。袁某年过七十，存款甚少，与孙丙关系无法缓和，孙乙七年后才能出狱，袁某面临老无所依的状况。判决孙甲遗产中的房产、银行存款、抚恤金等均归袁某所有，并分别给付孙乙、孙丙少部分折价款。

【典型意义】

家庭是组成社会的最基本单元，子女赡养、夫妻扶助，是老年人步入晚年后最常见的养老方式。家庭成员应当尊重、关心和照料老年人，成年子女更是负有赡养父母的法定义务。子女与配偶虽同为第一顺位法定继承人，但在依照法定继承分配遗产时，对被继承人尽了主要扶养义务或者与被继承人共同生活的继承人，可以多分；而对有扶养能力和有扶养条件的继承人，不尽扶养义务的，应当不分或少分。本案二审考虑了各继承人履行义务的情况，并特别注意保护被继承人老年配偶的合法权益，以确保老年人老有所居、老有所养。

案例七

子女应当尊重老年人选择的合理养老方式
——苏甲诉苏乙等赡养纠纷案

关键词：养老方式　精神赡养

【基本案情】

苏甲与代某夫妻育有苏乙等六名子女。代某去世多年，苏甲现已94岁高龄，无住房，视力残疾，平时出行不便，需要看护。在长子家中生活十年，家庭矛盾较深，其他子女均无照顾意愿。苏甲要求入住养老院，因每月需缴纳费用等与子女发生争议，苏甲起诉请求判令六子女支付赡养费，并每月探望一次。

【裁判结果】

审理法院认为，《中华人民共和国民法典》第二十六条规定，成年子女对父母负有赡养、扶助和保护的义务。《中华人民共和国老年人权益保障法》第十八条第一款、第二款规定："家庭成员应当关心老年人的精神需求，不得忽视、冷落老年人。与老年人分开居住的家庭成员，应当经常看望或者问候老年人。"苏甲将子女抚养长大。六名子女依法应履行赡养义务，包括对老人精神慰藉。苏甲基于家庭现实情况，要求到养老机构生活，应当尊重其意愿。综合考量苏甲实际需要、各子女经济条件和负担能力及当地生活水平等因素，判决六名子女每人每月给付苏甲赡养费500元。六名子女对苏甲除履行经济上供养、生活上照料的义务外，还应履行精神上慰藉的义务，每人每月应当看望及电话问候苏甲一次。

【典型意义】

现实生活中，有些老年人基于家庭现实情况考虑，选择在养老机构安度晚年。应当依法保障老年人对于养老方式多样化的诉求及其自主选择养老方式的权利。此外，子女不仅应履行经济上供养的义务，还应重视对老年人的精神慰藉。本案判决体现了对老年人在养老方式等问题上自主意愿的尊重和对于精神赡养的倡导，充分保障老有所依。

案例八

子女不得干涉老年人自主处分个人财产
——任某诉李某合同纠纷案

关键词：委托保管　财产处分权

【基本案情】

任某系李某之母。2022年2月，双方签订协议，约定任某将其存款存入李某账户，该款仅用于任某养老；任某生养死葬由李某负责。协议签订后，任某将13万元存款转入李某账户。李某从该存款中为任某支付医疗费800余元。后任某提出从该存款中支取3000元用于生活，被李某拒绝。任某遂起诉请求判决解除双方协议，并由李某立即返还剩余款项。

【裁判结果】

审理法院认为，《中华人民共和国民法典》第一百三十条规定，民事主体按照自己的意愿依法行使民事权利，不受干涉。老年人对个人财产依法享有占有、使用、收益和处分的权利，子女不得干涉，不得侵犯老年人财产权益。任某将其剩余存款交由李某保管并安排供其养老使用，双方形成保管合同关系。李某不履行相应义务，干涉任某对个人财产的自主处分，损害了任某的权利，任某有权要求李某向其返还所保管的剩余款项。判决解除协议并判令李某返还任某剩余款项。

【典型意义】

老年人对个人财产依法享有占有、使用、收益和处分的权利，子女不得侵犯老年人财产权益。近年来，子女以"为父母好"为由监管掌控父母财产的情况时有出现。老年人经济上的不自由，影响了老年人生活的便利程度及幸福感。本案就老年人对自身财产享有的合法权益予以保护，明确了子女不得以任何形式违法干涉老年人对个人财产处分的规则导向。

【人民法庭工作专栏】

打造"四个中心" 深化"龙山经验"推动"枫桥式人民法庭"建设做实诉源治理的实践探索

——以金华法院40个基层人民法庭的实践为例

浙江省金华市中级人民法院课题组[*]

2021年2月,随着中央全面深化改革委员会审议通过《关于加强诉源治理推动矛盾纠纷源头化解的意见》,诉源治理正式上升为国家社会治理领域的重要制度安排。2022年中央1号文件指出,创建一批"枫桥式人民法庭",推进更高水平的平安法治乡村建设。2023年中央1号文件提出,要坚持和发展新时代"枫桥经验",完善社会矛盾纠纷多元预防调处化解机制。近年来,如何定位新时代人民法庭的职能、如何更好参与诉源治理大格局成为司法实践重大研究课题。在毛泽东同志批示学习推广"枫桥经验"六十周年暨习近平总书记指示坚持发展"枫桥经验"二十周年之际,为切实落实党的二十大报告提出的"提高社会治理效能",根据最高人民法院、浙江省高级人民法院关于打造"枫桥式人民法庭"的部署安排,我院组成专题调研组深入人民法庭调研建设运行情况,形成

---

[*] 课题组成员:叶向阳,浙江省金华市中级人民法院院长;鲍大兵,浙江省金华市中级人民法院副院长;张旭良,浙江省金华市中级人民法院民一庭庭长;周巧慧,浙江省金华市中级人民法院民一庭副庭长;陈凌洲,浙江省永康市人民法院立案庭庭长;胡悠悠,浙江省金华市中级人民法院一级法官。

报告如下。

一、打造"枫桥式人民法庭"的金华实践

金华法院现有人民法庭40个、员额法官110名、法官助理（含驻庭执行员）33名、司法雇员及聘用人员93名、法警19名，法庭庭长均已落实乡科级副职（实职）。40个法庭共下辖150个乡镇（街道、社区），辖内人口约596万人，占金华总人口的83%。近年来，金华两级法院紧紧围绕"抓实公正与效率，做实诉源治理"要求，坚持能动司法，将源头预防、多元化解、执法办案工作置于党委政府社会综合治理体系和诉源治理大格局中，以法庭（法院）收案数下降检验调解工作、平安建设成效，探索形成了"资源统筹、社会协同、综合治理"的龙山经验。2022年，金华法院一审民商事收案数64031件，同比下降16.9%，有30个法庭实现收案数下降，降幅和收案下降法庭数均居浙江省第一。迭代升级"龙山经验"，相关举措获全省高质量发展建设共同富裕示范区最佳实践、浙江省改革突破奖提名奖，受到最高人民法院领导批示肯定。具体实践举措如下。

（一）融合党建与队建打造素质过硬法庭铁军

坚持"支部建在庭上"，全面创建"五零"（零违纪、零投诉、零瑕疵、零信访、零上诉）支部，严格落实法庭庭长"一岗双责"，以党建强队建促审判，营造勤廉并重的干事创业氛围，打造了东阳横店法庭"东方好莱坞守护者"等具有金华法院辨识度的党建品牌。全市人民法庭年均结案3.5万件，以20%的员额法官数量办结了50%以上的民商事案件，持续优化结收比、自动履行率、一审改判发回瑕疵率等质效数据，涌现出了"五零"法官8名，获全国法院先进集体、全国法院人民法庭工作先进集体、全省人民满意的公务员集体等荣誉称号，永康龙山法庭入选最高人民法院《新时代人民法庭建设案例选编（一）》，入选央视《法治深壹度》栏目的基层法院全景式纪实节目《人民法庭》，展现了坚持和

发展新时代"枫桥经验",健全城乡社区治理体系,及时把矛盾纠纷化解在基层的生动实践。

(二) 抓实公正与效率创新高效便捷解纷模式

坚持"三个便于""三个服务""三个优化"工作原则,多次开展人民法庭布局功能调研,以"增、调、迁、撤"方式优化法庭布局,法庭总数从2018年的29个增加至40个,进一步形成设置合理、系统完备、运行高效的人民法庭布局体系,显著增强了护航营商环境优化、服务城市有机更新等中心大局的能力。推动当事人"一件事"集成改革,深化"立审执破"全流程,实现绝大部分案件一次庭审、当庭宣判、当场送达(文书)。2023年1月至3月,当庭宣判率、服判息诉率平均达95%以上。努力打造群众家门口的人民法庭,建成3214家"共享法庭",出台保障制度,将工作成效纳入平安建设考核体系;实现镇街、村居全覆盖,其中3家"共享法庭"入选全省示范,共指导诉前调解、化解纠纷等2.5万件。

(三) 提供精准司法服务新型城镇化战略

发挥不同类型人民法庭职责作用,分类细化完善各项服务保障措施。乡村法庭积极服务农村发展大局,妥善审理各类涉农案件,深度参与基层治理,指导修订"农户建房四邻协议"等村规民约;创建"反家暴联盟",夯实社会治理基石,服务美丽乡村建设,为乡村振兴提供有力司法保障。2022年,累计开展巡回审判1300余次,普法宣传2100余次。城区、城乡法庭坚持综合性为主,根据需要审慎开展专业化建设,设立自贸区法庭、金融法庭等特色法庭,在影视、建筑、旅游等行业打造巡回审判点或工作站,为产业发展提供零距离、订单式、多元化司法解决方案。推动金融、知识产权、机动车交通事故等类型化纠纷和重点行业领域源头治理,推出"浙里市场义码治理"应用,获评2022年度浙江省优化营商环境优秀实践案例。

（四）聚焦主体与载体形成多元共建共治格局

推动治理主体多元化，依托辖区党政支持，全面深化推广"龙山经验"，加强司法与基层党政机关、行业机构、村（社）组织联动配合，组建包括司法调解、治安调解、人民调解等治调力量在内的"调解大联盟"；从"两代表一委员"、乡贤中培养法治带头人和法律明白人，编牢织密多元调治社会网络，2022年全市法庭收案量同比下降20.38%。创新治理载体多元化，在浙江省范围率先建构发布诉源治理指数，以无讼村（居）创建为抓手，主动融入民生议事堂、民情恳谈会、乡贤调解室等基层民主实践载体，协助打造省级以上民主法治示范村500个；深化现代科技应用，创新研发诉源智治等数字化平台，自2022年11月上线以来，有效预防化解矛盾纠纷3200余起，被评为浙江省数字法治好应用。

二、建设"枫桥式人民法庭"存在的问题困难

最高人民法院张军院长在讲话和调研中多次强调，人民法院要"抓前端、治未病"，促进强化诉源治理、综合治理，做实新时代"枫桥经验"。金华法院注意发挥人民法庭服务基层、紧贴群众的优势，主动融入辖区综合治理体系、诉源治理大格局，在维护公平正义、促进社会和谐、引领公序良俗、增进群众福祉、服务新型城镇化和乡村振兴战略等方面进行了有益探索，但仍存在以下困难和问题。

（一）法庭参与社会治理程度仍有认识温差

法院对参与基层治理的认识存在"上热中温下冷"现象，在辖区地域上也存在不平衡情况；部分领导干部仍将人民法庭视为法院一般办案部门，满足于耕好办案"一亩三分地"，通过司法建议、诉讼白皮书等方式推动诉源治理、参与基层综治的工作意识有待加强，打破多元解纷条块分割、条线孤立情形的思路办法有待丰富。不同街道乡镇对矛盾纠纷综合治理体系、诉源治理格局建设力度不一，少数法庭与乡镇党委政府、

社会治理中心职责分工不明，涉"两所一庭"联动等机制建设尚不健全，导致诉前分流化解渠道受阻，大部分纠纷仍由法庭自行消化，有碍于成诉率降低。

（二）法庭对标乡村振兴和群众需求仍有差距

部分法庭辖区地域宽广、人居分散，通过互联网等信息技术实现司法延伸，但服务人民群众的最后一公里仍不通畅、精准度不够，服务模式也较为单一。法庭差异性特征淡化，院机关庭室与人民法庭、专业性法庭和综合性法庭区别度不高，在发挥专业化法庭助力区域产业发展方面能效不够明显。妥善审理农村土地"三权分置"、分类施策化解城镇化衍生纠纷的司法能力有待提升，挖掘典型案例、示范性诉讼作用的能动意识还需加强。

（三）法庭队伍资源配置有待科学改善

人员配备、案件数量与融入基层治理间的紧张关系仍是制约人民法庭高质量发展的主要问题。人员配备不足、人才流失、法官断层等加剧法庭"事多案多人少"问题，6.19%的法庭是"一人庭"，即一名员额法官带领一个审判团队；法庭"老中青"队伍建设有待加强，长期深耕基层、经验丰富的法官较少，影响对青年干警的传帮带作用发挥；法庭书记员队伍流动性大，招人难、留人难局面仍未打破。

（四）综合管理保障机制有待健全完善

部分法院对法庭工作存在多头管理，对法庭统筹谋划推进的力度不够聚焦。一些法庭基建工作跟不上数字化改革发展步伐，有的大楼场所使用率不高，存在闲置现象，法治文化建设、法治宣传工作普遍偏弱。法庭参与基层社会治理、服务辖区重点工作、推进矛盾纠纷预防化解等方面工作尚未纳入考核体系，缺乏激励机制。庭长发展路径偏窄，干警轮岗交流机制不健全，安全保卫能力偏弱，影响法庭队伍工作尊荣感。

三、推动人民法庭建设做实诉源治理的建议

经调研总结认为，新时代人民法庭围绕"四个中心"进行职能定位，即基层法治化治理中心、基层法治服务中心、基层法治文化中心、基层法治宣传中心，切实推动法庭建设深化诉源治理，做实做好新时代"枫桥经验"。

（一）立足源头预防与多元化解，打造基层法治化治理中心

一是融入社会治理格局。融入党委"平安综治"大局，强化新设法庭与辖区社会治理中心一体谋划、一体建设、一体融合，协调落实法庭庭长列席乡镇（街道、社区）党委扩大会议制度，不断发挥诉源治理指数在压实基层组织责任方面的积极作用，推动党委将万人成讼率、民商事收案数纳入基层考核评价体系，构建诉源、执源、访源"三源共治"格局。融入区域"城乡发展"布局，紧扣城镇化衍生的涉法涉诉问题，提供积极法律咨询、参与联席会商，以"法官讲法"促进党政领导"会前学法"，继续深化"行政争议数智解"应用，助推依法行政水平和能力提升，推动跨部门形成社会治理整体合力。融入基层"四治融合"格局，发扬和践行社会主义核心价值观，通过案件审执推动移风易俗，通过靠前指导制定村规民约、居民公约，为集体事务决策提供法律意见，利用"共享法庭""浙江解纷码"等载体打破时、空限制，助推完善"四治融合"城乡基层治理体系。

二是健全排查预防机制。注重源头预防，坚持"三靠前"理念（机制建设走在治理前、预防工作走在化解前、调解工作走在起诉前），畅通矛盾纠纷信息收集渠道，通过"三进四访"机制（进镇街、进村居、进企业，访党政领导、访基层单位、访调解组织、访行业协会）增强研判施策能力，促进矛盾纠纷早发现、早干预、早化解。提升预警能力，依托数字化应用，根据诉源治理水平及矛盾纠纷的激烈程度，建立"分层、分级、分类"预警，智能生成预警信息，实现成讼风险的动态监测精准

研判。强化响应协同，推动整合法庭辖区社会治理单元，加强执法与司法双向互动，建立协同处置效率的考核通报机制，不断健全协同网络、完善协同机制、提升协同质量，实现预警信息及时共享、高效反馈。

三是完善化解治理体系。坚持分层化解，畅通分流渠道，将矛盾纠纷精准分流至基层治理的最小支点，推动构建乡镇一级"漏斗式"矛盾纠纷化解"136"格局，有效实现"小事不出村、大事不出镇"。优化类案治理，紧盯婚姻家事、涉村集体等基层矛盾纠纷多发领域，推进与主管部门、行业协会等良性互动，以个案化解撬动类案治理。科学设置职能，不断优化司法服务流程，采取示范诉讼、执前督促等举措，善用支付令、小额诉讼、预查废、个人债务集中清理等手段，探索"立审执破"一体，力争以最少流程、最短时间、最优服务，一揽子解决当事人核心诉求。

四是夯实基层法治基础。优化调解队伍建设，积极争取调解奖补等经费支持，组建天平调解团队，探索"公益+市场"的律师调解制度，在乡村法庭，以"今日我当值"等创新机制为载体，邀请乡村法治带头人、乡贤等担任法庭特邀调解员；在城区、城乡接合法庭，推动设立符合产业发展特色的行业性调解组织，打造专兼结合、优势互补、结构合理的调解队伍。壮大协同治理力量，实现人大代表、政协委员联系群众、监督推动作用与人民法庭多元解纷、审判执行职能的对接融通，充分发挥"工青妇"等群团组织、综治人员联系广泛的优势，紧密结成以政法干警、两代表一委员、村（社）干部、网格员为核心的治理"联盟"。激发法官能动意识，健全预分案和非诉解纷全域指导流程，通过完善分流、指导、考核等机制，充分激发法官指导调解、参与治理新动能。

（二）围绕中心大局与司法需求，打造基层法治服务中心

一是服务全面推进乡村振兴。保护产业健康发展，妥善审理涉"三农"领域传统纠纷及民宿、康养、乡村旅游等新兴业态纠纷，因地制宜设置现代种养业、耕地保护等专业巡回法庭、调解服务站，促进农村特

色产业有序融合发展。守护乡村宜居环境，发布典型案例、司法白皮书，针对宜居乡村、未来乡村建设等问题发送司法建议，探索建立"生态系统司法保长制"和"环保禁止令"机制，切实提升乡村环境治理的规范化、法治化水平，助力打造"两山"理论实践样板地。维护农民合法权益，聚焦农民权益保护的痛点难点，加大对"三费一酬一金"等涉民生案件的审执力度；妥善处理农村"三权分置"改革和新农村建设中的突出问题，依法保障农民土地承包经营权、宅基地使用权、集体收益分配权。

二是服务基层治理现代化。优化人民法庭布局，根据城区、城郊、乡村法庭不同功能定位，结合不同地域特征，坚持综合性与专业化相结合，加强人民法庭发展规划，通过新设、转设等方式构建满足不同需求、服务当地发展、契合属地特色的人民法庭新格局。助推法治人才培养，将人民法院指导人民调解的法定职责做实，推广《要素式调解规范指引》，明确不同类案的调解要点、调解思路，加强对网格员、人民调解员、基层自治组织成员的业务指导和培训，增强基层干部群众法治观念和依法办事意识，帮助培养一批乡村法治带头人。提升"共享法庭"效能，落实落细"共享法庭"实效化运行的主体责任，找准定位、因地制宜、迭代升级，根据辖区矛盾纠纷特点精准开展云上普法，打通"最后一公里"，让人民群众切实感受普惠、均等、精准、高效、便利的司法服务。

三是服务群众高品质生活需要。提升司法服务能力，全面推进"一站式"诉讼服务中心立体化、集约化、信息化建设，为群众提供涉多元解纷、立案登记、审判辅助、涉诉信访、普法宣传在内的全生命周期司法服务，通过探索数字化、便携化等多种形态的"便民法庭"，破解地域限制司法便利问题。平等保护群众权益，针对金华流动人口较多的特点，推动建立外来务工人员联络站，主动对接各地商会等组织，依法保障劳动者平等就业、同工同酬等合法权益；在少数民族聚居的乡镇、村（居）委会成立"乡音版共享法庭"，通过民族语言、传统习俗文化开展特色解纷活动。满足多元司法需求，准确适用民法典关于居住权、高空抛物、网络虚拟财产保护等条款，综合运用人身安全保护令、家庭教育保护令、财产申报令等手段，有效保障不同群体、线上线下司法需求。

四是服务共同富裕示范区建设。优化营商环境，聚焦"执行合同""办理破产"两项核心指标，将精准服务现代化都市区、自贸区新业态新模式作为城区法庭建设的重要功能，迭代升级"浙里市场义码解纷""智破平台"等应用，建立金融、知识产权、劳资等专业化审判团队，为新兴产业发展提供"一站式、全链条"司法服务方案。护航内陆开放，聚焦"三中心三高地"重点任务，提前研判并向党委政府提示项目建设法律风险，在"义新欧"等班列始发站、中转站建立法治服务站，积极参与重大项目建设专班，法治护航金华建设陆港枢纽样板区。强化企业帮扶，秉承善意审执理念，审慎处理产权和经济纠纷；组建青年助企团、党员先锋队，开展民营企业家座谈会、法官联系重点企业等活动，编制《民营企业法律风险防控提示书》，用好执行助企"输氧玻璃罩"机制，依法保护民营企业产权和企业家权益。

（三）坚定政治忠诚与法治追求，打造基层法治文化中心

一是突出政治文化。坚持党建引领，落实"支部建在庭上"，深化"党建+业务"双结对模式，推进人民法庭党支部标准化、规范化建设，建立健全政治、业务、实践"三位一体"综合学习课堂，突出党支部对干警的教育、管理和监督职能，让事事讲政治、人人讲忠诚的氛围更加浓厚，涌现更多"五零"支部。发扬司法传统，充分发挥"真理味道、信仰之源"的政治优势，挖掘凝练党的红色资源，与时俱进"马锡五审判方式"，引导干警赓续红色根脉，让"心中有民""腿上有泥"的"五零"法官不断涌现。弘扬英模精神，持续深入发掘人民法庭英模事迹，健全培养选树先进典型、关心关爱英模干警机制，探索英模事迹具象化、数字化，让"一个人"影响"一群人"。

二是培育法治文化。建设法治文化阵地，依托当地文保资源，科学

融合传统法治文化，探索建设司法档案馆、法治文化园、法治图书馆，集中展示法治文化的内涵和精髓。秉持现代司法理念，调整"以办案数量论英雄"的考核导向，聚焦紧系人民生活、紧贴民法典实施案件，充分运用裁判说理、判后答疑等方式，不断延伸社会主义核心价值观的司法表达，推出一批明是非、讲情怀、有影响的法庭文化精品。丰富法治文化产品，根据群众需求，以村（社）法治文化活动为载体，推动开展法治文化产品的创作、交流、评选、竞赛等活动，促进法治文化与群众生活深度融合。

三是涵养廉洁文化。以日常浸润固廉，把廉洁元素融入人民法庭大楼装饰装修，通过开设"庭长廉政课堂"，开展"谈心察廉"等教育警示活动，以廉洁文化小气候涵养崇廉尚廉新风尚。以家风建设助廉，挖掘属地廉文化，通过定期召开家属"助廉座谈会"、正反案例警示会、签订廉洁承诺书等方式，使家庭成为"清廉法庭建设共同体"最基本的细胞、最坚固的堡垒。以正风肃纪保廉，发挥"后陈经验"在清廉法庭建设中的积极作用，探索建立"院本部+镇街"二维司法制约监督渠道，推进法庭司法权力运行过程中科学配权、规范行权、依法治权、廉洁用权。

四是融入区域文化。推动共建共享，把法庭文化建设纳入辖区乡镇、街道文化建设总体布局，积极推动有条件的基层打造法治文化示范带，拓展法治文化辐射面、影响力。深化共育共促，围绕"今、古、人、文"四大主题，找准法庭特点与区域文化特色结合点，积极融入"八婺"历史文化基因，打造具有金华辨识度的"法院+"文化品牌。探索共振共荣，深入理解辖区文化地图，通过选派法庭志愿者、共建教育培训基地等形式，建立属地文化与法治文化协作交流机制，推动法治文化繁荣与文化遗产保护同频共振。

（四）优化形象塑造与外部认同，打造基层法治宣传中心

一是坚持真情实感。以小案件讲述大道理，立足人民法庭常见的与群众生产生活、衣食住行息息相关的"小案件"进行司法公开，在"扶

不扶""劝不劝""救不救""追不追"等问题上鲜明表达,以公正的司法裁判为公共空间和网络空间立规,引导群众增强公共意识、规则意识。以小视角展示大情怀,从案例背后的"硬核"故事、"泪目"瞬间切入,融合法治元素与情感因素,精心制作"以理服人""以情感人"的法庭宣传作品,充分诠释法庭干警的初心与坚守,生动展现人民群众的良善与和美,使法治故事更被认可、法庭地位更受尊崇。

二是坚持创新引领。转变理念,建立健全普法效果责任制考核,构建"内容为王、科技支撑、创新保障"的宣传创作体系,增强"法官是宣传员"的主体意识,编发"法庭月报""法治季报"等刊物,在实践中培养一支懂策划、懂编写、懂运营的法庭宣传团队,让法治宣传更接地气、更有生气、更聚人气。更新方式,结合"八五"普法重点内容和群众关心的热点问题,制作"法治宣传菜单",联动多部门集中普法,常态化开展"法治公开课""法治主题宣传周"等活动,将户外游戏、微电影、漫画等现代方式与传统手段相结合,让普法活动走进教室、走进村社、走进企业,不断提升司法传播力、引导力、影响力和公信力。

三是坚持拓宽路径。融合媒介资源,深耕自媒体平台、对接融媒体中心,充分借助权威媒体影响力和新兴媒体传播力,不断拓宽宣传路径,立体呈现群众想看、法院想说的法治故事,努力形成"精采集、多产品、广传播"的工作格局。构筑创作基地,延伸法庭公共空间宣传功能,探索建立宣传作品创作基地、展播平台、交流渠道,培育"法治+影视"的宣传增长极,避免说教式传播,用更多"吸引眼球"的法治宣传作品鼓舞人、引导人、凝聚人。

"365警务保障计划"护航人民法庭高质量发展

江苏省淮安市中级人民法院

江苏省淮安市是一代伟人周恩来总理的家乡。近年来，江苏省淮安市法院紧紧围绕全面推进乡村振兴和基层社会治理的司法需求，创新机制，主动作为，全面推进人民法庭"365警务保障计划"落实，牢牢守住了司法安全底线。形成了"六专四室"4+3建设模式、警务指挥中心"1234工作机制"等在全国有地位、有影响的特色品牌，有力护航了淮安法院高质量发展。全市17个基层人民法庭自建成以来安全无事故，已有10个人民法庭完成"365"计划改造，12个人民法庭的经验做法被省以上媒体宣传推广。2023年3月31日，《"枫桥经验"在淮安人民法庭绽放时代光芒》被《新华日报》专题报道。

一、把牢思想认识"制高点"，夯实人民法庭安全根基

一是强化思想发动。全市法院上下同心，整体联动，全面把握"365警务保障计划"目标任务，在思想上筑牢"安全没有局外人，人人都是责任人"的主人翁意识和司法安全"100-1=0"的风险意识，确保全市人民法庭三年时间全部实现与公安机关、政府部门、法院系统"三网联动"，同时具备"安保力量、安检场所、警务装备、监控指挥、硬件设施和为群众办实事举措"等"六有标准"和安检、值班、登记、巡查、风险评估、隐患排查、应急处突等"五项机制"。

二是强化组织推动。淮安市中级法院把人民法庭"365警务保障计

划"列入党组重要议事日程,纳入年度重点工作,同部署、同推进、同考核,并将考核标准进一步细化,统一形成《全市法院考核管理办法》,层层压实责任,逐级传导压力,形成主要领导抓总,分管领导牵头,人事处、审判管理、行政装备、警队、人民法庭等部门共同参与的组织领导格局,构建了横向到边、纵向到底、上下衔接、环环相扣的责任体系。

三是强化硬件驱动。成立人民法庭安全工作指导委员会,由法院领导班子成员挂钩结对,定期深入基层人民法庭,走访法庭、指导工作。结合全市法院警务安全"五星前哨工程"和警务保障"三致工程"(以下简称"两大工程")创建,通过制定任务书、签订责任状等形式,进一步明确各人民法庭安全基础设施达标建设的时间表、路线图,一体化推进全市人民法庭安防基础设施、安检窗口升级改造和智慧警务提档升级,智能访客系统、监察监控系统全部与地方政府部门、公安机关和市法院警务指挥中心实现无缝对接、互联互通,构筑坚实的安全工作防控网,真正做到公共区域与办公区域、生活区域的物理隔离。

二、紧盯重点领域"关键点",规范人民法庭安全管理

一是全面提高安检配置。认真对照最高人民法院"四项规则"等制度要求,坚决执行"先安检、再寄存、人物同检"要则,规范安检流程,实行持证上岗,确保形成人员进、出人民法庭的管理闭环。在安检窗口的配置上,牢固树立服务宗旨,完善"六个一"便民举措(一张笑脸相迎、一声问候相询、一杯热水暖心、一颗诚心办事、一个便民药箱、一次挥手再见)。严格落实安检装配置和警务安全制度,对安检通道和律师公职人员绿色通道进行优化升级,安检窗口各种标识清晰、显眼,并配置便民急救药箱、AED携便式急救设备、饮水机、备用饼干糖果,方便"三高"人群应急之需。

二是全面提升保障能力。采用理论学习、案例剖析、现场示范演示等形式,定期开展专职安检员培训,扎实抓好人民法庭庭审保障、安全保卫、突发事件应急处置等警务保障工作。强化常态化警务安全风险摸

排和分析，每年组织法庭安检人员专项技能培训、单警体技能训练、警组协同训练、处突演练等日常训练，针对接触、发现的可能存在较大风险的案件、人员以及当事人冲击法庭、滞留法院、聚众闹事等情形，加强各部门之间的沟通协调，详细制定处置预案，定期开展实战化演练，稳妥予以处置。

三是全面夯实作风养成。始终把纪律作风建设作为司法安全管理工作的一项长期的基础性工作，紧盯警容不整、作风不严、责任心不强、安检操作不规范等问题，开展"纪律作风突出问题大排查大整治"和"人民法庭百日安全竞赛"等活动，坚持每周视频督察，每月现场督察，印发督察通报，坚持对症下药、精准施策、立行立改，做到问题及时"清零"、状态长期良好。

三、打通信息共享"连接点"，构建人民法庭安全体系

一是联防联控"一体化"。不断完善"法院+公安"联防联动机制，各方优势互补，形成工作合力。在全市法院推动实现"一键报警"全覆盖，将全市法院和所属人民法庭周界视频监控纳入公安机关重点监管区域，确保人民群众、广大干警和审判办公场所的安全和谐稳定。

二是警务指挥"集约化"。牢固树立全市法院警务安全"一盘棋"思想，不断完善法院和人民法庭警务联动工作机制，形成警令上下畅通、运行顺畅有序的高效管理模式。全市法院警务指挥中心实现二十四小时与各基层法院联网联动，随时跟踪了解全市人民法庭警务安全保障动态。

三是动态监控"可视化"。利用远程云台控制、无线视频传输、联防联动网络、人脸识别、一键报警系统等信息技术手段，对各基层法院和人民法庭实时全方位监控，进一步延伸司法警务安全"可视化"触角，一旦遇有突发事件和险情，及时出警、快速反应。据统计，近三年来，全市人民法庭通过可视化监控有效防范和排查安全隐患62起，科学处置突发事件14起，暖心服务诉讼参与人600余人次，为全市人民法庭高质量发展提供了坚实有力的警务安全保障。

"法"挺在前 诉"源"治理 "四个一同"搭建法院与乡镇矛盾纠纷化解共同体

河北省邯郸市永年区人民法院

邯郸市永年区是百万人口大区，经济活跃、社情复杂。近年来，区里将诉源治理作为重要改革任务，以"四个一同"为纽带，搭建法院与乡镇矛盾纠纷化解共同体，为基层社会治理注入"法"的内核，从化讼止争向少诉无讼转变。2022年，全区新收一审民事案件4910件，同比下降18%，下降幅度位居全市第一、全省前列。

一、"成绩单"一同考评，注强矛盾化解的"合力剂"

针对乡镇在诉源治理链条中主体定位缺失、积极性不够的问题，永年区法院把诉源治理工作纳入平安建设总体部署。一是专项考核，定好"成绩单"。平安建设工作增加对各乡镇诉源治理专项考核，推动诉源治理工作由区法院"单打独斗"，向法院与乡镇共同治理转变。二是每月通报，晒好"成绩单"。建立"诉源治理成绩"通报机制，每月对法院受理各乡镇的民事一审案件数、万人成讼率排名进行通报，倒逼乡镇主动关注案件、主动对接法院、主动诉前调解，形成矛盾纠纷排查化解共同体。三是约谈警示，用好"成绩单"。对诉源治理连续排名靠后的乡镇，由区委常委、政法委书记约谈党委书记，并作为平安建设考核依据，调动乡镇党委诉源治理工作积极性、主动性。2022年，永年区万人成讼率为万分之五十三，低于万分之七十五的考核满分值。

二、"专业队"一同调解，架起矛盾化解的"联动链"

在矛盾纠纷化解上，强化调解中的"法律"权威，充分发挥法官"专业队"指导作用，为基层调解赋"法"明"律"。一是速裁法官与诉前调解员协同联动，矛盾纠纷止于"诉前"。创新性将诉前调解与简案速裁深度融合，速裁团队返聘4名退休法官作为诉前调解员，实行"1法官+1法官助理+1书记员+1驻庭调解员"模式，驻庭调解员运用专业法律知识进行诉前调解，2022年调解结案429件，出具诉前调解书914件。二是法庭庭长与乡镇党委协同会商，基层治理止于"少诉"。充分发挥人民法庭联合基层组织共同化解矛盾纠纷优势，法庭庭长每月参加乡镇政法工作协调会，与乡镇政法委员、派出所所长、司法所所长协作配合，就易发民事纠纷、社会矛盾发展态势进行研判化解，特别是将化解中发现的信访苗头和不稳定因素进行整理汇总，为乡镇综合治理建言献策。2022年以来，先后向17个乡镇党委提出工作建议40余条，均被采纳。三是法官助理与网格员协同发力，矛盾纠纷止于"萌芽"。实行"法官助理包村、网格员包片"机制，整合村两委干部、乡贤、人民调解员等多种力量，在全区363个村建立网格员队伍，指导帮助网格员运用法律知识化解矛盾纠纷，从源头上减少诉讼增量。2022年10月，永年区法院诉前调解工作经验，在最高人民法院"非凡十年看法院"直播间进行了展示。

三、"院庭站"一同提速，开通矛盾化解的"高速路"

坚持法院、法庭、法官工作站上下贯通、一体建设，推动矛盾纠纷在乡镇快化解、少诉讼、不上访。2022年以来，永年区人民法院一站式多元解纷和诉讼体系建设质效评估稳居全省第一。一是法院速裁调解。坚持简案快审，发挥速裁团队"快速门诊部"作用，2022年速裁快审案件2144件，平均审理周期9天，全区35%的案件在速裁团队得到化解。

坚持类案专审，成立交通事故、金融、知识产权、生态旅游等专业审判庭，并结合相关职能部门、行业协会，积极开展诉前调解，提升类案办案速度。例如，2022年全区形成诉讼的交通事故案件1200余件，诉前调解达400余件，占33%；平均审理时长由一般民事案件的65天缩短为15.93天。2022年10月，区法院延伸人民法庭多元解纷和诉讼服务职能，被省高院全省推广。二是法庭一站服务。区财政投资1100余万元，对大北汪、广府、小龙马三个人民法庭进行升级改造，建设在线音视频调解室、互联网法庭，全面实现线上线下调解及其他一站式诉讼服务。对民事矛盾纠纷，尽量减少司法强硬介入，2022年以来共审理婚姻、邻里、人身损害赔偿等涉民生案件414件，其中以调解和撤诉方式结案216件，占52.17%。2022年11月，广府人民法庭建设入选最高人民法院第四批新时代人民法庭建设典型案例。三是法官工作站下沉。在全区17个乡镇和进出口协会、永北林场设立19个法官工作站，建立"法官定期巡回、常态在线接待、多元协同联动、就地化解纠纷"工作机制，通过群众预约和主动入驻调解相结合、定期和不定期法律咨询相结合、线上与线下相结合等"三结合"模式，为群众提供矛盾调处、法律咨询、普法宣传等服务，切实提高解纷效率、降低解纷成本。

四、"微普法"一同下沉，打好矛盾纠纷的"预防针"

坚持把"微普法"融入诉源治理，利用小案例、小宣传、小培训开展针对性普法活动，引导群众自觉用法律知识明是非、判对错、管言行，把矛盾纠纷消灭于"萌芽"。一是巡回审判"微普法"。永年区法院在17个乡镇全面建立巡回审判点，在115个人口较多村庄设立巡回调解点。在审理家庭婚姻、相邻关系等纠纷案件中，充分利用巡回审判现场说理、就地调解，开展巡回调解330余次，起到了办一案、带一片、教一方的良好效果。二是发布案例"微普法"。在河北法制报、邯郸日报、长城新媒体等平台和微信群发布引领社会风尚典型案例，并召开引领社会风尚典型案例新闻发布会，以"小案件"讲好社会主义核心价值观的"大道理",实现"审理一案、治理一片"示范功能。三是专题活动"微普法"。扎实开展"法庭开放日"和送法"进校园、进企业、进乡村"等面对面普法宣传活动,对乡村干部、网格员、学校师生等开展法律知识培训126次,参训人员2300人次,教育引导群众正确处理矛盾纠纷,提升群众对诉源治理工作的知晓率、认同感。

"三不到庭全到家" 能动司法新实践
张家口市阳原县倾力打造群众家门口法院

河北省张家口市中级人民法院

近年来，河北省张家口法院认真贯彻习近平法治思想，始终坚持人民至上理念，坚持把"非诉纠纷解决机制挺在前面"，强化诉源治理，做实能动司法，积极探索家事改革司法为民新实践新路径，特别是在做实基层人民法庭上进行了大量有益探索和实践，涌现出了阳原县法院"三不到庭全到家"、张北县法院"三治融合"参与基层治理等一批生动鲜活的多元解纷模式，新时代"枫桥经验"在这里落地生根开花结果，为推进基层社会治理贡献了法院智慧和法院力量。据统计，辖区法庭诉前调解案件50280件，调解成功39221件，其中，阳原县法院各法庭年均调撤率达90%以上，诉前调解率80%以上，结案率98%以上，服判息诉率全市名列前茅。

阳原县地处偏远山区，交通不发达，辖区群众尤其是老年人、残疾人诉讼极为不便，把法庭职能延伸到群众家门口更加突显其重要性和必要性。阳原县法院立足辖区实际，根据群众诉求坚持能动司法，在便民利民为民上不断探索实践，从1992年开始，在县域最东端的化稍营人民法庭开始推行"三不到庭全到家"便民做法，即残疾人可以不到庭，70岁以上行走不便的老人可以不到庭，没有交通工具30里外偏远山区的当事人可以不到庭，而是法官到当事人家登门入户办案，为群众提供"家门口"司法服务。至今历时三十多年,让近3000名当事人充分感受到了诉讼便捷与司法温暖。阳原县法院化稍营法庭庭长张春瑞2019年被最高人民法院评为全国法院人民法庭工作先进个人;全院5个基层法庭中有2家被最高人民法院评为"五好法庭";阳原县法院2018年被评为全省优秀法院,2020年被评为全国优秀法院。

延伸触角实现"全覆盖"。因时因地将法庭职能延伸,是化解矛盾的有利契机,农忙时,法庭到田间地头进行调解,到村委会开展巡回审判,最大程度方便当事人,提高办案效率;赶集日,法庭将庭开到集市,达到办理一案教育一片的效果;节假日,法庭送法上门,定期到农户家中说法,最大限度扩展普法范围,提升宣传效果。主动指导乡村制定村规民约,从行为规范上奠定了乡村振兴精神文明建设基础,形成了自治、法治、德治"三治融合"的基层善治局面。2023年以来,法庭到农家、田间地头调解60次,平均审理天数同比降低了4.5天,新收民事案件与去年同期相比下降了10.1个百分点,收到当事人锦旗15面。2023年5月,阳原县法院东城法庭受理一起土地承包经营权纠纷,法官第一时间到田间现场确认土地,以"拉家常"方式到当事人家中调解,最终调解结案,当事人双方十分满意,对"三不到庭全到家"办案模式赞不绝口。

多元解纷画好"同心圆"。推动多元解纷实现矛盾纠纷诉前化解是推进社会治理的有效方法,也是践行新时代"枫桥经验"的生动实践。阳原县法院以全县5个基层法庭为枢纽,在各自辖区构建"矛盾纠纷化解网",向上对接诉讼服务中心,向下对接各村(社区),形成诉讼服务中心—基层人民法庭—村(社区)三级调解平台。通过在各行政村张贴二维码,实现一村一法官。由于"三不到庭全到家"满含司法温度,群众乐于接受,在诉前调解工作中优势明显,大量纠纷化解在诉前,实现了把矛盾纠纷处置在基层、稳控在源头,真正实现了小事不出村、大事不出乡、矛盾不上交。2022年8月,台家庄村85岁高龄的王老太太因长子死亡,与其他四个儿子就遗产继承发生纠纷,矛盾日益加深。虽未立案,但法庭立即介入,法官带领书记员多次入户进行亲情疏导,详细解释有关遗产继承的法律规定。最终四个儿子签下了遗产继承纠纷处理协议并及时履行。2023年以来，法庭主动参与诉前调解案件258件，调解成功231件，调解成功率达89.5%；全县实现无诉讼村146个，其中，大田洼乡实现全乡无诉讼。

能动司法追求"事要了"。法庭立足审判职能定位，坚持"能调则调、当判则判"的原则，及时从案件的矛盾聚焦点，用法律规定、人文情怀理清纠纷，化解矛盾，及时阻止隐患事件发酵，维护基层社会和谐稳定。2022年5月，化稍营法庭受理一起医患纠纷，某村喇某起诉村医治疗失误，导致母亲死亡，要求赔偿。事件舆论不断发酵，愈演愈烈。案件进入法院后，庭长第一时间带着法官助理入驻该村实地调查，被告村医虽然用药合理，但卫生部门确认注射过程有瑕疵。为了保证被告及时履行，开庭后法官不断用睦邻相处的善行之道耐心开导村医，13次登门动员村医的亲属做其思想工作，最终村医合理赔偿，原告拿到了赔偿款，死者入土为安。该案办结后，县法院及时向县卫生局发送司法建议，建议县卫生局加强对乡村医务人员业务培训，规范卫生所诊疗程序。该案的公正高效审理充分体现了"三不到庭全到家"在维护基层和谐稳定中的优势，实现了政治效果、法律效果和社会效果的有机统一。

"三不到庭全到家"是阳原县法院践行司法为民的生动实践，是张家口法院深化新时代能动司法的一个缩影。实践充分说明，只有坚持党的领导、坚持以人民为中心的发展思想，我们的事业才能无往而不胜。首先，推进人民法院工作高质量发展，离不开党委的坚强领导。党的领导是做好一切工作的根本保障，人民法院是审判机关，但首先是政治机关，离开党的领导，我们的工作就会偏离正确方向，就会失去坚强有力的组织保障，所以人民法院要始终坚持在党的绝对领导下开展工作。其次，推进人民法院工作高质量发展，离不开人民群众的广泛支持。习近平总书记强调："江山就是人民，人民就是江山，打江山、守江山，守的是人民的心。"党执政的根基在群众，服务的对象在群众，人民法院事业的发展当然也离不开人民群众，就犹如鱼儿离不开水一样。所以，我们一定要清醒认识到"我是谁"、为了谁,手中的权力从哪里来,要到哪里去,坚持把司法为民的宗旨牢牢记在心间,把人民群众的诉求放在更加突出的位置,想群众之所想、急群众之所急,坚持换位思考,以"如我诉讼"思维,从细微入手,主动服务群众,努力让人民群众在每一个司法案件中感受到公平正义。再次,推进人民法院工作高质量发展,离不开全新的司法理念。理念是行动的先导,理念一新天地宽。司法理念也需要与时俱进,最高人民法院张军院长提出的新时代能动司法就是当前指导司法审判实践工作的重要司法理念。必须要深化认识,理解透彻,付诸行动,要深刻理解能动司法的根本要求就是要坚持为大局服务,为人民司法,深刻理解能动司法是在法治框架下的能动司法,而不是异动、盲动、乱动,能动司法一定要把人民利益放在前面,阳原县法院推出的"三不到庭全到家"就是对这一理念的最好诠释。最后,推进人民法院高工作质量发展,离不开探索创新的改革精神。改革是破解一切难题的最有效途径,张家口法院在探索推进家事审判改革上做了大量积极有益的工作,也形成了一些具有地方特点的改革模式,在化解家事矛盾上取得了良好效果。家事无小事,家事案件处理不好容易引发大的矛盾,甚至民转刑。在这方面,张家口法院把家事审判改革挺在前面,用改革的精神破解了大量司法实践中的难题,包括妇女、老年人、未成年人权益保护等方面都有全新的做法,全市法院在各乡镇分别组建以基层法庭庭长为召集人的"纠纷隐患排查群",法官在微信群及时答疑释惑,对具有潜在诉讼风险的矛盾隐患,及时向当地党委政府提出法律风险防控预案,构筑多层面非诉解纷网络,为群众提供高效便捷的"家门口"司法服务,促进大量矛盾纠纷化解在基层、解决在诉前,为推进辖区基层社会治理作出了积极贡献。

【理论前沿】

民间借贷案件审判重点难点问题探析

谢 勇[*]

民事审判中，民间借贷案件数量多、事实认定和法律适用难度较大。民间借贷本金的认定、超过民间借贷利率保护上限的利息之债的性质、自然人之间借款合同利息约定不明的认定、民间借贷虚假诉讼的查处、民间借贷刑民交叉程序和实体问题的处理、"名实不符"情况下民间借贷关系的认定、民间借贷担保合同纠纷的审理、职业放贷行为的认定等问题在司法实践中较难把握，有待深入研究，逐步统一裁判规则。

一、民间借贷本金的认定

查明民间借贷本金是民间借贷案件审判中最常见的难点问题。有的出借人为规避禁止高利贷的强制性规定，会采取各种手段虚增借贷本金。当事人虚增的本金，不能作为判决借款人还本付息的依据。实践中，虚增借贷本金主要表现为以下几种情形。

一是收取"断头息"。民法典第六百七十条规定："借款的利息不得预先在本金中扣除。利息预先在本金中扣除的，应当按照实际借款数额返还借款并计算利息。"实践中关于"断头息"的争议主要在于，出借资金多长时间后收回利息属于"断头息"，有人认为应以三天内为准，有人

---

[*] 最高人民法院民事审判第一庭法官。

认为应以一周内为准，有人认为应以十天内为准。严格讲，"断头息"应当以出借资金当天收回为准。如果出借资金数日后，借款人才将利息支付给出借人的，可按实际出借天数计算利息，超出应付利息部分可作为"断头息"处理。有的当事人还约定，在资金出借之前就开始计算利息，等到资金出借之时，再从本金中扣除该部分利息。这类利息实际属于"断头息"，仍应当以当事人实际给付的借款作为借款本金。

二是"利滚利"，即将高利息作为本金由出借人重新出具借据。2020年第二次修正的《最高人民法院关于审理民间借贷案件适用法律若干问题的规定》（以下简称《民间借贷规定》）第二十七条第一款规定："借贷双方对前期借款本息结算后将利息计入后期借款本金并重新出具债权凭证，如果前期利率没有超过合同成立时一年期贷款市场报价利率四倍，重新出具的债权凭证载明的金额可认定为后期借款本金。超过部分的利息，不应认定为后期借款本金。"即无论如何计算，借款人还本付息的总额不应超出实际出借本金加上按合同成立时一年期贷款市场报价利率四倍计算利息之和。

三是"虚记本金"，即出借人在借据等债权凭证上多记本金。《民间借贷规定》第十五条规定："原告仅依据借据、收据、欠条等债权凭证提起民间借贷诉讼……被告抗辩借贷行为尚未实际发生并能作出合理说明的，人民法院应当结合借贷金额、款项交付、当事人的经济能力、当地或者当事人之间的交易方式、交易习惯、当事人财产变动情况以及证人证言等事实和因素，综合判断查证借贷事实是否发生。"出借人以借据等债权凭证多记借贷本金的，亦可参照该条规定处理，对于虚记部分，不应认定为本金。

二、民间借贷利息的保护

（一）民间借贷利率保护上限

利率是资金的"价格"，是金融最核心的问题。民法典第六百八十条规定"禁止高利放贷，借款的利率不得违反国家有关规定"。目前民间借贷的利率标准并没有相关法律作出明确规定。《民间借贷规定》第二十五条规定："出借人请求借款人按照合同约定利率支付利息的，人民法院应予支持，但是双方约定的利率超过合同成立时一年期贷款市场报价利率四倍的除外。前款所称'一年期贷款市场报价利率'，是指中国人民银行授权全国银行间同业拆借中心自2019年8月20日起每月发布的一年期贷款市场报价利率。"无论是借贷期限内的利率还是逾期利率，无论是当事人约定的利率还是约定的手续费、服务费、违约金等费用，借款人请求还本付息的上限就是本金加上按一年期贷款市场报价利率四倍计算的利息。同时，如果利息计算期限跨越修正前后《民间借贷规定》的，应当分段计算利率保护上限。

（二）自然人之间借款合同利息约定不明的认定

民法典第六百八十条第三款规定："借款合同对支付利息约定不明确，当事人不能达成补充协议的，按照当地或者当事人的交易方式、交易习惯、市场利率等因素确定利息；自然人之间借款的，视为没有利息。"《民间借贷规定》第二十四条第二款规定"自然人之间借贷对利息约定不明，出借人主张支付利息的，人民法院不予支持"。自然人之间借贷合同对利息作出约定但对利率标准约定不明是否属于民法典第六百八十条第三款和《民间借贷规定》第二十四条第二款规定的利息约定不明的情形，实践中存在不同认识。例如，自然人之间借贷合同约定利率为6分，没有约定是月利率、年利率还是整个借贷期限的利率，是否属于民法典第六百八十条第三款规定的自然人之间借款合同对利息约定不明应视为没有利息的情形，实践中认识不一致，需要统一裁判规则。依意思表示解释规则，即使按最不利于出借人的解释规则，亦难得出应视为没有利息的结论。这种情况下，可结合交易背景、交易习惯、市场报价利率以及具体案情确定借贷利率。

三、民间借贷虚假诉讼的查处

(一)非恶意串通的虚假诉讼的认定

民间借贷领域是虚假诉讼的高发区。非恶意串通的虚假诉讼行为可否认定为虚假诉讼,修正前民事诉讼法和刑法的规定在表面上看不完全一致。修正前民事诉讼法第一百一十五条规定:"当事人之间恶意串通,企图通过诉讼、调解等方式侵害他人合法权益的,人民法院应当驳回其请求,并根据情节轻重予以罚款、拘留;构成犯罪的,依法追究刑事责任。"该条规定只规定了当事人恶意串通型虚假诉讼。刑法第三百零七条之一第一款规定:"以捏造的事实提起民事诉讼,妨害司法秩序或者严重侵害他人合法权益的,处三年以下有期徒刑、拘役或者管制,并处或者单处罚金;情节严重的,处三年以上七年以下有期徒刑,并处罚金。"该条规定并未限定虚假诉讼必须以恶意串通为条件。《最高人民法院、最高人民检察院、公安部、司法部关于进一步加强虚假诉讼犯罪惩治工作的意见》第二条规定:"本意见所称虚假诉讼犯罪,是指行为人单独或者与他人恶意串通,采取伪造证据、虚假陈述等手段,捏造民事案件基本事实,虚构民事纠纷,向人民法院提起民事诉讼,妨害司法秩序或者严重侵害他人合法权益,依照法律应当受刑罚处罚的行为。"该条规定了两类虚假诉讼:一是行为人单独实施的虚假诉讼;二是行为人与他人恶意串通实施的虚假诉讼。

《最高人民法院关于深入开展虚假诉讼整治工作的意见》第二条明确规定"单独或者与他人恶意串通,采取伪造证据、虚假陈述等手段,捏造民事案件基本事实,虚构民事纠纷,向人民法院提起民事诉讼,损害国家利益、社会公共利益或者他人合法权益,妨害司法秩序的,构成虚假诉讼"。该条规定对于认定民间借贷虚假诉讼具有参考意义。新修正的民事诉讼法吸纳了司法实践经验,对单方实施的虚假诉讼作出了规定。

（二）民间借贷虚假诉讼的审查

根据《最高人民法院关于深入开展虚假诉讼整治工作的意见》第二条规定，虚假诉讼的构成要件如下：一是主体要件，主体为诉讼参与人；二是主观要件，主观上具备恶意，无论是单方恶意还是恶意串通均可；三是行为要件，虚假诉讼行为是指通过伪造证据、虚假陈述等手段，捏造民事案件基本事实，虚构民事纠纷，向人民法院提起民事诉讼的行为；四是结果要件，虚假诉讼行为产生了损害国家利益、社会公共利益或者他人合法权益，妨害司法秩序的后果。

在认定民间借贷虚假诉讼时，应当重点审查当事人是否存在《民间借贷规定》第十八条规定的行为。该条规定："人民法院审理民间借贷纠纷案件时发现有下列情形之一的，应当严格审查借贷发生的原因、时间、地点、款项来源、交付方式、款项流向以及借贷双方的关系、经济状况等事实，综合判断是否属于虚假民事诉讼：（一）出借人明显不具备出借能力；（二）出借人起诉所依据的事实和理由明显不符合常理；（三）出借人不能提交债权凭证或者提交的债权凭证存在伪造的可能；（四）当事人双方在一定期限内多次参加民间借贷诉讼；（五）当事人无正当理由拒不到庭参加诉讼，委托代理人对借贷事实陈述不清或者陈述前后矛盾；（六）当事人双方对借贷事实的发生没有任何争议或者诉辩明显不符合常理；（七）借款人的配偶或者合伙人、案外人的其他债权人提出有事实依据的异议；（八）当事人在其他纠纷中存在低价转让财产的情形；（九）当事人不正当放弃权利；（十）其他可能存在虚假民间借贷诉讼的情形。"

（三）民间借贷虚假诉讼的处理

根据《民间借贷规定》第十九条规定，人民法院在查实当事人之间的诉讼属于虚假诉讼的情况下，应当采取以下处理方式：一是原告申请撤诉的，人民法院不予准许，并应当依据民事诉讼法第一百一十五条之规定，判决驳回其请求。二是诉讼参与人或者其他人恶意制造、参与虚假诉讼，人民法院应当依据民事诉讼法第一百一十四条、第一百一十五条和第一百一十六条之规定，依法予以罚款、拘留。三是虚假诉讼参与人的行为构成犯罪的，应当移送有管辖权的司法机关追究刑事责任。单位恶意制造、参与虚假诉讼的，人民法院应当对该单位进行罚款，并可以对其主要负责人或者直接责任人员予以罚款、拘留；构成犯罪的，应当移送有管辖权的司法机关追究刑事责任。此外，虚假诉讼受害人有权请求虚假诉讼行为人赔偿损失。《最高人民法院关于深入开展虚假诉讼整治工作的意见》第五条规定："虚假诉讼侵害他人民事权益的，行为人应当承担赔偿责任。"虚假诉讼行为人除应当赔偿受害人因虚假诉讼产生的差旅费、误工费等直接损失外，是否还应当承担惩罚性赔偿责任，值得研究。虚假诉讼在民间借贷领域屡禁不止，主要原因是虚假诉讼行为人的违法成本太低。行为人通过虚假诉讼所获得的利益巨大，包括全部虚构的诉讼标的，但其需要付出的成本却较低：一方面，虚假诉讼被发现、证明的概率较低；另一方面，即使行为人的诉讼行为被认定属于虚假诉讼，其所需承担的违法经济成本仍然较低，只需承担罚款责任和赔偿受害人损失的责任。根据民事诉讼法第一百一十五条和第一百一十八条第一款规定，虚假诉讼被认定后，行为人是个人的，对其处以罚款的金额为人民币10万元以下；行为人是单位的，对其处以的罚款金额为人民币5万元以上100万元以下。这些经济成本往往远低于违法行为人通过虚假诉讼所能获得的巨额经济利益。因此，探索针对虚假诉讼行为人的惩罚性赔偿责任，十分必要。根据民事诉讼法的规定，人民法院可对虚假诉讼人处以罚款和拘留的处罚。

四、民间借贷刑民交叉问题的处理

（一）民间借贷刑民交叉程序问题的处理

关于民间借贷行为与犯罪行为竞合的处理。根据《民间借贷规定》第五条规定，人民法院立案后，发现民间借贷行为本身涉嫌非法集资等犯罪的,应当裁定驳回起诉,并将涉嫌非法集资等犯罪的线索、材料移送公安或者检察机关。公安或者检察机关不予立案,或者立案侦查后撤销案件,或者检察机关作出不起诉决定,或者经人民法院生效判决认定不构成非法集资等犯罪,当事人又以同一事实向人民法院提起诉讼的,人民法院应予受理。

关于民间借贷行为与犯罪行为牵连的处理。根据《民间借贷规定》第六条规定,人民法院立案后,发现与民间借贷纠纷案件虽有关联但不是同一事实的涉嫌非法集资等犯罪的线索、材料的,人民法院应当继续审理民间借贷纠纷案件,并将涉嫌非法集资等犯罪的线索、材料移送公安或者检察机关。根据《民间借贷规定》第七条规定,民间借贷纠纷的基本案件事实必须以刑事案件的审理结果为依据,而该刑事案件尚未审结的,人民法院应当裁定中止诉讼。

实践中争议较大的是,如果当事人的权利能够通过刑事追赃退赔挽回本金和利息损失,是否还有必要另行提起民事诉讼请求借款人偿还本金利息。无论是刑事案件追赃退赔程序还是民事案件强制执行程序,都是为保护出借人的财产权利。刑事判决和民事判决都可作为强制执行的依据。从诉讼经济、减少当事人诉累的角度看,对于通过执行刑事判决能够得到保护的财产权益,没有必要再通过民事诉讼进行重复救济。但是,对于无法通过刑事追赃退赔获得保护的民事权益,应当允许当事人通过民事诉讼获得救济。

(二)民间借贷刑民交叉实体问题的处理

民间借贷刑民交叉实体问题主要是民间借贷合同效力问题。根据《民间借贷规定》第十二条第一款的规定,借款人或者出借人的借贷行为涉嫌犯罪,或者已经生效的裁判认定构成犯罪,当事人提起民事诉讼的,民间借贷合同并不当然无效。人民法院应当依据民法典第一百四十四条、第一百四十六条、第一百五十三条、第一百五十四条以及《民间借贷规定》第十三条之规定,认定民间借贷合同的效力。但对于哪些情况下,借款人或者出借人的借贷行为构成犯罪而民间借贷合同效力不受影响，还需要作进一步的类型化区分。

民事审判实践倾向认为，借款人行为构成诈骗罪，民间借贷合同并非属于无效合同，而属于可撤销合同。这种情况下，赋予被欺诈一方以撤销权，比认定合同无效更有利于保护受害人权利，也更有利于打击犯罪。因为受欺诈人基于自身利益最大化考虑，选择撤销或者不撤销民间借贷合同，可让欺诈人承担最重的财产责任。这有利于增加违法犯罪成本，遏制犯罪，与刑事法律所要达到的遏制犯罪的目标相一致。

五、"名实不符"情况下民间借贷关系的认定

审判民事借贷案件的难点主要在于事实认定。在民间借贷市场上，资金供给的价格弹性强，但资金需求的价格弹性弱。即利率的涨跌对资金需求的影响要小于对资金供给的影响。对司法保护的民间借贷利率上限作规定，本质上是对民间借贷市场"资金价格"的管理。当事人会采用"名实不符"等手段规避关于民间借贷利率司法保护上限的规定。对于出借人而言，规避关于民间借贷利率司法保护上限的规定能够使其获得更大的利息回报；对于借款人而言，规避关于民间借贷利率司法保护上限的规定能够使其获得更多交易机会。高风险的借款人在民间借贷利率司法保护上限以内难以获得借款，因为出借人获得的利息回报不足以弥补其所承担的风险。实践中，民间借贷"名实不符"主要体现在两方面。

一是当事人为规避禁止高利贷的规定，以融资租赁合同、买卖合同之名掩盖民间借贷合同之实。有的出借人以融资租赁为名，为年轻人购买苹果手机等提供资金支持，收取违约金、买断费等"高息"，实际属于高利贷。此外，有的当事人出具的借条反映的并不是民间借贷关系。根据《民间借贷规定》第十四条第一款规定，原告以借据、收据、欠条等债权凭证为依据提起民间借贷诉讼，被告依据基础法律关系提出抗辩或者反诉，并提供证据证明债权纠纷非民间借贷行为引起的，人民法院应

当依据查明的案件事实，按照基础法律关系审理。

二是名义借款人与实际借款人（用款人）不一致。名义借款人与实际借款人之间属于委托代理关系、借贷关系还是向第三人履行合同关系，出借人是与名义借款人还是与实际借款人之间形成借贷合同关系等问题，实践中存在不同认识。在处理此类纠纷时，应当严格遵守合同的相对性原则，同时，也应当注意审查当事人之间的真实意思表示、是否存在"隐藏行为"、是否存在恶意串通损害第三人利益的行为。根据《民间借贷规定》第二十二条第一款的规定，法人的法定代表人或者非法人组织的负责人以单位名义与出借人签订民间借贷合同，有证据证明所借款项系法定代表人或者负责人个人使用，出借人请求将法定代表人或者负责人列为共同被告或者第三人的，人民法院应予准许。这种情况下，不应仅因所借款项系法定代表人或者负责人个人使用而判决单位与个人共同承担责任或者承担连带责任。根据《民间借贷规定》第二十二条第二款规定，法人的法定代表人或者非法人组织的负责人以个人名义与出借人订立民间借贷合同，所借款项用于单位生产经营的，人民法院可以判决单位与个人共同承担责任。

六、民间借贷担保合同纠纷的审理

（一）出借人或借款人犯罪情况下担保合同纠纷的审理

根据《民间借贷规定》第八条的规定，借款人涉嫌犯罪或者生效判决认定其有罪，出借人起诉请求担保人承担民事责任的，人民法院应予受理。关于担保人责任的认定，《民间借贷规定》第十二条第二款规定："担保人以借款人或者出借人的借贷行为涉嫌犯罪或者已经生效的裁判认定构成犯罪为由，主张不承担民事责任的，人民法院应当依据民间借贷合同与担保合同的效力、当事人的过错程度，依法确定担保人的民事责任。"如果民间借贷合同和担保合同有效的，担保人应当依约定承担担保责任。如果借贷行为构成犯罪导致民间借贷合同无效，进而导致担保合同无效，担保人无过错的，不承担赔偿责任；担保人有过错的，其承担的赔偿责任不应超过债务人不能清偿部分的三分之一。

（二）以买卖合同作为民间借贷合同担保产生纠纷的审理

民间借贷市场上，借款人通常缺少有价值的担保财产，为担保借款合同的履行，当事人通常约定以买卖合同作为民间借贷合同的担保。根据《民间借贷规定》第二十三条规定，当事人以订立买卖合同作为民间借贷合同的担保，借款到期后借款人不能还款，出借人请求履行买卖合同的，人民法院应当按照民间借贷法律关系审理。当事人根据法庭审理情况变更诉讼请求的，人民法院应当准许。按照民间借贷法律关系审理作出的判决生效后，借款人不履行生效判决确定的金钱债务，出借人可以申请拍卖买卖合同标的物，以偿还债务。就拍卖所得的价款与应偿还借款本息之间的差额，借款人或者出借人有权主张返还或者补偿。概言之，以买卖合同作为民间借贷合同担保，合同有效，产生合同效力，形成合同债权债务关系，但出借人享有的是债权请求权，而非担保物权请求权，可请求将卖买卖合同标的物的拍卖价款偿还民间借贷债务，但不享有优先受偿权，同时，也不能产生流押的效果。

七、职业放贷行为的认定

职业放贷并非立法用语。目前，关于职业放贷的规定包括三个。一是《全国法院民商事审判工作会议纪要》第53条规定："未依法取得放贷资格的以民间借贷为业的法人，以及以民间借贷为业的非法人组织或者自然人从事的民间借贷行为，应当依法认定无效。同一出借人在一定期间内多次反复从事有偿民间借贷行为的，一般可以认定为是职业放贷人。民间借贷比较活跃的地方的高级人民法院或者经其授权的中级人民法院，可以根据本地区的实际情况制定具体的认定标准。"二是《民间借贷规定》第十三条第三项规定，"未依法取得放贷资格的出借人，以营利为目的向社会不特定对象提供借款的"，民间借贷合同无效。三是《最高人民法院、高人民检察院、公安部、司法部关于办理非法放贷刑事案件若干问题的意见》（以下简称《非法放贷的意见》）第一条规定，"违反国家规定，未经监管部门批准，或者超越经营范围，以营利为目的，经常性地向社会不特定对象发放贷款，扰乱金融市场秩序，情节严重的，依照刑法第二百二十五条第（四）项的规定，以非法经营罪定罪处罚。前款规定中的'经常性地向社会不特定对象发放贷款'，是指2年内向不特定多人（包括单位和个人）以借款或其他名义出借资金10次以上。贷款到期后延长还款期限的，发放贷款次数按照1次计算。"

上述规定所规范的侧重点不同，《全国法院民商事审判工作会议纪要》第53条规定职业放贷人所从事的民间借贷行为无效，重点在于认定哪些人是职业放贷人。《民间借贷规定》和《非法放贷的意见》强调的是行为，即职业放贷行为无效。职业放贷人所从事的民间借贷行为既可能是职业放贷行为也可能是非职业放贷行为，例如职业放贷人向近亲属出借资金一般不属于向不特定对象放贷，通常不认为是职业放贷行为。因此，从职业放贷行为的角度作出规范，针对性更强。职业放贷人的非职业放贷行为，不宜认定为无效民事法律行为。结合上述规定和审判实践经验，职业放贷行为一般应具备以下四个要件。

一是主体要件。职业放贷行为人应当是未依法取得放贷资格的出借人。《民间借贷规定》第一条规定的经金融监管部门批准设立的从事贷款业务的金融机构及其分支机构以及《最高人民法院关于新民间借贷司法解释适用范围问题的批复》规定的由地方金融监管部门监管的小额贷款公司、融资担保公司、区域性股权市场、典当行、融资租赁公司、商业保理公司、地方资产管理公司等七类地方金融组织均不属于《民间借贷规定》等司法文件所规范的职业放贷人。

二是经营性要件。职业放贷行为是以放贷为业的行为，具有经营性、营利性。实践中，通常以借款合同约定的利率或者实际利率的高低来判定放贷行为的营利性。例如，有观点认为，借款合同约定利率或者实际利率超过司法保护上限的，可认定放贷行为具有营利性。职业放贷人的其他经营行为也可以作为认定放贷行为具有经营性的依据。

三是反复性要件。同一出借人或者关联出借人在一定期间内多次反复从事有偿民间借贷行为。目前尚缺乏关于"一定期间内多次反复从事有偿民间借贷行为"的认定标准。实践中，有的以《非法放贷的意见》第一条规定的二年内向不特定多人出借资金10次以上为标准，有的自行探索标准，例如二年内提起5件、6件或者10件民间借贷诉讼案件都曾作为认定职业放贷行为的标准。关于"特定期限"，司法实践主要以一年、二年或三年内的放贷次数为依据。有的将放贷次数与放贷资金来源、放贷金额、利率高低等因素结合起来认定是否构成职业放贷。

四是出借对象要件。职业放贷的对象应当是不特定的借款人，但哪些主体属于特定借款人，尚缺乏明确规定。一般认为，向近亲属出借款项不属于向不特定主体放贷。向朋友、同事、生意伙伴、近邻、同乡等出借款项是否属于向不特定主体放贷，实践中存在不同认识，有待在进一步研究的基础上统一裁判尺度。

关于继父母继子女法律关系若干问题的探析

于 蒙[*]

根据我国民法典婚姻家庭编的规定，父母包括生父母、养父母和继父母三种，相应地，子女也包括生子女、养子女和继子女三种。这其中，继父母和继子女之间的关系是三种父母子女关系中比较特殊也比较复杂的一种，在实践中非常容易产生争议。本文试图在梳理我国立法及相关司法解释的基础上，结合实践中的案例，对继父母继子女相关规定在适用时遇到的难点问题进行初步探析，以期对相关规定的完善可以有所裨益。

一、我国有关继父母和继子女关系规定的立法沿革

所谓继父母，是指父母离婚或者一方死亡后，另一方再婚，子女对父母再婚后的配偶的称谓；所谓继子女，是指夫妻一方对自己配偶与前夫或者前妻所生子女的称谓。故继父母和继子女的关系是由于子女的生父或者生母再婚形成的，本质上属于姻亲关系。从我国的立法来看，我国法律对于继父母和继子女关系的认定有一个沿革过程。

自1949年以来，我国先后颁布了两部婚姻法，即1950年婚姻法和1980年婚姻法。1950年婚姻法是中华人民共和国成立以来的第一部法律，确立了婚姻自由、一夫一妻、男女平等、保护妇女和子女合法权益

---

[*] 最高人民法院民事审判第一庭法官。

四项基本原则,被誉为是具有"彻底的反封建精神"的一部法律。其颁布对于解除封建的包办、买卖婚姻,构建男女自愿结合的和谐的婚姻和家庭,发挥了很大的历史作用,这标志着我国进入了婚姻家庭法制建设的初创时期。① 为了保护子女的合法权益,1950年婚姻法明确规定了父母子女间的权利义务,其中第十三条规定:"父母对于子女有抚养教育的义务;子女对于父母有赡养扶助的义务;双方均不得虐待或遗弃。养父母与养子女相互间的关系,适用前项规定。溺婴或其他类似的犯罪行为,严加禁止。"第十六规定:"夫对于其妻所抚养与前夫所生的子女或妻对于其夫所抚养与前妻所生的子女,不得虐待或歧视。"两条结合来看,1950年婚姻法虽然没有使用"继父母""继子女"的表述,但是明确规定了"不得虐待或歧视",在立法中第一次确定了继子女的法律地位,②鲜明体现了废除漠视子女利益的封建主义婚姻制度,实行保护子女合法权益的新民主主义婚姻制度的立法宗旨。

1978年党的十一届三中全会后,我国的婚姻家庭法制建设进入恢复和发展时期。在改革开放的新形势下,我国政治、经济和社会生活发生了很大的变化,婚姻家庭领域也出现了新情况新需要,在这种情况下,我国制定了第二部婚姻法即1980年婚姻法。1980年婚姻法开始使用"继父母""继子女"的概念,并且明确规定了继父母继子女间的权利和义务。该法第二十一条规定:"继父母与继子女间,不得虐待或歧视。继父或继母和受其抚养教育的继子女间的权利和义务,适用本法对父母子女关系的有关规定。"该条规定不仅重申了1950年婚姻法有关"不得虐待或歧视"的规定,更重要的是增加了在满足"抚养教育"的条件下,继父母和继子女之间适用婚姻法关于父母子女关系的有关规定,即特定条件下,继父母和继子女之间不再限于姻亲关系,而是形成了拟制血亲关系。拟制血亲关系成立后,适用父母子女关系,即"父母对子女有抚养

---

① 参见陈苇、冉启玉:《构建和谐的婚姻家庭关系——中国婚姻家庭法60年》,载陈苇主编:《家事法研究》2009年卷,群众出版社2010年版。

② 参见胡康生主编:《中华人民共和国婚姻法释义》,法律出版社2001年版,第112页。

教育的义务""子女对父母有赡养扶助的义务""父母和子女有相互继承遗产的权利"等。自此，继父母和继子女之间的关系可分为三种类型：一种是纯粹的姻亲关系。即继子女未受继父母抚养教育的，如父母再婚时子女已经成年，或者虽未成年但是继父母未进行抚养教育的。该种情况下，继父母和继子女之间虽然不享有父母子女间的权利义务，但是不得虐待或歧视。二是因抚养教育形成拟制血亲关系。即指前述第二十一条第二款规定的情形。三是因收养形成拟制血亲关系。若继父母对继子女办理了收养手续，双方之间成立收养关系，则双方之间适用养父母和养子女的有关规定，而不再适用继父母继子女的规定。

1980年婚姻法关于继父母继子女通过"抚养教育"成立拟制血亲关系的规定，是具有中国特色的。从其他国家法律来看，多数只是规定双方之间为姻亲关系，只有通过收养才能成立拟制血亲关系。我国当时法律作出这个规定，也是为了加大对继子女的保护力度，同时重视对继父母的权利保护，保障他们老有所养。多年实践证明，前述第二十一条行之有效，所以在2001年婚姻法修改时以及后来编纂民法典时，都延续了这一规定，未作实质性改动。

二、继父母和继子女之间成立拟制血亲关系的要件分析

如前所述，继父母和继子女之间在一般情形下是姻亲关系，但是可因收养或抚养教育成立拟制血亲关系。

关于收养，根据民法典第一千一百零三条的规定，继父或者继母经继子女的生父母同意，可以收养继子女，并且不受"生父母有特殊困难无力抚养"、收养人应当具备的条件和收养子女数量的限制。之所以规定要经生父母同意，是因为根据现行法律规定，收养关系成立后，养子女与生父母以及其他近亲属间的权利义务关系，因收养关系的成立而消除。之所以规定不受某些条件的限制，主要是为了鼓励继父母与继子女之间通过办理收养手续明确权利义务，确立继父母对继子女抚养教育的义务，尽量减少父母离婚对未成年子女的不利影响，促进家庭和谐稳定。

关于抚养教育，延续婚姻法的相关规定，民法典第一千零七十二条第二款规定继父母和继子女之间可因抚养教育的事实成立拟制血亲关系。与收养不同，在此种情形下，继子女和其生父母之间的权利义务关系仍然存在，故继子女与生父母和继父母在法律上形成了双重父母子女关系，对于继子女而言，其所受到的抚养教育是双重的，相应地，其成年后，对生父母和继父母也都负有赡养义务。

对于何种情形下可认定为"受其抚养教育"，民法典第一千零七十二条第二款规定比较原则和概括，在司法实践中，围绕该条款的理解和适用，主要存在以下争议：第一，如何认定"抚养教育"的事实？是经济上供养即可，还是必须共同生活？生父母使用其和继父母的夫妻共同财产为子女支付抚养费用的，能否算作继父母对继子女进行了抚养？第二，"抚养教育"的事实存续应否有年限要求？有三年说、五年说、十年说不等。第三，成年继子女对继父母进行了扶养的，能否成立拟制血亲关系？如在生父母再婚时，子女已经成年，没有接受继父母的"抚养教育"，但是在继父母年老后，继子女对其进行了照顾看护的，能否认定继子女和继父母之间成立拟制血亲关系？第四，成立拟制血亲关系，需不需要考虑当事人的意思？是继父母进行了抚养教育，就直接成立拟制血亲关系，还是也要同时考虑继父母和继子女的意愿？

对于上述问题，笔者认为，首先，成立拟制血亲关系后，继父母和继子女之间即适用父母子女关系的规定，这对于双方当事人来说，是身份上的重大变化，故在认定成立要件时要从严把握。故认定抚养教育的事实时，不仅应进行经济上的供养，还需要共同生活，进行生活上的照顾。所以，生父母再婚后，使用夫妻共同财产向子女支付抚养费，是在履行自己的抚养义务，其配偶作为继父母仅以此主张自己对继子女进行了抚养教育的，不能成立。其次，抚养教育的事实存续应有一定的年限要求，且不应太短，避免权利义务关系的失衡。比如，继父或继母只抚养教育继子女很短时间，继子女随后成年，如果认定为双方形成抚养教育关系，将来继子女应尽的赡养义务负担会比较重；另一方面，考虑现实生活中离婚率较高的现象，为防止因父母多次再婚，子女出现多个继父或继母的现象，也应规定一个较长的年限。再次，关于抚养教育是单向的还是双向的，虽然在民法典编纂过程中，有建议认为应规定为双向的，但是从民法典最终采纳的表述看，是"受其抚养教育"，应是单向的，即只包括继子女受继父母抚养教育的情形，并未规定继父母受继子女扶养照护的情形。最后，是否成立拟制血亲关系对双方当事人的身份影响重大，故除了抚养教育的事实外，还应适当考虑当事人的意愿。比如，继父母虽然对继子女进行了抚养教育，但是明确表达了不成立拟制血亲关系的，或者8周岁以上的继子女对不成立拟制血亲有明确意愿的，应尊重当事人的意愿。

三、继父母和继子女成立拟制血亲后的权利义务关系

首先，根据民法典第一千零七十二条第一款规定，继父母与继子女间，不得虐待或者歧视。该款规定适用于所有的继父母继子女关系，即继父母和继子女之间无论是否成立拟制血亲关系，均不得虐待或者歧视。之所以对继父母继子女特别作出规定，主要是由于我国之前长期处于封建社会，继子女的社会地位一直很低下，中华人民共和国成立后，受不良残余思想的影响，仍存在继子女受到虐待和歧视的情况，比如，继父母不给生活保障，打骂、体罚继子女，剥夺继子女受教育的权利等。反过来，也存在继子女虐待继父母的现象。故立法上再次重申该规定，加大对继子女的保护力度，重视对继父母的权利保护，维护平等、和睦、文明的婚姻家庭关系。

其次，民法典第一千零七十二条第二款规定："继父或者继母和受其抚养教育的继子女间的权利义务关系，适用本法关于父母子女关系的规定。"根据民法典总则编和婚姻家庭编的规定，父母子女关系主要内容包括父母对未成年子女抚养、教育和保护的义务；成年子女对父母赡养、扶助和保护的义务；子女应当尊重父母的婚姻权利；父母和子女有相互继承遗产的权利等。即只要继父母和继子女之间的拟制血亲成立，则双

方之间的权利义务适用上述规定，在这方面和亲生父母子女之间应该没有区别。

实践中，比较容易产生纠纷的是继承领域。继父母或者继子女死亡，哪些继子女或者继父母具有继承权？在此类案件中，往往需要先确定继父母和继子女之间是否成立拟制血亲关系。如前所述，根据民法典第一千零七十二条第二款规定和"父母和子女有相互继承遗产的权利"的规定，只要认定了继子女受继父母"抚养教育"，则双方之间应互相具有继承权。但是需要说明的是，从立法的用语表述来看，民法典继承编界定的属于法定继承人的继子女和继父母的范围，要比民法典第一千零七十二条第二款的规定宽泛。民法典第一千一百二十七条规定法定继承的第一顺序为"配偶、子女、父母"，规定"本编所称子女，包括婚生子女、非婚生子女、养子女和有扶养关系的继子女""本编所称父母，包括生父母、养父母和有扶养关系的继父母"。如何理解"有扶养关系"？对此，立法机关的阐释为："继承编的规定为'有扶养关系的继子女'，这既包括继子女受继父母抚养的情形，也包括继子女赡养继父母的情形。根据婚姻家庭编的规定，只有在继子女受到继父母抚养时，才可以适用父母子女之间的权利义务关系。如果一个继子女在未成年时期并未受其继父母的抚养，但是其对继父母进行了赡养，虽然按照婚姻家庭编该继子女与继父母之间不适用父母子女之间的权利义务的规定，但是按照继承编的规定，该继子女可以被认定为其继父母的子女，具有第一顺序继承人的地位，这也符合权利义务相一致的原则。"[①] 同理，"'有扶养关系的继父母'，既包括继父母抚养继子女的情形，也包括继父母被继子女赡养的情形。前一种情形根据婚姻家庭编可以适用父母子女关系的规定，后一种情形中如果继子女在未成年时期并未受到继父母的抚养，但其仍赡养继父母的，按照婚姻家庭编该继父母与继子女之间不适用父母子女之间的权利义务关系的规定，但是按照继承编的规定，该继父母可以被认定

[①] 黄薇主编：《中华人民共和国民法典释义》，法律出版社2020年版，第2160页。

为该继子女的父母，具有第一顺序继承人的地位。这主要是考虑到与被继承人形成扶养关系的继父母，彼此间有较多的感情和金钱投入，在被继承人死亡后，扶养将无法进行，留有一定的遗产继续对其继父母进行扶养也符合被继承人的意愿"。① 故在继承领域，"有扶养关系"的含义是双向的，除了继子女受继父母"抚养教育"而成立拟制血亲的情形，还包括虽没成立拟制血亲但继父母受继子女赡养的情形，认定时将更为复杂。

再次，与养父母养子女关系不同，继子女和继父母之间即使成立了拟制血亲关系，其和生父母之间仍然存在父母子女之间的权利义务。② 即继子女和生父母、继父母之间，是双重的权利义务关系。故即使继父母对继子女进行了抚养教育，也不能免除继子女对生父母的扶养义务。相应地，继子女对生父母、对成立拟制血亲关系的继父母也都具有赡养义务。在继承方面，继子女和其生父母之间互相有继承权，同时和成立拟制血亲关系的继父母之间也互相有继承权。③

最后，根据民法典第一千零七十二条规定，成立拟制血亲后，只是继子女和继父母之间适用民法典关于父母子女关系的规定，和继父母的近亲属之间并不成立这种拟制血亲。这一点亦和收养不同。关于收养，根据民法典第一千一百一十一条规定，自收养关系成立之日起，养子女与养父母的近亲属间的权利义务关系，适用民法典关于子女与父母的近亲属关系的规定。养子女与生父母以及其他近亲属间的权利义务关系，因收养关系的成立而消除。所以，收养关系成立后，养子女与养父母的生子女，在法律地位上并无区别。比如，养子女与养父母的生子女之间、养子女与其他养子女之间，都成立兄弟姐妹关系，可以互为第二顺序继

---

① 黄薇主编：《中华人民共和国民法典释义》，法律出版社2020年版，第2161页。
② 民法典第一千一百一十一条第二款规定："养子女与生父母以及其他近亲属间的权利义务关系，因收养关系的成立而消除。"对于继父母继子女则无此类规定。
③ 《最高人民法院关于适用〈中华人民共和国民法典〉继承权的解释（一）》第十一条规定："继子女继承了继父母遗产的，不影响其继承生父母的遗产。继父母继承了继子女遗产的，不影响其继承生子女的遗产。"

-111-

承人。被收养人与其亲兄弟姐妹之间的权利义务关系，因收养关系的成立而消除，不能互为第二顺序继承人。① 相比较而言，继子女与继父母的近亲属之间则不必然成立近亲属关系，与其生父母的近亲属之间的权利义务关系也不受影响。例如，根据民法典第一千一百二十七条规定，作为第二顺序继承人的兄弟姐妹包括亲兄弟姐妹、养兄弟姐妹以及有扶养关系的继兄弟姐妹，即继兄弟姐妹之间的继承权，仅因继兄弟姐妹之间的扶养关系而发生。没有扶养关系的，不能互为第二顺序继承人。继兄弟姐妹之间互相继承了遗产的，不影响其继承亲兄弟姐妹的遗产。②

四、继父母和继子女之间拟制血亲关系的解除

继父母和继子女之间成立拟制血亲关系后，这种血亲关系可否解除？民法典对此未作规定。但实践中，诉请解除的案件并不缺乏，这也是案件办理中的一大难点问题。③ 从法理上来讲，既然是拟制血亲关系，不是自然血亲关系，应当可以解除。比如，同为拟制血亲的收养关系，民法典专节规定了解除，根据该节规定，收养关系可以协议解除，亦可诉讼解除。那么对于继父母和继子女之间的拟制血亲关系，是否可以解除？如果可以，应通过哪种方式解除？对此，以下几个问题争议比较大。

第一，生父母和继父母的婚姻关系终止，是否导致继父母和继子女之间的关系自然解除？有观点认为，继父母和继子女之间本质上是姻亲，是因生父母和继父母的婚姻关系产生，故生父母和继父母的婚姻关系终止后，则这种姻亲关系自然终止。笔者认为，要区分情形判断。继父母

---

① 详见《最高人民法院关于适用〈中华人民共和国民法典〉继承权的解释（一）》第十二条规定。

② 参见《最高人民法院关于适用〈中华人民共和国民法典〉继承权的解释（一）》第十三条规定。

③ 比如，赵某某诉丁某2赡养纠纷案：1980年，赵某某与丁某1登记结婚，丁某14岁的儿子丁某2与他们共同居住生活。丁某2长大结婚后，对赵某某不尽赡养义务，并劝说母亲与赵某某离婚，总是找机会和继父发生口角，甚至有时候大打出手。赵某某找邻居和居委会劝说丁某2无果后，起诉到法院，要求解除与丁某2的继子女关系，并要求丁某2给付抚养费、教育费2万元。法院经审理后，判决解除原告与被告的继父子关系，并由被告给付原告抚养费、教育费16000元。

和继子女之间如果没有成立拟制血亲关系，是单纯的姻亲关系，那么生父母和继父母的婚姻关系因一方死亡或者双方离婚而终止的，则这种姻亲关系随之解除。但是如果继父母和继子女之间已经因抚养教育的事实形成了拟制血亲关系，从最高人民法院所发布的司法解释、司法指导性文件来看，这种血亲关系并不因婚姻关系的终止而当然解除。比如，1986年3月21日发布的《最高人民法院关于继母与生父离婚后仍有权要求已与其形成抚养关系的继子女履行赡养义务的批复》明确：尽管继母王某梅与生父李某心离婚，婚姻关系消失，但王某梅与李某景姐弟等人之间已经形成的抚养关系不能消失。因此，有负担能力的李某景姐弟等人，对曾经长期抚养教育过他们的年老体弱、生活困难的王某梅应尽赡养扶助的义务。又如，1988年1月22日《最高人民法院关于继父母与继子女形成的权利义务关系能否解除的批复》中明确"继父母与继子女已形成的权利义务关系不能自然终止，一方起诉要求解除这种权利义务关系的，人民法院应视具体情况作出是否准许解除的调解或判决"。① 之所以如此规定，是因为无论生父母和继父母的婚姻关系是否存续，但抚养教育的事实已经客观存在，如果仅因婚姻关系的终止直接认定拟制血亲关系解除，不符合权利义务对等的原则。

第二，继父母与生父母或者成年后的继子女之间可否协议解除拟制血亲关系？如果在继子女成年前，继父母和生父母明确约定继父母对继子女不再继续抚养，或者在继子女成年后，继父母和继子女达成合意双方之间不再维持父母子女关系，诉至人民法院请求解除的，应否准许？笔者认为，既然为民事法律关系，应当尊重当事人的意愿。如果双方当事人均表示愿意解除拟制血亲关系，应当准许。从司法实践看，也有这方面的案例。比如，邹某蕾诉高某红、孙某、陈某法定继承纠纷案，生效裁判认为之前陈某与孙某孝虽然已经形成事实上的继父子关系，但是后来孙某孝、陈某萍在离婚协议中明确约定陈某由陈某萍继续抚养，孙

---

① 该批复虽然已被废止，但其中明确的观点并未被新的规定替代。

某孝不再承担抚养费用。在此情形下，继父母子女关系应视为协议解除。①

第三，继父母或继子女可否单方请求解除拟制血亲关系？若双方不能就解除达成合意的，一方单方请求解除的，应否准许？根据以往司法实践的做法，人民法院应当区分具体情况作出认定。比如，《最高人民法院关于适用〈中华人民共和国民法典〉婚姻家庭编的解释（一）》第五十四条规定："生父与继母离婚或者生母与继父离婚时，对曾受其抚养教育的继子女，继父或者继母不同意继续抚养的，仍应由生父或者生母抚养。"根据该条规定，首先，继父母和生父母离婚的，继父母和继子女之间的抚养教育关系并非自然终止，而是尊重继父母的意愿。这是由于继父母和继子女在抚养教育过程中，可能因共同生活已经产生感情，是否继续抚养、继续共同生活，还是要尊重当事人的意思。其次，继父母如果不同意继续抚养的，可以不再抚养，其和继子女之间的拟制血亲关系解除，这其实是赋予了继父母此种情形下的单方解除权。这是因为继父母和继子女之间毕竟是以继父母的婚姻关系为基础而产生的拟制血亲关系，和自然血亲关系有所不同，如果婚姻关系不再存续，却强制性要求继父母继续履行抚养义务，有悖情理。最后，如果继父母愿意继续抚养，则继父母和继子女之间的拟制血亲关系继续存在。在继子女成年后，继父母或者继子女可否单方请求解除拟制血亲关系？从已有判例看，在继子女成年后，如果继父母和继子女关系恶化、无法共同生活，继续维持父母子女关系没有实质性意义的，继父母提出的，一般予以准许。但如果是继子女单方提出的，则要谨慎认定。因为若继父母已经抚养继子女成年，双方的抚养事实已经存在，此时确认继父母与继子女之间存在拟制血亲关系是对继父母已履行义务的确认，目的在于使继子女承担对继父母相应的赡养义务，重点在于考虑对继父母合法利益的保护。所以对于已成年继子女，不能由其自由解除拟制血亲关系。

---

① 详见上海市第二中级人民法院于（2017）沪02民终10068号民事判决，为最高人民法院公报案例。

第四，解除后的法律后果。继父母和继子女之间的拟制血亲关系解除后，双方之间不再具有父母子女的权利义务关系。但是因为在解除之前，继父母对继子女已经进行了一定年限的抚养教育，付出了时间成本和经济成本，且继父母年老后也面临需要照顾的问题。故在解除之后，笔者认为，可以参照关于收养的规定，区分解除的具体原因，有条件地判决补偿继父母在抚养期间支出的抚养费，或者向缺乏劳动能力又缺乏生活来源的继父母支付生活费等。

总之，继父母和继子女之间的关系法律规定较为原则和概括，但是司法实践中遇到的情形却纷杂多样。在具体案件处理中，不仅要准确理解现有法律和司法解释规定，还要结合具体案情考虑当事人权利义务的平衡，将法理情相结合，兼顾未成年人合法利益保护和老年人合法权利保护，维护平等、和睦、文明的婚姻家庭关系。

对规范和完善涉竞业限制劳动争议裁判规则的思考

吴博文[*]

一、问题的提出

自 2008 年 1 月 1 日起施行的劳动合同法通过第二十三条、第二十四条、第九十条设置了用人单位与劳动者之间的竞业限制制度，其目的在于保护用人单位的商业秘密。[①] 竞业限制制度对于维持企业竞争力、促进企业加大研发投入至关重要，与企业生存发展休戚相关。可以说，劳动合同法确立的竞业限制制度，有力推动了对企业商业秘密的保护。但是，笔者在审理和研究大量涉竞业限制劳动争议案件后发现，涉竞业限制劳动争议案件类案不同判的现象较为突出，其裁判规则亟待统一，由此引发的问题包括但不限于遏制人才在市场主体之间的正常流动、束缚劳动者合理的择业自由、使劳动者背负沉重的竞业限制违约金等。可以说，竞业限制制度在实践中越来越呈现出"双刃剑"的特点，这显然有违立法初衷。

笔者认为，出现该现象的主要原因有两个。一方面，实践中出现的涉竞业限制争议类型多种多样，而劳动合同法对竞业限制的规定较为原则，相关劳动争议司法解释对竞业限制争议的规定亦显简略，不能满足

---

[*] 北京市第一中级人民法院民六庭法官。
[①] 参见信春鹰、阚珂主编：《中华人民共和国劳动合同法释义》，法律出版社 2013 年版，第 81 页。

劳动仲裁和司法审判实践"日益丰富"的需求；另一方面，该类争议往往涉及对商业秘密和与知识产权相关的保密事项的认定，呈现出跨部门法律的特点，但是由于存在专业化分工，审理劳动争议案件的仲裁员、法官往往并不熟悉商业秘密界定，因此回避对劳动者是否知悉用人单位商业秘密和与知识产权相关的保密事项、是否属于负有保密义务的人员进行审查，转而径行推定约定了竞业限制协议的劳动者即属于负有保密义务的人员，并认定竞业限制协议有效，这也变相诱使越来越多的用人单位开始与大多数员工甚至是全体员工订立竞业限制协议，甚至出现与保安、厨师、清洁工也签订竞业限制协议的现象。①

笔者认为，规范和完善涉竞业限制劳动争议的裁判规则已是劳动仲裁与司法审判实践中迫在眉睫的需求。笔者结合审理和研究涉竞业限制劳动争议案件的一些心得，尝试就法律和司法解释未涉及的相关裁判规则进行梳理和探讨，期待能够抛砖引玉，为进一步统一裁判尺度尽绵薄之力，以减轻竞业限制制度的负面作用，使竞业限制制度回归其立法初衷。

二、规章制度中竞业限制条款的效力

现实中，有的用人单位在规章制度中直接规定员工在离职后负有竞业限制义务，这种规定对劳动者有没有约束力？对此，实务中存在不同观点。

一种观点认为，根据劳动合同法第二十三条、第二十四条之规定，对负有保密义务的劳动者，用人单位可以在劳动合同或者保密协议中与劳动者约定竞业限制条款。由于竞业限制是对劳动者离职后就业权的部分限制，因此，不同于用人单位的规章制度只需要单方送达或公示即对劳动者产生效力，竞业限制需要由用人单位和劳动者通过协商并达成合意的方式单独约定。② 另一种观点认为，如果用人单位在规章制度中规定

---

① 杨召奎：《一些企业滥用竞业限制让普通员工很苦恼》，载《工人日报》2022年1月10日。
② 参见北京市海淀区人民法院（2015）海民初字第36445号民事判决书。

了劳动者离职后的竞业限制义务，而该规章制度又被约定为劳动合同的附件，则劳动者应当负有竞业限制的义务。

笔者认为，用人单位在规章制度中直接规定员工离职后负有竞业限制义务，这种规定对劳动者没有约束力，理由有两点。

其一，对于用人单位可以制定什么样的规章制度，劳动法和劳动合同法均作出了明确规定。劳动法第四条规定，"用人单位应当依法建立和完善规章制度，保障劳动者享有劳动权利和履行劳动义务"。劳动合同法第四条进一步明确规定："用人单位应当依法建立和完善规章制度，保障劳动者享有劳动权利和履行劳动义务。"从上述规定可以看出，用人单位制定规章制度的目的是保障劳动者享有劳动权利和履行劳动义务，换言之，用人单位制定的规章制度的规制范围是被限定的，其只能制定与劳动有关的劳动规章制度，与劳动无关的事项，劳动法并未授权用人单位规定。劳动法和劳动合同法是社会法，对于用人单位一方来说，其并不适用"法无禁止即可为"的民法法理，而很大程度上是受"法无授权不可为"的原则所约束。因此，在劳动法律项下，法律没有授权时，用人单位制定的相关规章制度对劳动者原则上不产生约束力。比如，用人单位在规章制度中规定员工不得使用有竞争关系企业制造的手机，该规定的内容超出了劳动的范畴，因为员工使用什么样的手机与劳动无关，因此，该规定超越了劳动法律授权用人单位制定的劳动规章制度的范围，不具有合法性，对劳动者自然不具有约束力。同理，劳动者离职后的行为已不属于为原用人单位提供劳动的范畴，也即不属于原用人单位劳动规章制度可以规制的范围，因此，在规章制度中规定竞业限制义务，并不具有合法性。

其二，从缔约人员的范围来看，劳动合同法第二十四条将竞业限制的人员范围限定在三类，即高级管理人员、高级技术人员和其他负有保密义务的人员，因此，竞业限制协议的订立主体并非全体员工。从竞业限制的内容来看，竞业限制的地域、期限和其他内容也因人而异，并不适于对全体员工作统一的规定。从缔约自由的原则来看，竞业限制义务限制了劳动者的就业权,因此,其应由用人单位与劳动者个体平等协商而定,而不能由用人单位以单方制定制度的形式来强加给劳动者。① 综合上述两个角度来看,用人单位以规章制度的形式规定劳动者的竞业限制义务,违反了劳动合同法第二十四条的强制性规定,亦有违缔约自由原则,其相关规定对劳动者不能产生约束力。

三、对竞业限制协议适用主体的规范

(一)竞业限制协议不能无差别适用于全体劳动者

现实中,用人单位与大多数员工甚至是全体员工均订立竞业限制协议的比比皆是,这种现象是否应受限制?对于这个问题,存在不同的认识。

第一种意见认为,只要双方实际订立了竞业限制条款,则根据合同法意思自由的基本原则,应当推定劳动者属于劳动合同法第二十三条规定的负有保密义务的人员,裁判者不应当对缔约双方的意思自由过多干涉。② 这种意见在实务中还表现为不对劳动者是否实际知晓用人单位的商业秘密和知识产权相关保密事项进行仔细审查,或者仅根据劳动者的职务即推定其知晓相关秘密,而免除用人单位对劳动者实际知晓相关秘密的举证证明义务。③

第二种意见认为,竞业限制协议令劳动者在较长时间内不得从事其擅长或熟悉的工作,是对劳动者生存权和就业权课以较大的限制,故其适用范围应当严格限定于劳动合同法第二十四条规定的三类人。相应地,对劳动者是否属于知晓用人单位的商业秘密和与知识产权相关的保密事项的人员,应当严格审查,由用人单位承担相应的举证证明责任,而不

---

① 参见信春鹰、阚珂主编:《中华人民共和国劳动合同法释义》,法律出版社2013年版,第83页。
② 参见北京市丰台区人民法院(2019)京0106民初29806号民事判决书。
③ 参见北京市西城区人民法院(2014)西民初字第03235号民事判决书、北京市顺义区人民法院(2012)顺民初字第12125号民事判决书。

能推定劳动者知晓相关秘密或者由劳动者反证其不知晓相关秘密。① 实际上，立法机关也认为，竞业限制限于知悉用人单位商业秘密和核心技术的人员，不可能面对每个劳动者。②

笔者赞同第二种意见。近年来，越来越多的用人单位开始与大多数员工甚至是全体员工约定竞业限制条款，甚至出现与保洁员也约定竞业限制条款的现象。出现这种现象主要有三个方面的根源。一是竞业限制经济补偿只要高于最低工资标准即可，对于用人单位来说成本较低；而竞业限制违约金却可以约定得畸高，一旦劳动者违约，用人单位就可以从中获利。二是用人单位对于是否需要支付经济补偿握有主动权，其只要在解除劳动合同时告知劳动者无须履行竞业限制义务，即无须支付经济补偿；但是劳动者在职期间却因身负竞业限制协议，即使对工作或者待遇有所不满，也不敢轻易离职。三是部分审理劳动争议的仲裁员、法官不了解商业秘密，因此回避对劳动者是否属于负有保密义务的人员进行审查，转而推定约定了竞业限制协议的劳动者即属于负有保密义务的人员，这种环境下，用人单位自然会尽可能与劳动者约定竞业限制协议，以进一步控制劳动者。

竞业限制协议令劳动者在较长时间内不能从事其擅长或熟悉的工作，对劳动者生存权和就业权构成极大的限制，故对其适用范围应当严格限定在劳动合同法第二十四条第一款规定的三类人。相应地，对劳动者是否属于知晓用人单位的商业秘密和与知识产权相关的保密事项的人员，应当严格审查，由用人单位承担相应的举证证明责任，而不能直接推定劳动者知晓相关秘密，理由如下。

第一，在约定竞业限制协议时，劳动者已处于受用人单位支配的状态，为了顺利地工作，绝大多数劳动者是没有能力拒签竞业限制协议的，

---

① 北京市第一中级人民法院课题组：《涉竞业限制劳动争议案件疑难问题的调研报告》，载"北京审判"微信公众号，2020年6月4日。

② 参见信春鹰、阚珂主编：《中华人民共和国劳动合同法释义》，法律出版社2013年版，第83~84页。

否则就意味着可能要受到用人单位打压甚至面临再就业。而且竞业限制协议基本由用人单位拟定和提供，实质上属于格式条款。因此，绝不能照搬合同法的相关原理，默认竞业限制协议经过与劳动者协商，从而推定其知晓用人单位的商业秘密和与知识产权相关的保密事项。

第二，劳动合同法设立竞业限制制度的目的是保护用人单位的商业秘密和与知识产权相关的保密事项，规制不正当竞争，而不是限制劳动者的就业权，也不是限制劳动力要素的合理流动以及企业间正常的竞争。竞业限制的前提是劳动者知晓用人单位的"商业秘密和与知识产权相关的保密事项"，负有保密义务。这从劳动合同法第二十三条、第二十四条可以清晰地看出。该法第二十三条首先赋予用人单位与劳动者就保守秘密进行约定的权利，但是将保密事项的范围限定在"商业秘密和与知识产权相关的保密事项"。该条接着规定，在前述限定的范围内，用人单位可以与负有相关保密义务的劳动者进一步约定竞业限制义务。为了免生争议，该法第二十四条又从正面规定，竞业限制的人员限于"高级管理人员、高级技术人员和其他负有保密义务的人员"这三类。上述规定当属强制性规定，立法者作出上述规定，就是为了在保护用人单位相关秘密、保障劳动者就业权、促进劳动力合理流动以及正常的商业竞争之间寻求平衡。因此，如果不对劳动者到底能否适用竞业限制条款进行审查，必将对劳动者就业权、生存权和劳动力要素在市场中的正常流动造成巨大限制，也是对企业营商环境的直接破坏。

不对竞业限制协议的适用主体进行必要审查，产生了恶劣的负面效应。越来越多的用人单位选择无差别地与劳动者订立竞业限制协议，进而约定高额的违约金，但同时约定的补偿金金额却显著地低。这样做于用人单位有百利却无一害：不属于三类人员的劳动者想跳槽到竞争企业时，考虑到签订了竞业限制协议，可能背负高额违约金，便望而却步；对于不想支付补偿金的用人单位，只须在员工离职时通知其不必遵守竞业限制协议；基于打击劳动者或者打压同业等种种目的，用人单位可以选择性地起诉劳动者，这样或者能获取高额违约金，或者能打压竞争企业,或者兼而有之,然其支付的补偿金却相对较低;对于遵守了竞业限制协议来要求支付补偿金的员工,用人单位却往往抗辩称其不属于签订竞业限制协议的人员,主张协议无效,即使败诉,也不过是支付低额的补偿金。上述无论哪一种现象,都是与竞业限制制度的设立初衷背道而驰的。

(二) 对主体进行审查的区分处理

当用人单位与劳动者双方就劳动者是否属于可以订立竞业限制协议的主体存在争议时,就需要对劳动者是否属于可以订立竞业限制协议的主体进行审查,并对竞业限制协议的整体效力进行相应的评价。

其一,劳动者主张其不属于竞业限制人员,但是用人单位主张其属于的,人民法院应当审查劳动者是否属于劳动合同法第二十四条第一款限定的可以订立竞业限制协议的人员。此时,用人单位应当对劳动者确系高级管理人员、高级技术人员或者其他负有保密义务的人员承担举证证明责任。用人单位主张劳动者是高级管理人员的,应当就劳动者的高级管理人员职位进行举证证明;用人单位主张劳动者是高级技术人员的,应当就劳动者的职位在用人单位属于高级技术人员进行举证证明;用人单位主张劳动者属于其他负有保密义务的人员的,应当举证证明劳动者知悉用人单位的商业秘密或者与知识产权相关的保密事项。如果经审查,劳动者确实不属于上述三类人员,则依据劳动合同法第二十六条第一款第三项,可以认定竞业限制协议因违反法律的强制性规定而无效。

其二,劳动者主张其属于竞业限制人员,但是用人单位主张其不属于的。一方面,竞业限制协议基本是由用人单位单方面起草和提供的格式合同,而竞业限制协议的订立也基本是由用人单位提出和主导的,劳动者由于在劳动关系中处于受支配的地位,几乎不可能就竞业限制协议的内容提出异议并与用人单位进行磋商、变更协议内容。而劳动者基于对协议的信赖,往往已经履行了竞业限制义务,此时,为了不支付经济补偿,用人单位又主张劳动者不属于可以订立竞业限制协议的主体,显然违背了缔约过程中应遵守的诚信原则，亦有损劳动者的信赖利益。另一方面，鉴于劳动合同法是社会法，且一般情形下，从缔约开始劳动者在劳动关系中即处于弱势的受支配地位，为了保护劳动者的合法权益，划定用人单位的行为界限，劳动合同法的很多条文对于用人单位来说都是强制性规定，但是对于劳动者来说却未必，该法中关于竞业限制的条文即属于这样的规范。因此，如果劳动者认可自己属于劳动合同法第二十四条规定的三类人员，则可以直接推定劳动者确属于这三类人员，不再作实质审查，竞业限制条款如无其他效力瑕疵，则认定为有效。

四、对竞业限制范围的规范

（一）竞业限制的两种类型及其区分的意义

根据劳动合同法第二十四条第二款的规定，竞业限制分为两种类型。第一种是在解除或者终止劳动合同后，到与本单位生产或者经营同类产品、从事同类业务的有竞争关系的其他用人单位。这种类型，笔者将其称为"入职竞争单位型"。[①] 第二种是在解除或者终止劳动合同后，自己开业生产或者经营同类产品、从事同类业务。对于该种类型，笔者称之为"自己开业型"。[②]

劳动合同法对两者是否构成竞业限制的认定标准不一样。对于"入职竞争单位型"，构成竞业限制的要件有两个：其一，新用人单位与原用人单位生产或者经营同类产品、从事同类业务；其二，两个用人单位存在竞争关系。需要特别强调的是，此处所谓的"竞争关系"是指与原用人单位形成的实际竞争关系，[③] 而不包括潜在的、将来可能存在的竞争关系。对于"自己开业型"，立法只规定了一个构成要件，即新单位与原用人单位生产或者经营同类产品、从事同类业务，而不论两者之间是否存

---

① 参见北京市第一中级人民法院（2018）京01民终559号民事判决书。
② 参见北京市朝阳区人民法院（2015）朝民初字第03318号民事判决书。
③ 参见信春鹰、阚珂主编：《中华人民共和国劳动合同法释义》，法律出版社2013年版，第84页。

在现实的竞争关系。

上述分类在审查竞业限制约定的地域、范围等条款的合理性时亦具有意义。以地域的约定为例,对于"入职竞争单位型"来说,竞业限制约定的地域应以存在实际的竞争为限,比如,在该地域,原用人单位与新用人单位都开展业务。此时,对用人单位相关秘密的保护具有优先价值。如果在原单位并未开展业务的地域也约定竞业限制义务,则一方面其相关秘密并没有被保护的紧迫性,另一方面,实务中一些单位将竞业限制的地域扩大到"全中国"甚至"全世界"范围,[1] 则劳动者就业权所受限制未免过大,劳动力市场的流动性也趋于枯竭。而对于"自己开业型"来说,不存在保护劳动者就业权和劳动力要素流动性的问题,且劳动者利用已知的相关信息为自己创业的企业谋利的可能性不可谓不大,因此,劳动者转变为创业者之后,在地域上对其课以更加严格的竞业限制约束亦属正常。

(二)竞业限制的范围能否扩大到原用人单位以外的企业

劳动合同法第二十四条第二款规定:"在解除或者终止劳动合同后,前款规定的人员到与本单位生产或者经营同类产品、从事同类业务的有竞争关系的其他用人单位,或者自己开业生产或者经营同类产品、从事同类业务的竞业限制期限,不得超过二年。"但是实践中,竞业限制协议约定的竞争单位范围往往超出了该条规定中的"本单位"。有的约定,到与本单位的母公司、子公司、关联公司生产或者经营同类产品、从事同类业务的有竞争关系的其他用人单位工作的,均属违反竞业限制;[2] 有的干脆以原则规定加有限列举的方式,将市场上具有一定名气的同类型企业统统规定为有竞争关系的其他用人单位。[3] 对于上述约定的效力,应作何种判断?

---

[1] 参见北京市海淀区人民法院(2018)京0108民初15533号民事判决书。
[2] 参见北京市第一中级人民法院(2018)京01民终4842号民事判决书。
[3] 参见北京市海淀区人民法院(2015)海民初字第01235号民事判决书。

笔者认为，就"入职竞争单位型"来说，仍应以是否存在实际的竞争关系为标准进行审查，此种竞争关系应包括直接的竞争关系和间接的竞争关系。如果原用人单位举证证明新用人单位与其确实存在现实的竞争关系，或者新用人单位因与其母公司、子公司、关联公司存在直接的竞争关系（这种直接的竞争关系，一般多发生于新用人单位与原用人单位的子公司之间），导致与其产生间接的竞争关系，均应属于劳动合同法第二十四条第二款调整的范围。相反，如果原用人单位不能举证证明新用人单位与其存在直接或间接的竞争关系，则不能仅因为条款中列举了该用人单位就认定竞争关系的存在。究其原因，正如前文所述，劳动合同法是社会法，对用人单位来说，第二十四条第二款即是对竞业限制范围的限定。就"自己开业型"来说，因为是否存在实际竞争关系不是认定标准，因此，原用人单位只须证明劳动者开办或者经营的企业与其母公司、子公司、关联公司生产、经营同类产品、从事同类业务即可。

（三）配偶等近亲属"自己开业"的，能否认定劳动者违反竞业限制义务

实务中，用人单位在调查劳动者违反竞业限制义务的线索时，有时会发现劳动者虽然没有自己开业生产或经营同类产品、从事同类业务，但其配偶或近亲属存在此种行为。[①] 对于配偶等近亲属的开业行为，应作何种认定？笔者认为，劳动合同法第二十四条第二款虽然没有对配偶等近亲属的开业行为进行规范，但考虑到身份上的特殊性，如仅从字面意义对法律条文作解释，确实可能助长劳动者以其亲属之名开办企业，行"自己开业"之实的不诚信风气。因此，建议对于这种特殊情况，如果用人单位确实能够证明劳动者存在借近亲属之名行"自己开业"之实的高度可能性的（《最高人民法院关于适用〈中华人民共和国民事诉讼法〉的解释》第一百零八条规定的证明标准），比如，新单位在自己制作的文

---

① 参见北京市昌平区人民法院（2016）京0114民初5123号民事判决书。

件或资料上公开宣传劳动者为其核心成员,则可以认定劳动者存在"自己开业"的行为。

(四)约定劳动者在职期间竞业限制义务的效力

劳动合同法明确规定了用人单位可以与劳动者约定离职后的竞业限制,但是对用人单位能否与劳动者约定在职期间的竞业限制未作明确规定。一种观点认为,针对用人单位与劳动者约定的竞业限制条款约束的期间,劳动合同法第二十三条并未作局限于劳动合同解除或终止后的限定,故在法律法规并未对劳动者在职期间负有竞业限制义务作出禁止性规定的情形下,应当尊重协议双方的意思自治。负有保密义务的劳动者在职期间,尚从用人单位领取劳动报酬,密切接触用人单位的商业秘密或知识产权,故在职期间相较于离职后从事竞业行为的情形更为严重,从竞业限制的立法本意上考量,亦不应作出少于后者的救济途径之理解。[①] 笔者赞同该观点。民法典第五百零九条第二款规定:"当事人应当遵循诚信原则,根据合同的性质、目的和交易习惯履行通知、协助、保密等义务。"对于知悉用人单位商业秘密和与知识产权相关的保密事项的劳动者来说,基于诚信原则,在职期间的竞业限制是其法定的劳动合同附随义务;如果双方就该义务作出了约定,则该义务转化为约定义务。易言之,只要当事人未通过约定明确排除该附随义务,则该义务即附着于劳动合同而存在。[②] 由于在职期间的竞业限制义务是根植于诚信原则的附随义务,因此,用人单位在约定了劳动报酬的情况下,无须就该义务另行约定经济补偿。

但是,需要特别强调的是,由于劳动合同法第二十五条明确规定:"除本法第二十二条和第二十三条规定的情形外,用人单位不得与劳动者约定由劳动者承担违约金。"而该法第二十三条规定的是用人单位可以约

---

① 参见北京市海淀区人民法院(2020)京0108民初11098号民事判决书。
② 参见最高人民法院民事审判第一庭编著:《最高人民法院新劳动争议司法解释(一)理解与适用》,人民法院出版社2021年版,第420页。

定劳动者违反离职后竞业限制义务的违约金。因此，由劳动者承担违反在职期间竞业限制义务的违约金的约定，违反了劳动合同法第二十五条的强制性规定，当属无效。并且，如前所述，用人单位一般不会就劳动者履行在职期间竞业限制义务支付经济补偿，如果再任由其约定违约金，则对于劳动者来说，权利义务显著失衡，有违公平原则。如果劳动者因违反在职期间竞业限制义务给用人单位造成损失，用人单位可以以劳动合同法第九十条为请求权基础，要求劳动者承担损失赔偿责任。

五、对竞业限制经济补偿的规范

（一）竞业限制经济补偿不能包含在工资中

劳动合同法对离职后竞业限制经济补偿的支付方式和支付时间都作了强制性明确的限定。但是在实践中，有的用人单位却在劳动合同或者竞业限制协议中约定劳动者的工资中包含离职后的竞业限制经济补偿。因为用人单位先行向劳动者给付了竞业限制的对价，劳动者赚取了现金价值，使得这一约定似乎对劳动者有利。但是实际上，这样的约定很可能成为用人单位逃避支付竞业限制经济补偿的工具。比如，劳动者应聘时，用人单位承诺其月工资为1万元，但是当劳动者入职后订立劳动合同时，用人单位基于在劳动关系存续期间的支配地位，在劳动合同中约定工资中包含竞业限制经济补偿，此时，劳动者实际上是没有办法不订立该份劳动合同的，除非另谋他就。所以劳动合同法规定竞业限制经济补偿应当在离职后按月支付是有一定用意的。在立法机关编著的劳动合同法释义书中明确提到，竞业限制经济补偿不能包含在工资中，只能在劳动关系结束后，在竞业限制期限内按月给付。[1]而在最高人民法院编著的司法解释理解与适用图书中也明确强调了相同观点。[2]

---

[1] 参见信春鹰、阚珂主编：《中华人民共和国劳动合同法释义》，法律出版社2013年版，第82页。

[2] 参见最高人民法院民事审判第一庭编著：《最高人民法院劳动争议司法解释（四）理解与适用》，人民法院出版社2013年版，第13页。

(二) 以股权激励标的物作为竞业限制经济补偿的效力

在实践中，有的用人单位在与劳动者约定竞业限制条款时，出于减少现金支出等目的，将股权激励标的物约定为向劳动者给付的竞业限制经济补偿。对于这种约定，应如何评价其效力？

笔者认为，劳动合同法对竞业限制经济补偿的给付并没有严格限定为支付货币，既然法律对竞业限制经济补偿的形式未作禁止性规定，那么以股票、股票期权等非货币形式给付竞业限制经济补偿并非绝对不可。但是正如前文所阐述的，为了保护劳动者的合法权益，划定用人单位的行为界限，劳动合同法的很多条文对于用人单位来说都是强制性规定，但是对于劳动者来说却不是。劳动合同法第二十三条第二款就是这样的条款，其明确规定竞业限制补偿需按月给付，目的在于解决劳动者因就业受限而可能的生活困难，为其生存提供持续稳定的经济保障。因此，对于用人单位来说，该规定属于强制性规定，意味着能否约定以股票、股票期权等作为竞业限制经济补偿，要受该规定的规制。具体判断标准为：当相关补偿给付方式的约定较之上述强制性规定对劳动者更为有利时，则没有必要否定其效力；如果该约定较之上述强制性规定对劳动者不利，且劳动者亦提出相关诉讼主张时，则从保障劳动者生存角度出发，将相关竞业限制经济补偿的约定认定为无效。

遵循上述标准的同时，需要区分不同标的物进行分析。

一是约定以股票期权作为竞业限制经济补偿的。对于股票期权，激励对象是否行权，很大程度上取决于在约定的行权期间，股票价格与购买期权价格之间是否存在盈利，而是否存在盈利是约定竞业限制条款时难以确定的。尤其对于并未公开上市的企业，其股权并不存在一个各方接受的、确定的交易价格，激励对象能否因行权而盈利、盈利能否达到法定的补偿最低标准都是难以确定的。并且，因未公开上市，该股票期权无法像货币一样随时兑现，欠缺流动性，这些特征使得，如果按照双方的约定，则相对于法律的强制性规定，对激励对象较为不利。因此，如果激励对象主张该约定无效的，可以予以支持。

二是约定以上市公司的股票作为经济补偿的。对此，要区分不同情形进行分析。其一，对于当劳动合同解除时已经经过限售期、可以随时上市流通的普通股票，其具备以货币形式给付补偿的大多数优点，比如金额相对确定，可以随时套现，因此可以作为竞业限制经济补偿。其二，对于当劳动合同解除时仍处于限售期的股票，其在限售期内无法及时变现，也不能按月兑现，而且《最高人民法院关于审理劳动争议案件适用法律问题的解释（一）》第三十八条规定，劳动合同解除或者终止后，因用人单位的原因导致三个月未支付经济补偿，劳动者有权请求解除竞业限制约定，是故，其不宜作为竞业限制经济补偿。其三，对于股票在变更登记至激励对象名下之前被摘牌退市的，如果激励对象主张相关约定无效，应予支持。

三是约定以非上市公司的股权作为经济补偿的。因为非上市公司的股权具有估价的不确定性、兑现的困难性，不宜作为竞业限制经济补偿。如果激励对象主张该约定无效，应予支持。

在认定相关竞业限制经济补偿的约定无效之后，应当视为双方未约定经济补偿。此时，法院可以根据劳动者的诉讼请求以及《最高人民法院关于审理劳动争议案件适用法律问题的解释（一）》的相关规定判令用人单位另行支付竞业限制经济补偿。

【审判实务热点问题研究】

《关于劳动人事争议仲裁与诉讼衔接有关问题的意见（一）》的理解与适用

张 艳[*]

为贯彻党中央关于健全社会矛盾纠纷多元预防调处化解综合机制部署，落实加强劳动人事争议仲裁与诉讼衔接机制建设要求，人力资源社会保障部、最高人民法院于2022年2月21日联合印发了《关于劳动人事争议仲裁与诉讼衔接有关问题的意见（一）》[以下简称《裁审衔接意见（一）》]，这是人力资源社会保障部、最高人民法院完善劳动人事争议多元处理机制、统一裁审法律适用标准、畅通劳动者维权渠道、维护劳动人事关系和谐与社会稳定的又一重要举措。

一、起草背景

（一）贯彻落实党中央、国务院重要决策部署的需要

2015年3月，《中共中央、国务院关于构建和谐劳动关系的意见》提出要"加强裁审衔接与工作协调，积极探索建立诉讼与仲裁程序有效衔接、裁审标准统一的新规则、新制度"。此次起草《裁审衔接意见（一）》，旨在进一步健全裁审衔接机制，畅通当事人维权渠道，提高劳动人事争议处理质效。

---

[*] 最高人民法院民事审判第一庭法官。

(二) 完善劳动人事争议多元处理机制的需要

2017年3月,人力资源社会保障部、中央综治办、最高人民法院、司法部、财政部、中华全国总工会、中华全国工商业联合会、中国企业联合会/中国企业家协会联合印发的《关于进一步加强劳动人事争议调解仲裁完善多元处理机制的意见》将"加强仲裁与诉讼的衔接"列为其中重要内容,提出要实现裁审衔接机制长效化、受理范围一致化、审理标准统一化。2017年11月,人力资源社会保障部、最高人民法院联合印发《关于加强劳动人事争议仲裁与诉讼衔接机制建设的意见》,提出"两个统一、三个规范、四项制度"的工作要求,明确"对于法律规定不明确等原因造成裁审法律适用标准不一致的突出问题,由人力资源社会保障部与最高人民法院按照《中华人民共和国立法法》有关规定,通过制定司法解释或指导意见等形式明确统一的法律适用标准"。此次起草《裁审衔接意见(一)》,是进一步完善劳动人事争议多元处理机制,逐步统一裁审法律适用标准的重要举措。

(三) 逐步解决裁审衔接问题的需要

自2017年裁审衔接机制建立以来,最高人民法院、人力资源社会保障部通过广泛收集各地实践做法,梳理了一批裁审受理范围不一致、法律适用不统一、程序衔接不规范等问题。如各地仲裁委员会和人民法院对赔偿金争议受理口径理解不一、各地人民法院对仲裁委员会认可的证据在诉讼阶段的效力认识不一等,严重制约了争议处理质效,影响了当事人权益维护。为回应这些问题,两部门多次座谈研讨,广泛征求各方面意见,结合仲裁和司法实践形成《裁审衔接意见(一)》,逐步规范裁审衔接程序、统一裁审存在差异的法律适用标准。

二、关于调解协议后续程序性保障

（一）劳动人事争议仲裁委员会对调解协议的仲裁审查

《劳动人事争议仲裁办案规则》第七十四条第一款规定："经调解组织调解达成调解协议的，双方当事人可以自调解协议生效之日起十五日内，共同向有管辖权的仲裁委员会提出仲裁审查申请。"调解协议的仲裁审查区别于一般仲裁程序。劳动人事争议仲裁委员会对调解协议仲裁审查申请作出的不予受理、不予制作调解书的决定，并不影响当事人就相关事项依法申请仲裁，亦不能视为已经过仲裁前置程序。因此，劳动人事争议仲裁委员会对于调解协议仲裁审查申请不予受理或者经仲裁审查决定不予制作调解书的，当事人可依法就协议内容中属于劳动人事争议仲裁受理范围的事项申请仲裁，当事人直接向人民法院提起诉讼的，人民法院不予受理。

（二）例外情形之一——督促程序

督促程序是督促债务人偿还债务的简捷程序，用于解决债权债务关系明确而债务人无正当理由不偿还债务的非讼案件。为方便劳动者维护自身权益，促使当事人之间尽快解决劳动争议，劳动合同法第三十条[1]与劳动争议调解仲裁法第十六条[2]均规定了督促程序。用人单位与劳动者就支付拖欠劳动报酬、工伤医疗费、经济补偿或者赔偿金事项达成了具备履行期限的调解协议，用人单位在协议约定期限内不履行的，劳动者可向人民法院申请支付令。劳动者持调解协议申请支付令后被终结督促程

---

[1] 劳动合同法第三十条规定："用人单位应当按照劳动合同约定和国家规定，向劳动者及时足额支付劳动报酬。用人单位拖欠或者未足额支付劳动报酬的，劳动者可以依法向当地人民法院申请支付令，人民法院应当依法发出支付令。"

[2] 劳动争议调解仲裁法第十六条规定："因支付拖欠劳动报酬、工伤医疗费、经济补偿或者赔偿金事项达成调解协议，用人单位在协议约定期限内不履行的，劳动者可以持调解协议书依法向人民法院申请支付令。人民法院应当依法发出支付令。"

序的，由于双方之间已经有明确的书面协议，劳动者可以直接向人民法院提起诉讼，人民法院可以按照普通民事纠纷受理。需要注意的是，督促程序的适用具有可选择性，债权人对此程序有选择适用的自由，即在同时符合督促程序法定的适用范围和适用条件时，债权人有权选择适用督促程序，或者选择起诉适用诉讼程序。因此，申请支付令不是劳动者提起诉讼的前置程序。用人单位在协议约定期限内不履行的，劳动者可以持调解协议依法向人民法院申请支付令，也可以直接向人民法院起诉。

（三）例外情形之二——就劳动报酬纠纷达成调解协议

就劳动报酬纠纷达成调解协议，劳动者依据调解协议直接向人民法院起诉，人民法院能否直接受理有两种观点。一是否定说，即人民法院不应受理，应告知当事人先向劳动人事争议仲裁委员会申请仲裁。虽然劳动者以调解协议为证据直接向人民法院起诉，但本质仍然是劳动者和用人单位的劳动报酬纠纷，作为劳动争议应该仲裁前置。二是肯定说，即劳动者起诉时的依据是调解协议，人民法院应该按照债务纠纷受理，没有必要仲裁前置。鉴于用人单位已经与劳动者达成调解协议，因用人单位不履行调解协议产生争议，则纠纷性质为债权债务关系，按照普通民事纠纷处理更有利于及时、有效地保护劳动者的合法权益，故肯定说更符合法律规定和审判实践需求。

（四）例外情形之三——申请司法确认

民事诉讼法第二百零一条[①]规定了调解协议的司法确认程序，人民法院对于调解协议不予受理或者不予确认的，并不影响当事人的后续诉权。当事人在经依法设立的调解组织主持下就支付拖欠劳动报酬、工伤医疗

---

① 民事诉讼法第二百零一条规定："经依法设立的调解组织调解达成调解协议，申请司法确认的，由双方当事人自调解协议生效之日起三十日内，共同向下列人民法院提出：（一）人民法院邀请调解组织开展先行调解的，向作出邀请的人民法院提出；（二）调解组织自行开展调解的，向当事人住所地、标的物所在地、调解组织所在地的基层人民法院提出；调解协议所涉纠纷应当由中级人民法院管辖的，向相应的中级人民法院提出。"

费、经济补偿或者赔偿金事项达成调解协议，双方当事人依据民事诉讼法第二百零一条规定共同向人民法院申请司法确认，人民法院不予确认的，劳动者可以依据调解协议直接提起诉讼。2021年修改前民事诉讼法规定的司法确认程序仅限于人民调解委员会主持调解的案件[①]，适用范围较窄，限制了商事调解、行业调解等多元解纷方式的适用，制约了诉前调解工作的开展，不利于促进矛盾纠纷及时、高效、源头化解。经试点发现，人民法院诉前委派调解化解纠纷效果显著，有效实现了案件诉前分流和多元解纷。结合试点工作经验，2021年民事诉讼法修改时，合理扩大了司法确认程序适用范围，将司法确认程序适用范围从原来的仅限于"人民调解协议"扩展至"经依法设立的调解组织调解达成的调解协议"。只要是依法设立的调解组织调解达成的协议都可以申请司法确认，进一步发挥司法确认制度对多元解纷方式的促进保障作用，推动矛盾纠纷源头治理。依"法"设立的范围既包括人民调解法等已出台的法律，也包括将来可能出台的法律，还包括最高人民法院相关司法解释以及相关行政法规。这样一方面能够将司法确认程序与特邀调解制度及相关法律法规、部门规章所认可的调解类型形成有效衔接；另一方面也防止将司法确认程序适用范围拓展至所有调解协议，有效防范虚假调解和虚假确认的风险。

（五）调解书与仲裁裁决效力冲突的协调

根据劳动争议调解仲裁法第四十七条[②]规定，终局裁决自作出之日即发生法律效力，用人单位申请撤销的，不影响裁决的效力。对于非终局裁决而言，当事人针对非终局裁决不提起诉讼的，裁决在法定起诉时限

[①] 人民调解法第三十三条第一款规定："经人民调解委员会调解达成调解协议后，双方当事人认为有必要的，可以自调解协议生效之日起三十日内共同向人民法院申请司法确认，人民法院应当及时对调解协议进行审查，依法确认调解协议的效力。"

[②] 劳动争议调解仲裁法第四十七条规定："下列劳动争议，除本法另有规定的外，仲裁裁决为终局裁决，裁决书自作出之日起发生法律效力：（一）追索劳动报酬、工伤医疗费、经济补偿或者赔偿金，不超过当地月最低工资标准十二个月金额的争议；（二）因执行国家的劳动标准在工作时间、休息休假、社会保险等方面发生的争议。"

届满后生效。用人单位对于终局裁决可以向中级人民法院提起撤销裁决诉讼，劳动者可以向基层人民法院提起诉讼。对于非终局裁决，劳动者和用人单位均可以向基层人民法院提起诉讼。

在案件审理过程中，当事人达成调解协议后，协调仲裁裁决与调解协议效力冲突的处理原则为，根据调解协议所覆盖的范围来确定仲裁裁决的效力范围。调解协议全部覆盖的，仲裁裁决不再具有约束力；调解协议部分覆盖的，仲裁裁决部分不具有约束力。就终局裁决而言，当事人就终局裁决的事项达成的调解协议发生法律效力后，调解协议的内容已经覆盖了仲裁裁决相应的内容，因此仲裁裁决对当事人不再具有约束力，无须再对撤销裁决的申请进行审理而作出驳回申请或者撤销裁决的裁定。如果对终局裁决所涉争议的部分事项达成调解协议，人民法院仍应对调解协议未涉及的仲裁裁决部分进行审理，并依法作出驳回申请或者撤销裁决的裁定。为了明确调解协议与终局裁决的效力，人民法院在制作调解协议时可以载入不执行仲裁裁决的意思表示。

三、关于当事人变更诉讼请求

当事人变更诉讼请求涉及诉讼系属。诉讼系属是因为起诉使有关的诉讼案件处于法院对其进行审理和裁判的一种状态，这种状态要持续到诉讼作出确定裁判、当事人达成和解或者提出撤诉而终结诉讼为止。诉讼系属产生多种法律效果，如法院管辖恒定、当事人恒定、当事人起诉的诉讼标的仅在特别条件下能够变更或者追加以及禁止重复起诉。民事诉讼法第五十四条[①]、《最高人民法院关于适用〈中华人民共和国民事诉讼法〉的解释》（2022年修正，以下简称《民事诉讼法解释》）第二百三十二条[②]规定了诉讼请求变更或者追加的情形。

[①] 民事诉讼法第五十四条规定："原告可以放弃或者变更诉讼请求。被告可以承认或者反驳诉讼请求，有权提起反诉。"

[②] 《民事诉讼法解释》第二百三十二条规定："在案件受理后，法庭辩论结束前，原告增加诉讼请求，被告提出反诉，第三人提出与本案有关的诉讼请求，可以合并审理的，人民法院应当合并审理。"

（一）解除劳动合同经济补偿和赔偿金诉讼请求的变更

很多劳动者对法律知识的了解有着渐进的过程，有的在仲裁程序结束后才知晓自己享有的权利，故劳动者在诉讼中常常提出仲裁时未提出的请求。对于当事人提出的超出原仲裁申请事项的请求，人民法院是合并审理还是严格遵照仲裁前置的要求，对于超过仲裁请求部分的诉讼请求一律不予受理？《最高人民法院关于审理劳动争议案件适用法律问题的解释（一）》（法释〔2020〕26号，以下简称《劳动争议解释（一）》）第十四条[①]以增加的诉讼请求与讼争的劳动争议具有不可分性作为合并审理的条件。实践中，人民法院可以根据原仲裁请求与新增加的诉讼请求是否基于同一法律关系或者同一事实来判断不可分性。

解除劳动合同的经济补偿和违法解除劳动合同的赔偿金均基于解除劳动合同这一事实产生，当事人基于同一事实在申请劳动仲裁时主张解除劳动合同的经济补偿，后在诉讼中变更为违法解除劳动合同的赔偿金的，只要是在一审辩论终结前变更请求，人民法院可认定该诉讼请求与讼争劳动争议具有不可分性，应当准予变更且予以审理。当劳动者请求用人单位支付赔偿金，但人民法院经审查认定用人单位解除或者终止劳动合同不存在违法情形且应当支付经济补偿的，可以依据事实依法判决用人单位支付经济补偿。此种处理方式并未违背劳动者提起诉讼的本意，亦可简化优化维权流程、减轻当事人讼累。

（二）当事人追加

有观点认为，诉讼程序中，人民法院追加没有参加仲裁的当事人参加诉讼，因可能判决其承担实体责任，违反了仲裁前置程序，导致其丧失了仲裁程序利益。对此问题，《劳动争议解释（一）》第三十一条规

[①] 《劳动争议解释（一）》第十四条规定："人民法院受理劳动争议案件后，当事人增加诉讼请求的，如该诉讼请求与讼争的劳动争议具有不可分性，应当合并审理；如属独立的劳动争议，应当告知当事人向劳动争议仲裁机构申请仲裁。"

定:"当事人不服劳动争议仲裁机构作出的仲裁裁决,依法提起诉讼,人民法院审查认为仲裁裁决遗漏了必须共同参加仲裁的当事人的,应当依法追加遗漏的人为诉讼当事人。被追加的当事人应当承担责任的,人民法院应当一并处理。"民事诉讼法未规定人民法院对劳动人事争议仲裁委员会作出的仲裁裁决有发回重裁的权力,对于仲裁程序中遗漏当事人的,人民法院应在一审诉讼程序中直接追加必须共同参加诉讼的当事人。虽然被追加的当事人未参加仲裁程序,但因该劳动争议已经过仲裁,所以人民法院追加遗漏的当事人不违反仲裁前置原则。被追加的当事人应当承担责任的,人民法院应当一并处理。此种方式可以使权利人在其权利得不到仲裁充分保护时及时获得法律救济,有利于劳动争议及时公正解决。

(三) 当事人主张的法律关系性质或者民事行为效力与人民法院认定不一致时的处理

当事人主张的法律关系性质或者民事行为效力与人民法院认定不一致时,人民法院首先应当将法律关系性质或者民事行为效力作为焦点问题进行审理,使当事人能够充分行使辩论权,保障当事人合法权益、最大限度节约司法资源。但存在例外情形:一是当法律关系性质、民事行为效力对裁判理由及结果没有影响时,当事人的权利不会因为人民法院的认定而受到影响,人民法院没有将此问题作为焦点问题审理的必要;二是法律关系的性质或者民事行为的效力等问题已是当事人的争议焦点且已充分辩论,鉴于当事人的权利已经得到充分保障,故无再次进行审理的必要。

(四) 当事人变更诉讼请求后的举证期限

当事人对其主张的法律关系性质或者民事行为的效力变更后,诉讼请求亦可能随之发生改变。当事人变更诉讼请求,案件事实不一定发生变化,未必需要重新举证,即使需要举证,提供新的证据并不必然需要与原举证期限同样的时间。人民法院可以根据具体案情，结合当事人的举证能力，综合考量提交新证据的必要性、难易程度等因素酌定举证期限，以提高诉讼效率。

（五）不存在劳动关系且当事人不变更诉讼请求时的裁判

在当事人主张的法律关系性质或者民事行为效力与人民法院根据案件事实作出的认定不一致时，当事人既可以根据法庭审理情况变更诉讼请求，也可以坚持原来的主张不予变更。赋予当事人这种选择权，是民事诉讼处分原则的具体体现。在不存在劳动关系，当事人因种种原因坚持原诉讼请求而不愿变更的情况下，人民法院不得要求当事人必须变更诉讼请求，而应当及时作出裁判，判决驳回其诉讼请求。此种处理不妨碍当事人此后再以人民法院认定的法律关系或者民事行为效力为基础另行起诉。

四、关于证据认定的裁审衔接

（一）仲裁程序中认可证据的质证

质证是指在审判人员的主持下，由诉讼当事人对提交法庭的证据的真实性、关联性和合法性作出判断，无异议的予以认可，有异议的当面提出质疑和询问的程序。质证是当事人的重要诉讼权利，也是人民法院审查认定证据的必要前提。《民事诉讼法解释》第一百零三条第一款、第二款规定："证据应当在法庭上出示，由当事人互相质证。未经当事人质证的证据，不得作为认定案件事实的根据。当事人在审理前的准备阶段认可的证据，经审判人员在庭审中说明后，视为质证过的证据。"为更好地做好裁审程序衔接，当事人在仲裁程序中认可的证据，经人民法院审判人员庭审说明后，视为质证过的证据。

（二）当事人自认

诚信原则是自认规则存在的基础。当事人最了解案件的真实情况，但其与案件处理结果有直接利害关系,因此其多数情况下只提交于己有利的证据,否认对方提交的不利于己的证据。一般而言,当事人自认于己不利的事实最接近客观真实,一旦自认就要受到自认的约束。当事人的自认效力不仅约束各方当事人,也约束仲裁机构、人民法院。但自认对仲裁机构、人民法院的约束具有相对性,当涉及以下情形时,不适用自认:一是涉及国家利益和社会公共利益的事实不适用自认,这是保护国家利益和社会公共利益所必需的例外;二是身份关系涉及社会基本伦理价值,本身具有社会公共利益的属性,因此不纳入自认范畴;三是涉及恶意诉讼的亦不能适用自认规则;四是程序事项性也不属于自认范畴;五是当自认事实与事实不符时,以仲裁机构、人民法院查明的事实为准。

(三) 自认的撤销

自认一旦成立生效后,非特定情形不允许撤销,否则会给对方当事人造成程序上的突袭,有悖公平原则、诚信原则。例外情况为:一是基于处分原则,当对方当事人同意时可以撤销自认;二是当事人自认非其真实意思表示时可以撤销。当事人的自认是对于己不利事实的承认,此意思表示必须是基于真实意思表示作出的。如果当事人在受胁迫或者存在重大误解情况下作出自认,因自认的前提已不复存在,应当允许当事人予以撤销。当事人撤销自认仅需证明自认违背其真实意思表示即可,不需要同时证明自认的事实错误。

《民事诉讼法解释》第一百零八条第一款规定:"对负有举证证明责任的当事人提供的证据,人民法院经审查并结合相关事实,确信待证事实的存在具有高度可能性的,应当认定该事实存在。"第一百零九条规定:"当事人对于欺诈、胁迫、恶意串通事实的证明,以及对口头遗嘱或者赠与事实的证明,人民法院确信该待证事实存在的可能性能够排除合理怀疑的,应当认定该事实存在。"根据以上规定,一般民事案件事实的证明标准采高度盖然性标准,仅对欺诈、胁迫、恶意串通以及口头遗嘱或者赠与的事实采取更高的证明标准,即排除合理怀疑的标准。撤销自认的事实属于一般民事案件的待证事实,不属于《民事诉讼法解释》第一百零九条规定的情形,其证明标准是高度盖然性标准,并非其他更高的证明标准。当事人若要证明自认是在受胁迫或者重大误解情况下作出的,应当举证证明该事实的存在具有高度盖然性。

若当事人想推翻其自认但是又无法举证证明自认是在受胁迫或者重大误解情况下作出的,当事人可以提供相应证据证明其自认与事实不符。当事人能够举证证明自认与事实不符,或者人民法院依职权查明的事实与自认不符的,人民法院应以查明的事实作为裁判的基础。

五、关于终局裁决的标准

根据劳动争议调解仲裁法第四十七条①规定,适用终局裁决限于两类争议案件:一是追索劳动报酬、工伤医疗费、经济补偿或者赔偿金,不超过当地月最低工资标准十二个月金额的争议,即给付货币的小额争议;二是因执行国家的劳动标准在工作时间、休息休假、社会保险等方面而发生的争议,即关于劳动标准方面的争议,其虽无金额限制但因标准法定而易于裁决。

(一) 未休年休假工资报酬属于劳动报酬

《职工带薪年休假条例》第一条规定:"为了维护职工休息休假权利,调动职工工作积极性,根据劳动法和公务员法,制定本条例。"从该规定看,职工享受年休假是为了维护职工休息休假权利,年休假是经法律确认的劳动者的基本劳动权利。就年休假属性而言,其属于劳动者的权利而非福利。

年休假工资报酬支付标准与法定休假日加班工资支付标准一致。《职

---

① 劳动争议调解仲裁法第四十七条规定:"下列劳动争议,除本法另有规定的外,仲裁裁决为终局裁决,裁决书自作出之日起发生法律效力:(一)追索劳动报酬、工伤医疗费、经济补偿或者赔偿金,不超过当地月最低工资标准十二个月金额的争议;(二)因执行国家的劳动标准在工作时间、休息休假、社会保险等方面发生的争议。"

工带薪年休假条例》第五条第三款规定:"单位确因工作需要不能安排职工休年休假的,经职工本人同意,可以不安排职工休年休假。对职工应休未休的年休假天数,单位应当按照该职工日工资收入的300%支付年休假工资报酬。"劳动法第四十四条第三项规定"法定休假日安排劳动者工作的,支付不低于工资的百分之三百的工资报酬"。从两规定文义看,"按照该职工日工资收入的300%支付年休假工资报酬"与法定休假日加班工资支付标准一致。此外,劳动法第四十四条规定的加班工资表述为"工资报酬",此与《职工带薪年休假条例》第五条第三项规定的"年休假工资报酬"表述一致。

未支付年休假工资报酬与未支付加班工资的法定责任相同。《职工带薪年休假条例》第七条[①]、劳动合同法第八十五条[②]均规定未依法支付劳动报酬等要向劳动者加付赔偿金。

从以上规定可以看出,年休假属于劳动者的权利,劳动者未享受年休假而向用人单位提供劳动的行为性质与加班并无本质区别。未休年休假工资报酬与加班工资都是基于劳动者在应休而未休的期间提供了劳动,用人单位支付的相应报酬。因此,认定未休年休假工资属于劳动报酬符合立法目的及倾斜保护劳动者原则,有利于保护劳动者的合法权益。

---

① 《职工带薪年休假条例》第七条规定:"单位不安排职工休年休假又不依照本条例规定给予年休假工资报酬的,由县级以上地方人民政府人事部门或者劳动保障部门依据职权责令限期改正;对逾期不改正的,除责令该单位支付年休假工资报酬外,单位还应当按照年休假工资报酬的数额向职工加付赔偿金;对拒不支付年休假工资报酬、赔偿金的,属于公务员和参照公务员法管理的人员所在单位,对直接负责的主管人员以及其他直接责任人员依法给予处分;属于其他单位的,由劳动保障部门、人事部门或者职工申请人民法院强制执行。"

② 劳动合同法第八十五条规定:"用人单位有下列情形之一的,由劳动行政部门责令限期支付劳动报酬、加班费或者经济补偿;劳动报酬低于当地最低工资标准的,应当支付其差额部分;逾期不支付的,责令用人单位按应付金额百分之五十以上百分之一百以下的标准向劳动者加付赔偿金:(一)未按照劳动合同的约定或者国家规定及时足额支付劳动者劳动报酬的;(二)低于当地最低工资标准支付劳动者工资的;(三)安排加班不支付加班费的;(四)解除或者终止劳动合同,未依照本法规定向劳动者支付经济补偿的。"

(二) 年终奖金发放

审判实践中,当劳动合同约定或者用人单位规章制度规定了年终奖金,但未约定或者规定发放条件、发放标准时,劳动者与用人单位常因应否发放年终奖金、年终奖金数额的确定等发生争议。

关于年终奖金发放前离职的劳动者能否主张用人单位支付年终奖金问题。人民法院应当结合劳动者的离职原因、离职时间、工作表现以及对用人单位的贡献程度等因素进行综合考量。用人单位的规章制度规定年终奖金发放前离职的劳动者不能享有年终奖金,在劳动合同的解除非因劳动者单方过失或者主动辞职所致,且劳动者已经完成年度工作任务,用人单位不能证明劳动者的工作业绩及表现不符合年终奖金发放标准的情况下,离职的劳动者主张用人单位支付年终奖金的,人民法院应予支持。

关于年终奖金数额的确认问题。有的法院认为,可以比照以往的发放标准支付年终奖金;还有的法院认为,比照同部门、同职级其他劳动者数额支付年终奖金。笔者认为,在劳动合同约定或者规章制度规定年终奖金的情况下,奖金数额应当依据劳动合同约定、规章制度规定的算法确定。依据劳动合同约定或者规章制度无法直接确定奖金数额的,人民法院可结合用人单位奖金发放先例、劳动者的奖金申请及其他可予参考因素,依据公平原则综合认定。值得注意的是,劳动法第四条规定:"用人单位应当依法建立和完善规章制度,保障劳动者享有劳动权利和履行劳动义务。"用人单位作为规章制度的制定者,其在出台相应奖励政策时,有义务制定详细的配套制度明确奖励政策具体应当如何执行。用人单位未明确相应的具体执行制度,双方因此产生争议的,因制度模糊所带来的不利应当由用人单位承担,而不应归于劳动者。

(三) 终局裁决以劳动关系明确为要件

终局裁决一般适用于案情比较简单,标准比较明确的劳动争议案件。

终局裁决制度有利于提高劳动争议案件的处理效率,及时维护当事人的合法权益,有效节约司法资源。从有效发挥终局裁决效力角度而言,适用终局裁决应当以劳动关系明确作为前提条件。劳动关系认定存在疑难的案件,不能适用终局裁决。

(四) 终局裁决中小额争议的适用范围

终局裁决中追索劳动报酬、工伤医疗费、经济补偿或者赔偿金的具体情形包括:(1)劳动者在法定标准工作时间内提供正常劳动的工资;(2)停工留薪期工资或者病假工资;(3)用人单位未提前通知劳动者解除劳动合同的一个月工资;(4)工伤医疗费;(5)竞业限制的经济补偿;(6)解除或者终止劳动合同的经济补偿;(7)劳动合同法第八十二条规定的第二倍工资;(8)违法约定试用期的赔偿金;(9)违法解除或者终止劳动合同的赔偿金;(10)其他劳动报酬、经济补偿或者赔偿金。

"未提前通知劳动者解除劳动合同的一个月工资"与劳动合同法第四十条①密切相关。"未提前通知劳动者解除劳动合同的一个月工资"又称代通知金。一旦产生代通知金,则意味着用人单位与劳动者解除劳动关系,代通知金与经济补偿或者赔偿金产生的前提条件相同。因此,如果劳动者要求用人单位支付代通知金,且数额不超过当地月最低工资十二个月金额的,可以按照终局裁决事项对待。"其他赔偿金"包括劳动者依据劳动合同法第八十五条规定要求用人单位支付加付赔偿金的情形。②

---

① 劳动合同法第四十条规定:"有下列情形之一的,用人单位提前三十日以书面形式通知劳动者本人或者额外支付劳动者一个月工资后,可以解除劳动合同:(一)劳动者患病或者非因工负伤,在规定的医疗期满后不能从事原工作,也不能从事由用人单位另行安排的工作的;(二)劳动者不能胜任工作,经过培训或者调整工作岗位,仍不能胜任工作的;(三)劳动合同订立时所依据的客观情况发生重大变化,致使劳动合同无法履行,经用人单位与劳动者协商,未能就变更劳动合同内容达成协议的。"

② 《劳动争议解释(一)》第一条规定:"劳动者与用人单位之间发生的下列纠纷,属于劳动争议,当事人不服劳动争议仲裁机构作出的裁决,依法提起诉讼的,人民法院应予受理:……(八)劳动者依据劳动合同法第八十五条规定,要求用人单位支付加付赔偿金发生的纠纷……"

（五）就终局裁决提起诉讼与申请撤销裁决冲突的协调

根据劳动争议调解仲裁法第四十八条①、第四十九条②的规定，劳动者不服终局裁决可以向基层人民法院提起诉讼，用人单位可以向中级人民法院申请撤销裁决。用人单位行使撤销权的前提是终局裁决法律效力仍在持续。劳动者向人民法院提起诉讼意味着终局裁决的法律效力处于待定状态，一旦人民法院针对劳动者的诉讼请求作出实体判决，则终局裁决失去法律效力。在此情况下，撤销裁决程序没有必要继续进行，诉讼程序吞并裁决撤销程序具有正当性。只有当人民法院不予受理、驳回劳动者的起诉、准予其撤诉时，终局裁决的法律效力得以恢复，用人单位才再次具备了申请撤销裁决的前提条件。

关于诉讼程序吞并裁决撤销程序时当事人的诉讼地位问题。一种观点认为，基层人民法院审理案件时应列劳动者为原告、用人单位为被告，可在判决中写明用人单位申请撤销仲裁裁决的情况；另一种观点认为，基层人民法院应按互为原、被告案件审理。笔者认为，此类案件中原告只能是劳动者，用人单位不具有原告的身份，但不能因此剥夺用人单位不服终局裁决的程序性救济权利。虽然用人单位在诉讼地位上属于被告，但不能因此视为用人单位同意终局裁决而作出不利于用人单位的裁判。

关于用人单位诉讼权利的保障问题。一种观点认为，劳动者向基层人民法院提起诉讼则终局裁决即失去效力，基层人民法院可将终局裁决视为非终局裁决，直接受理用人单位的起诉。另一种观点认为，劳动者一旦起诉，终局裁决即被视为非终局裁决与终局裁决的立法目的不符，

---

① 劳动争议调解仲裁法第四十八条规定："劳动者对本法第四十七条规定的仲裁裁决不服的，可以自收到仲裁裁决书之日起十五日内向人民法院提起诉讼。"

② 劳动争议调解仲裁法第四十九条规定："用人单位有证据证明本法第四十七条规定的仲裁裁决有下列情形之一，可以自收到仲裁裁决书之日起三十日内向劳动争议仲裁委员会所在地的中级人民法院申请撤销裁决：（一）适用法律、法规确有错误的；（二）劳动争议仲裁委员会无管辖权的；（三）违反法定程序的；（四）裁决所根据的证据是伪造的；（五）对方当事人隐瞒了足以影响公正裁决的证据的；（六）仲裁员在仲裁该案时有索贿受贿、徇私舞弊、枉法裁决行为的；……"

但基层人民法院应当一并审理用人单位基于劳动争议调解仲裁法第四十九条规定提出的抗辩事由。笔者采第二种观点。劳动争议调解仲裁法第四十九条就用人单位申请撤销终局裁决的案件设置了必要条件，旨在实现劳动争议一裁终局，节约司法资源，防止用人单位滥用撤裁权。司法实践中，基层人民法院在审理劳动者针对终局裁决提起诉讼的案件时，可以一并审理用人单位的抗辩，但审理范围原则上限于劳动争议调解仲裁法第四十九条规定的事由，即用人单位申请撤销终局裁决的事由。

六、关于仲裁裁决效力的裁审衔接

劳动争议仲裁裁决作出后，一方或者双方当事人不服，向人民法院提起诉讼后，仲裁裁决不发生法律效力。人民法院不能在劳动争议裁判文书中，对当事人未提起诉讼的部分裁决事项作出维持仲裁裁决的内容。为了实现仲裁裁决与人民法院裁判文书的无缝衔接，审判实践中需要注意以下问题。

（一）当事人就部分裁决事项提起诉讼的，人民法院应当在判决主文中对未起诉事项予以确认

为了使当事人就所有的仲裁事项均取得向人民法院申请执行的依据，人民法院裁判文书的主文应对仲裁裁决的全部内容作出处理。如果裁判主文仅对当事人提起诉讼的事项予以处理，则当事人未提起诉讼的部分裁决事项将失去向人民法院申请执行的依据。对于当事人无争议的裁决结果可在判决主文中予以列明，但不属于人民法院民事案件受案范围的除外。

（二）劳动人事争议仲裁委员会按照简易处理规定仲裁案件的审理

对符合简易处理情形的案件，劳动人事争议仲裁委员会按照《劳动

人事争议仲裁办案规则》第六十条①简易处理相关规定,在已经保障当事人法定权利的前提下作出终局裁决,用人单位以违反法定程序为由申请撤销终局裁决的,人民法院不予支持。在判断劳动人事争议仲裁委员会的适用简易处理决定是否存在因程序违法而应予撤销的情形时,需要注意以下方面:第一,是否剥夺当事人程序参与权。当事人本人或者其代理人参加仲裁活动、陈述和答辩是其最基本的程序权利。人民法院剥夺当事人程序参与权的,应当再审。对于劳动人事争议仲裁委员会而言,剥夺当事人程序参与权会导致程序违法,其作出的裁决应被人民法院撤销。第二,是否剥夺当事人辩论权利。人民法院除依法缺席审理、径行裁判外,开庭过程中审判人员不允许当事人行使辩论权利,或者以不送达起诉状副本、上诉状副本等其他方式,致使当事人无法行使辩论权利的,应当认定为剥夺当事人辩论权利。《劳动人事争议仲裁办案规则》第四十一条第三款②同样规定当事人有辩论的权利。如因劳动人事争议仲裁委员会的原因导致当事人无法行使辩论权利,则构成程序违法。第三,是否未经开庭通知传唤缺席裁决。无论审理普通程序案件还是简易处理的案件,《劳动人事争议仲裁办案规则》第三十九条③、第五十九条④规定,只有收到开庭通知后,当事人无正当理由拒不到庭或者未经许可中途退庭的,才可以作出缺席裁决。因此,劳动人事争议仲裁委员会在采取简便方式通知开庭时,需要确认当事人有无收到通知,没有收到通知

---

① 《劳动人事争议仲裁办案规则》第六十条规定:"简易处理的案件,仲裁庭可以根据案件情况确定举证期限、开庭日期、审理程序、文书制作等事项,但应当保障当事人陈述意见的权利。"
② 《劳动人事争议仲裁办案规则》第四十一条第三款规定:"开庭审理中,仲裁员应当听取申请人的陈述和被申请人的答辩,主持庭审调查、质证和辩论、征询当事人最后意见,并进行调解。"
③ 《劳动人事争议仲裁办案规则》第三十九条规定:"申请人收到书面开庭通知,无正当理由拒不到庭或者未经仲裁庭同意中途退庭的,可以按撤回仲裁申请处理;申请人重新申请仲裁的,仲裁委员会不予受理。被申请人收到书面开庭通知,无正当理由拒不到庭或者未经仲裁庭同意中途退庭的,仲裁庭可以继续开庭审理,并缺席裁决。"
④ 《劳动人事争议仲裁办案规则》第五十九条规定:"简易处理的案件,仲裁庭可以用电话、短信、传真、电子邮件等简便方式送达仲裁文书,但送达调解书、裁决书除外。以简便方式送达的开庭通知,未经当事人确认或者没有其他证据证明当事人已经收到的,仲裁庭不得按撤回仲裁申请处理或者缺席裁决。"

缺席裁决的，属于程序违法。

(三) 劳动人事争议仲裁委员会重新作出裁决的处理

《劳动争议解释（一）》第八条规定："劳动争议仲裁机构为纠正原仲裁裁决错误重新作出裁决，当事人不服依法提起诉讼的，人民法院应当受理。"劳动人事争议仲裁委员会对于未向人民法院起诉、已发生法律效力确有错误的裁决，可依法启动仲裁监督程序，重新作出裁决。但当事人依法提起诉讼或者申请撤销终局裁决，且人民法院已受理的情形除外。劳动人事争议仲裁委员会重新作出裁决后，此类裁决对于当事人权益有重要影响，当事人不服的，可以重新向人民法院提起诉讼，人民法院应当依法受理。

七、关于劳动者欺诈的认定

劳动合同法第八条规定："用人单位招用劳动者时，应当如实告知劳动者工作内容、工作条件、工作地点、职业危害、安全生产状况、劳动报酬，以及劳动者要求了解的其他情况；用人单位有权了解劳动者与劳动合同直接相关的基本情况，劳动者应当如实说明。"第二十六条第一款第一项规定，以欺诈、胁迫的手段或者乘人之危，使对方在违背真实意思的情况下订立或者变更劳动合同的，劳动合同无效或者部分无效。劳动者违反诚信原则、提供与订立劳动合同相关的虚假个人情况构成欺诈，用人单位解除劳动合同的，人民法院不予支持劳动者提出的经济补偿或者赔偿金主张。

需要注意的是，劳动者对于用人单位在录用阶段必要且合理范围内的询问，负有真实告知义务。一方面，劳动者违反真实告知义务，会破坏其与用人单位之间的信赖关系，构成欺诈的，双方签订的劳动合同无效或者部分无效；另一方面，劳动者对于用人单位与劳动关系无关的询问，即使未履行真实告知义务，也不应认为构成欺诈。换言之，因为用人单位不当询问导致劳动者不能如实回答的，用人单位不能以此为由主张劳动合同无效。

八、关于未签订书面劳动合同的第二倍工资

劳动合同书面化有利于行政部门监管、保险费用的征缴、权利义务的固定、劳动者权益的保护。我国在劳动法领域首创了用人单位未在法律规定的期限内与劳动者订立书面劳动合同，应当向劳动者每月支付二倍工资的规则。二倍工资规则通过让用人单位承担惩罚性赔偿的方式，倒逼用人单位履行签订书面劳动合同的义务，对于提升劳动合同的签订率、规范用工等起到了积极的推动作用。

关于视同订立无固定期限合同期间是否支付第二倍工资问题。劳动合同法第十四条第二款①规定了订立无固定期限劳动合同的情形。第八十二条第二款②针对劳动合同法第十四条第二款规定的三种情形，规定了用人单位不订立合同要承担支付二倍工资的责任。《劳动合同法实施条例》第六条规定："用人单位自用工之日起超过一个月不满一年未与劳动者订立书面劳动合同的，应当依照劳动合同法第八十二条的规定向劳动者每月支付两倍的工资，并与劳动者补订书面劳动合同；劳动者不与用人单位订立书面劳动合同的，用人单位应当书面通知劳动者终止劳动关系，并依照劳动合同法第四十七条的规定支付经济补偿。前款规定的用人单位向劳动者每月支付两倍工资的起算时间为用工之日起满一个月的次日，截止时间为补订书面劳动合同的前一日。"第七条规定："用人单位自用工之日起满一年未与劳动者订立书面劳动合同的，自用工之日起满一个月的次日至满一年的前一日应当依照劳动合同法第八十二条的规定向劳

---

① 劳动合同法第十四条第二款规定："用人单位与劳动者协商一致，可以订立无固定期限劳动合同。有下列情形之一，劳动者提出或者同意续订、订立劳动合同的，除劳动者提出订立固定期限劳动合同外，应当订立无固定期限劳动合同：（一）劳动者在该用人单位连续工作满十年的；（二）用人单位初次实行劳动合同制度或者国有企业改制重新订立劳动合同时，劳动者在该用人单位连续工作满十年且距法定退休年龄不足十年的；（三）连续订立二次固定期限劳动合同，且劳动者没有本法第三十九条和第四十条第一项、第二项规定的情形，续订劳动合同的。"

② 劳动合同法第八十二条第二款规定："用人单位违反本法规定不与劳动者订立无固定期限劳动合同的，自应当订立无固定期限劳动合同之日起向劳动者每月支付二倍的工资。"

动者每月支付两倍的工资,并视为自用工之日起满一年的当日已经与劳动者订立无固定期限劳动合同,应当立即与劳动者补订书面劳动合同。"《劳动合同法实施条例》第七条规定一年期满后视为用人单位与劳动者双方已经订立了无固定期限劳动合同。如果此种情形下,用人单位再承担一年期满后未订立书面劳动合同的二倍工资,则属于重复惩罚。《劳动合同法实施条例》第七条与劳动合同法第八十二条第二款规定的情形并不相同,不能同时适用。故在用人单位自用工之日起满一年未与劳动者订立书面劳动合同,视为自用工之日满一年的当日已经与劳动者订立无固定期限劳动合同的情形下,劳动者以用人单位未订立书面劳动合同为由要求用人单位支付用工之日满一年之后的第二倍工资的,人民法院不予支持。

九、关于竞业限制

随着国内市场竞争的加剧,为了限制恶性竞争,劳动合同法规定了竞业限制制度。[①] 竞业限制制度涉及两种权利的平衡,即劳动者的工作权和用人单位的营业权,两者均为基本权利。前者涉及劳动者维持生存的能力,后者涉及用人单位营利的核心利益,在比较两种权利时,竞业限制固然对劳动者的职业选择自由造成限制,但是限定于一定期限、范围且附加补偿,衡量之下可认为用人单位的营业权更值得保护。

(一)劳动者职业活动范围的限制

实务中,竞业限制条款中有关职业范围的约定方式多为"相同或类

[①] 劳动合同法第二十三条规定:"用人单位与劳动者可以在劳动合同中约定保守用人单位的商业秘密和与知识产权相关的保密事项。对负有保密义务的劳动者,用人单位可以在劳动合同或者保密协议中与劳动者约定竞业限制条款,并约定在解除或者终止劳动合同后,在竞业限制期限内按月给予劳动者经济补偿。劳动者违反竞业限制约定的,应当按照约定向用人单位支付违约金。"第二十四条规定:"竞业限制的人员限于用人单位的高级管理人员、高级技术人员和其他负有保密义务的人员。竞业限制的范围、地域、期限由用人单位与劳动者约定,竞业限制的约定不得违反法律、法规的规定。在解除或者终止劳动合同后,前款规定的人员到与本单位生产或者经营同类产品、从事同类业务的有竞争关系的其他用人单位,或者自己开业生产或者经营同类产品、从事同类业务的竞业限制期限,不得超过二年。"

似的业务""直接、间接有竞争关系的业务""相同营业范围的公司"等。在实践中判断竞业限制条款效力时需对职业活动范围限制是否合理、适当作出认定。人民法院在认定同类业务时，除审查用人单位登记经营范围外，还应对其实际经营范围予以足够关注，特别是对于登记经营范围不同但实际经营范围相同或者相似的情况要加以识别，综合适用多重标准准确地判断同类业务。换言之，人民法院应当从仅依据登记经营范围认定转向结合登记经营范围、实际经营范围、依据协议特别约定等共同认定，即将单一登记主义的形式审查调整为实质竞争主义的实质审查，合理分配举证责任，衡平用人单位和劳动者之间的利益，既要保护用人单位的商业秘密、保证用人单位间公平竞争，又要保障劳动者的劳动权和自主择业权。

（二）用人单位滥用解雇权时竞业限制条款的履行

当用人单位滥用解雇权时，劳动者是否还要履行竞争限制义务。对此，英国判例长期以来明确雇主滥用职权解除劳动合同时，不再要求雇员履行已订立的非竞争条款。法国判例最初与英国一致，但20世纪70年代后发生了转变，认为在劳动合同或者集体合同没有明确约定的情况下，即使是不正当解雇，雇员也要履行非竞争条款。该问题的关键在于，是选择保护个别劳动者的劳动权，还是选择保护用人单位的整体利益，从而可能保护更多人的劳动权。如果选择前者，则不要求劳动者履行竞业限制义务；如果选择后者，就要求劳动者继续履行竞业限制义务。因为不履行竞业限制条款就意味着劳动者的新用人单位可能利用劳动者掌握的原用人单位的商业秘密进行经营，从而使原用人单位在市场竞争中失去竞争优势，可能造成原用人单位破产，使更多的劳动者失去工作岗位。笔者认为，选择后者（即用人单位非法解雇劳动者，劳动者也应履行竞业限制业务）更为合理。因为，一方面，劳动者遭受的不当解雇损失可以通过用人单位承担违法解除劳动合同责任的方式得到合理的弥补；另一方面，不能因为用人单位的不当解雇行为动摇维护公平竞争法则的重要举措——竞业限制制度。

(三) 脱密期约定与竞业限制条款

为了使劳动者在离职后不泄露原用人单位的商业秘密，原用人单位除了订立竞业限制条款限制劳动者择业外，还可以采用劳动者在离职前一段时间内提前脱密的方式。《劳动部关于企业职工流动若干问题的通知》第二条①、《北京市劳动合同规定》第十八条②均规定了由当事人约定特定的劳动者解除劳动合同的提前通知期不超过六个月，用人单位可在此期间采取相应的脱密措施，如调整劳动者的岗位、对某些技术增加保密措施等。《上海市劳动合同条例》第十六条第二款③规定竞业限制条款不得同时约定解除劳动合同的提前通知期。笔者认为，用人单位应当与劳动者协商一致设立脱密期，因为脱密期一般涉及劳动者工作岗位的调整，而调整劳动者的工作岗位属于合同期内工作岗位的变更，必须取得劳动者的同意。在约定脱密期的情况下，用人单位与劳动者不应再约定竞业限制条款，即使约定了竞业限制条款，该条款亦因严重限制劳动者的劳动权和自主择业权而无效。

(四) 竞业限制条款的适用期间

我国关于在职期间竞业限制的规定可见于公司法、合伙企业法、个人独资企业法等法律之中，多以商法、公司法规定的董事、经理等高级

---

① 《劳动部关于企业职工流动若干问题的通知》第二条规定："用人单位与掌握商业秘密的职工在劳动合同中约定保守商业秘密有关事项时，可以约定在劳动合同终止前或该职工提出解除劳动合同后的一定时间内（不超过六个月），调整其工作岗位，变更劳动合同中相关内容；用人单位也可规定掌握商业秘密的职工在终止或解除劳动合同后的一定期限内（不超过三年），不得到生产同类产品或经营同类业务且有竞争关系的其他用人单位任职，也不得自己生产与原单位有竞争关系的同类产品或经营同类业务，但用人单位应当给予该职工一定数额的经济补偿。"

② 《北京市劳动合同规定》第十八条规定："用人单位在按照岗位要求需要保守用人单位商业秘密的劳动者订立劳动合同时，可以协商约定解除劳动合同的提前通知期。提前通知期最长不得超过6个月，在此期间，用人单位可以采取相应的脱密措施。"

③ 《上海市劳动合同条例》第十六条第二款规定："劳动合同双方当事人约定竞业限制的，不得再约定解除劳动合同的提前通知期。"

管理人员最为典型。劳动法及劳动合同法并无在职期间竞业限制的规定。劳动者在职期间的竞业限制义务被认为是基于诚信原则而产生的忠实义务的组成部分，一般情况下不会影响其就业和生存权。用人单位与劳动者约定合理的竞业限制条款，可以明确双方的权利义务，主观上强化劳动者在职期间维护用人单位合法利益的意识，客观上减少劳动者损害用人单位利益的概率，增强劳动合同双方的互信。用人单位可以更有信心增加人力资本的投入，劳动者的劳动技能得以不断提高，用人单位的市场竞争力不断提升，有利于形成良好的市场竞争秩序。因此，用人单位与劳动者约定在职期间适用竞业限制条款并不违法。

(五) 劳动者解除权的行使

竞业限制协议属于双务合同，用人单位负有按月支付经济补偿的义务；劳动者负有竞业限制的义务。因用人单位原因不向劳动者支付经济补偿构成根本违约的，按照合同法原理，劳动者享有法定解除权。民法典第五百六十三条[①]第一款第三项将当事人一方迟延履行主要债务，经催告后在合理期限内仍未履行作为法定解除事由；第四项将迟延履行债务致使不能实现合同目的亦作为法定解除事由。据此，在用人单位不支付经济补偿的情况下，劳动者行使解除权的方式有两种：一是在用人单位未支付经济补偿的情况下予以催告，在宽限期届满时，用人单位仍未支付经济补偿的，劳动者有权行使解除权；二是用人单位迟延给付经济补偿满三个月时即可认定用人单位的行为已致使劳动者不能实现签订竞业限制条款的目的。劳动者可以按照民法典第五百六十三条第一款第四项规定，无须向用人单位进行催告即可解除竞业限制条款。结合民法典第

[①] 民法典第五百六十三条规定："有下列情形之一的，当事人可以解除合同：（一）因不可抗力致使不能实现合同目的；（二）在履行期限届满前，当事人一方明确表示或者以自己的行为表明不履行主要债务；（三）当事人一方迟延履行主要债务，经催告后在合理期限内仍未履行；（四）当事人一方迟延履行债务或者有其他违约行为致使不能实现合同目的；（五）法律规定的其他情形。以持续履行的债务为内容的不定期合同，当事人可以随时解除合同，但是应当在合理期限之前通知对方。"

五百六十五条①规定可知，竞业限制条款自劳动者的解除通知到达用人单位时解除。用人单位有异议的，可以请求劳动人事争议仲裁委员会确认解除条款的效力。当事人不服裁决的，可以依法向人民法院提起诉讼。根据民法典第五百六十五条第二款规定，劳动者直接以申请仲裁的方式主张解除竞业限制条款，经生效裁决确认该主张的，条款自仲裁申请书副本送达用人单位时解除。

---

① 民法典第五百六十五条规定："当事人一方依法主张解除合同的，应当通知对方。合同自通知到达对方时解除；通知载明债务人在一定期限内不履行债务则合同自动解除，债务人在该期限内未履行债务的，合同自通知载明的期限届满时解除。对方对解除合同有异议的，任何一方当事人均可以请求人民法院或者仲裁机构确认解除行为的效力。当事人一方未通知对方，直接以提起诉讼或申请仲裁的方式依法主张解除合同，人民法院或者仲裁机构确认该主张的，合同自起诉状副本或者仲裁申请书副本送达对方时解除。"

劳动合同解除制度中违反规章制度"严重"程度之司法判定

王 岑*

劳动合同法规定了企业在单方解除劳动合同时常常要支付经济补偿金以及履行相应的法定程序,除此之外还需要符合某些条件,比如,用人单位在进行经济性裁员时应符合法律规定的实体要件、履行严格的法定程序,还需向劳动者支付经济补偿金。相对烦冗的程序和高额经济补偿金会大大提高用人单位用工成本,而"劳动者严重违反规章制度"是用人单位单方解除劳动合同的法定情形,且不需要支付经济补偿金,是大部分用人单位成本最低的解雇理由,故而也是最常用的,有的用人单位甚至以此理由变相"裁员",严重损害了劳动者的合法权益,因此有必要严格审查用人单位解除劳动合同的合法性,避免用人单位利用其优势地位滥用权力损害劳动者的合法权益。

1995年施行、2018年第二次修正的劳动法第二十五条[①]和2008年施行、2012年修正的劳动合同法第三十九条[②]均规定,劳动者需达到"严重"违反规章制度的程度,用人单位才可以解除劳动合同。换而言之,"轻微"违反或者"一般"违反的,用人单位不得单方面解除,否则即

---

* 作者单位:江苏省苏州市相城区人民检察院。
① 劳动法第二十五条规定:"劳动者有下列情形之一的,用人单位可以解除劳动合同:……(二)严重违反劳动纪律或者用人单位规章制度的……"
② 劳动合同法第三十九条规定:"劳动者有下列情形之一的,用人单位可以解除劳动合同:……(二)严重违反用人单位的规章制度的……"

为违法。对劳动者严重违反用人单位规章制度，用人单位单方面解除与劳动者之间劳动合同行为的正当性评价、对违反劳动合同之"严重"程度的认定一直是常见的、争议较大的司法难点。

一、用人单位规章制度效力探讨

通常认为，用人单位规章制度是企业依法律法规制定的、适用于单位内部全体劳动者的关于单位内部劳动的组织和运转以及劳动者的各项劳动条件、劳动待遇的一系列规定的总称。[①] 用人单位规章制度是企业进行用人管理的重要依据，与劳动条件基准、集体合同、劳动合同一起组成劳动关系当事人权利义务的工具体系。制定企业规章制度是企业的一项权力，是企业自主行使用人管理权的重要体现，但这项权力不能滥用，也就是说并非企业制定的所有企业规章制度都能成为调整企业和员工权利义务的合法依据。[②] 在劳动者严重违规的案件中，规章制度是用人单位解除劳动合同的重要依据，因此法院在审理该类案件时，必然会涉及审查规章制度的效力等相关问题。法院审查用人单位规章制度效力的要件应当包括规章制度内容的合法性、合理性、规章制度的民主制定程序和公示告知程序，上述因素都是判定规章制度效力的考量重点，缺一不可。用人单位规章制度的合法有效需要满足以下几个要件。

（一）内容合法

内容合法要求用人单位规章制度不得违反法律、法规及政策的规定，且不得超越劳动组织与管理的范畴。因为规章制度可谓劳动法在某一特定作用场域的细化、补充适用，自不能违反劳动法的原则与规定，但又不宜泛化约束非劳动关系关涉的其他领域。审判实践中，曾有企业以规章制度订有"员工不得撒谎"情形作为解除劳动关系的依据，并主张司

[①] 参见关怀、林嘉：《劳动法》，中国人民大学出版社2016年版，第115页。
[②] 参见张家宇：《劳动规章制度的司法审查——以〈劳动合同法〉第三十九条第二项为中心》，载《河北法学》2019年第9期。

法若不支持，则是妨害用人单位诚信文化建设。上述做法已超出规章制度调整劳动关系的职责范围，实则不当拓展了劳动法的合法解雇条件。有时是否违反法律法规强制性规定容易判断，比如，关于试用期，劳动合同法第十九条、第二十条对试用期的长短、试用期间的工资有明确限制，超出试用时间或者低于规定的工资则无效。但很多时候规章制度是否违反法律法规强制性规定并不容易作出判断。比如，有些企业实行的末位淘汰制，根据劳动合同法第四十条的规定，劳动者不能胜任工作，经过培训或者调整工作岗位，仍不能胜任工作的，用人单位可以解除劳动合同。但是排名末位的员工并不意味着"不能胜任工作"，因此，有意见认为，用人单位的这一规定突破了劳动合同法关于用人单位可以解除劳动合同的相关规定，用人单位不能据此与劳动者解除劳动关系。实践中也有相应案例支持了这种观点。① 所以，用人单位制定规章制度时如果不能深刻理解和把握法律法规的内涵，就会导致制度无效的风险。

（二）内容合理

实践中不同法院审查规章制度的效力时会采用不同的要件进行判定，其根源在于学界对规章制度的性质存在不同的学说。对规章制度的法律定性看似是一个学理上的问题，但是不同的性质可能会导致规章制度的内容、发生效力的原因有所差异，因此，确定规章制度的性质对判定规章制度的效力极为重要。虽然现行的相关法律中没有将合理性审查要件规定为规章制度生效的条件之一，但笔者认为合理性审查应当纳入规章制度效力审查的范围，内容不合理的规章制度不能作为用人单位解除劳动合同的根据。以张某某诉某科技公司劳动合同纠纷一案为例，该公司以张某某乘坐非法营运车辆上班，违反了公司规章制度为由单方解除了劳动合同，张某某不服提起诉讼。法院审理后认为，企业的规章制度既要符合法律、法规的规定，也要合理。被告公司有权通过制定规章制度

---

① 参见最高人民法院指导案例18号：中兴通讯（杭州）有限公司诉王某劳动合同纠纷案。

进行正常生产经营活动的管理，但劳动者在劳动过程以及劳动管理范畴以外的行为，用人单位适宜作出倡导性规定，对遵守规定的员工可给予奖励，但不宜作出禁止性规定，更不能对违反此规定的员工进行惩罚，因此，支持了张某某要求用人单位支付违法解除劳动合同赔偿金的诉讼请求。二审法院维持了该判决。

（三）程序合法

法律对用人单位制定规章制度程序的严格规定，赋予了劳动者在用人单位制定规章制度时的话语权，有利于保障劳动者的自身权益。即使是用人单位规章制度的内容合法，但只要其制定程序不合法，劳动者就可以以此作为解除劳动合同违法的抗辩理由。对于一些不常见的规章制度，特别是从常识出发很难直接判断其合理性的规章制度，履行民主程序显得非常重要，不履行民主程序往往会极大削弱规章制度的有效性，民主程序可以防止用人单位专断而致双方利益失衡，从而保证规则正当与法的可预测。以原告赖某等人与被告某网络科技公司劳动合同纠纷案为例，赖某等人入职某网络科技公司从事保险电话销售工作，劳动合同中约定劳动者的劳动报酬包括基本工资和奖金，其中奖金部分按照劳动者入职时该公司规章制度中的《电销人员基本管理办法（V1.0）》执行。劳动者均知晓并认可了该管理办法，此后奖金也是按照该管理办法计发。2021年2月，某网络科技公司突然发布通告，称赖某等人2020年第四季度运营部业绩未达成考核期内标准，依据《电销人员基本管理办法（V2.0）》规定：电销职级在一个考核周期内连续两个月未达到2.5万元/月净承保业绩考核要求或一个考核周期内未达到5万/季业绩考核要求的（该标准显著高于1.0版本管理办法中的规定），公司有权解除劳动合同。在审理中法院查明，《电销人员基本管理办法（V2.0）》是该公司单方修改制定，并从上而下推行，并未经过民主程序讨论通过，在告知劳动者后也仅有部分劳动者在文件中签字，因此存在效力瑕疵。法院最终判决某网络科技公司违法解除劳动合同，应向劳动者支付赔偿金。

案件判决后双方均未上诉。

程序合法主要有三个方面要求：一是制定主体合法，二是要履行民主程序，三是要公示或告知。①

1. 制定主体合法

要求由用人单位内的行政系统最高层级、全面统一管理机构来制定，此由规章制度平等适用于用人单位全体劳动者的特性决定，而用人单位内设科室、车间、部门可以参与到用人单位劳动规章制度的制定过程，却不能制定并颁布劳动规章制度。制定主体上存在瑕疵，往往导致规章制度无效。

2. 履行民主程序

按照劳动合同法第四条第二款的规定，用人单位规章制度"应当经职工代表大会或者全体职工讨论，提出方案和意见，与工会或者职工代表平等协商确定"，也就是履行民主程序。实践中倾向于兼顾实体与程序正义，如有学者认为，应当将规章制度内容分为狭义劳动条件和劳动者必须遵循的行为规范两部分，前者必须经劳动者同意方能生效；而对于行为规范，应当尊重用人单位的自主权，无须经过劳动者同意仅告知劳动者即可。②《江苏省高级人民法院、江苏省劳动争议仲裁委员会关于审理劳动争议案件的指导意见》第十八条第二款③之规定就体现了上述司法倾向。

3. 公示或告知

这一程序相对简单，在操作上一般也没有异议，主要是要求用人单位要让劳动者充分知晓用人单位劳动规章制度，否则，劳动规章制度对劳动者不发生效力。

---

① 参见谢增毅：《用人单位惩戒权的法理基础与法律规制》，载《比较法研究》2016年第1期。
② 参见丁建安：《论"根据二分说"的优越性——再议企业劳动规章的法律性质及其制定、变更程序》，载《法制与社会发展》2013年第19期。
③ 《江苏省高级人民法院、江苏省劳动争议仲裁委员会关于审理劳动争议案件的指导意见》第十八条第二款规定："用人单位在《劳动合同法》实施后制定、修改规章制度，经法定民主程序与工会或职代表协商，但未达成一致意见，若该规章制度的内容不违反法律、行政法规的规定，不存在明显不合理的情形，且已向劳动者公示或者告知的，可以作为处理劳动争议的依据。"

二、"严重"程度认定标准探讨

劳动者严重违反用人单位规章制度而被解雇的案例中，用人单位常常以主观恶劣、次数多、多次劝诫、严重影响公司秩序等进行表述，但是这些用词都较为抽象，用人单位对劳动者行为的严重性判断标准较为模糊，实践中对于"严重"的界定具有强烈主观色彩的概念，极易附带主观认识。且司法实践中，司法审判对于处于弱势地位的劳动者常常倾斜保护，所以审判人员对劳动者行为的严重性的容忍度相较于用人单位会更高，这直接导致用人单位认为的"严重"违反被认定为"轻微""一般"违反，进而用人单位的解雇被判定违法解雇，用人单位将要承担经济赔偿金。因此，明确劳动者行为的"严重"程度的认定标准，很有必要。

（一）劳动者违反单位规章制度须达"严重"的法理基础

探究劳动者违反单位规章制度须达"严重"的法理基础，须从劳动者的劳动权与用人的用工自主权的利益平衡入手。

1. 用人单位用工自主权

用人单位作为自负盈亏的市场经营主体，其基于生产经营所需的用工自主权受法律平等保护，用工自主权是法律赋予用人单位的天然的权利，是用人单位生存、发展所必需。劳动合同的履行是基于劳企双方的信赖，在劳动合同履行过程中，可能会出现一些无法预见的情形，导致双方的信赖基础消失，故劳动相关法律规定了用人单位单方解除劳动合同的情形，以保障用人单位的用工自主权。[①] 用人单位行使解雇权的目的是维系企业的正常经营，当劳动者的行为影响用人单位的正常经营时，用人单位天然有权利解雇劳动者，只是这种解雇权的行使应当在相关法律法规的框架内，必要且合理，必须建立在"严重"违反规章制度的基

---

① 参见亓纪、龙云斌：《最新典型劳动纠纷判例与疑难解答》，中国法制出版社2013年版，第273页。

础上。①

2. 劳动者的劳动权

就劳动者而言，其有义务服从用人单位合理的工作安排，这也是劳动关系人身从属性的具体体现，劳动者违反用人单位规章制度的，用人单位可以依据规章制度对劳动者作出相应的处理，劳动者在劳企双方关系中处于弱势地位，基于劳动者违反用人单位规章制度的情形具有复杂性、多样性，为了避免用人单位滥用解雇权，保护劳动者的劳动权，需要立足常理，从理性出发，从劳动者的主观过错、造成的后果等方面，对违反规章制度的"严重"程度进行综合考量。

（二）实践中劳动者严重违规的行为类型

实践中，劳动者严重违反用人单位规章制度的情形主要有以下几种。

1. 劳动者违反用人单位考勤制度

司法实践中常常出现用人单位以劳动者迟到、早退、旷工、未打卡或者由同事打卡为由而解雇劳动者，法院在处理类似案件时会审查规章制度中关于考勤部分的规定，判断劳动者的行为是否构成违反规章制度，并进一步判定是否严重违反规章制度。笔者曾经遇到过这样一个案件，用人单位规章制度中载明"员工不得迟到、早退，否则公司有权开除"，该公司某员工一月中迟到超过五次，公司以多次迟到为由解雇该员工。法院审理后认定为劳动者严重违反规章制度，故用人单位属于合法解雇。但若上述案例中，员工一月中仅迟到一次，用人单位即以违反规章制度而解雇劳动者是否合理呢？笔者认为，法官在审理案件时应当结合劳动者出现违规行为的次数、频率综合判断是否达到"严重"程度。

2. 劳动者违反用人单位日常管理

劳动者在工作中可能实施了一定的不良行为，比如，劳动者在岗期间消极怠工、玩忽职守，法院在判断是否属于违法解雇时，应结合劳动

---

① 参见朱军：《认定"严重违反劳动规章制度"的因素及规范构成——基于相关案例的实证分析》，载《法学》2018年第7期。

者出现行为的次数、频率、是否造成严重后果等，衡量行为是否达到严重违反规章制度的程度。

3. 劳动者不服从用人单位安排

如上文所述，用人单位有用工自主权，为合理安排工作维持企业正常经营与运作，可以合理安排员工工作。劳动者不服从用人单位安排情形主要出现于对员工调岗时。实践中，常常出现用人单位以劳动者不配合调岗、拒不到岗为由而解除劳动合同。在考察解雇是否合法时，法院要审查调岗是否符合法律规定及劳动合同约定，同时，要考虑调岗是否合理，是否影响到劳动合同的根本履行。在原告李某某与被告某某汽车系统公司、某某汽车闭锁系统集成公司劳动争议一案中，因疫情原因用人单位业务急剧下降，为避免裁员，用人单位对包括李某某在内的工作量不饱和人员的工作岗位进行调整。但李某某多次拒绝用人单位提出的调整方案，并采用消极怠工的方式抵制调岗，后又在仲裁过程中以用人单位强制调岗为由提出解除劳动合同并向用人单位主张经济补偿金。法院审理后认为，用人单位通过调岗方式优化资源配置以避免裁员，其所调岗位与原岗位薪资不变，工作内容差别不大，且多次与劳动者协商，根据其之前的岗位工作性质为其提供岗位选择，符合用人单位调岗过程中的合理原则、诚信原则，劳动者应当服从。劳动者解除劳动合同请求系意思自治，其主张经济补偿金无法律依据，故未予支持。二审法院维持了一审判决。当然，在实践中也存在用人单位为解雇劳动者而恶意调岗的情形，如调岗后大幅降低薪资、调岗后的工作内容与调岗前完全不同且劳动者明显无法胜任工作导致劳动合同无法继续履行的，用人单位解雇劳动者即属于违法解除。

4. 劳动者违反忠实义务或者法律规定

劳动者在工作中应当遵守劳动纪律，维护单位利益，遵守单位规章制度，也应当遵守法律法规。在王某某诉某运输公司劳动合同纠纷一案中，某运输公司规章制度中规定：员工不得在工作时间任一场所赌博、不得在非工作时间在工作场所赌博、不得在非工作时间非工作场所穿着工作制服赌博，若存在上述三项中的任一项，公司有权开除员工。法院在审理中查明，王某某下班时间在工作场所"斗地主"，在事后公司对其的调查中认可存在赌博，输赢在两三百元。法院认为劳动者赌博情形本就违反法律规定，且在工作场所赌博直接影响到某运输公司的企业形象，据此认定公司开除王某某属于合法解雇。在该案中王某某的行为既违反了公司的规章制度，同时也是明显的违法行为，因此某运输公司单方解除劳动关系符合法律规定和公司规章制度的规定。

（三）实践中认定劳动者违规程度的考量因素

当前理论与实务中均坚持在信赖利益和行为可预测性基础上，对劳动者的主观过错、用人单位损失等具体因素加以考量的综合认定标准。但在司法实践中常常为了协调劳企双方的法益冲突，而需要引用一些具体的、量化的衡量因素，包括劳动者主观过错、违规行为的次数、给用人单位生产经营造成的影响等，同时结合劳动者岗位性质、劳动者平时表现、行业共识、公众认知等因素，但这些衡量因素种类繁多且杂乱，导致法官在适用时会陷入误区，① 这就要求对劳动者严重违规的考量因素加以系统化和明确化。

1. 劳动者主观过错程度

主观过错是一个抽象的概念，过错程度进一步从级别上对过错加以量化，客观上通过劳动者实施的不当行为的次数、持续时间等予以反映。一般而言，劳动者过错的程度越高，在考虑用人单位解雇是否合法时越能作出不利于劳动者的判断，当劳动者具有主观故意时甚至能直接排除对劳动者有利的因素。以笔者参与处理的原告某翻译社与被告李某英劳动合同纠纷一案为例，某翻译社在智联招聘网站上发布的销售主管招聘公告显示，任职要求第一条为大专以上学历。在李某英入职后签字确认的《员工手册》中明确规定，员工面试通过后应提交包括学历证书原件

---

① 参见朱军：《认定"严重违反劳动规章制度"的因素及规范构成——基于相关案例的实证分析》，载《法学》2018年第7期。

在内的详尽的个人资料，如不能完整提供上述资料，公司有权拒绝签订聘用合同；签订聘用合同后，员工无法完整提供以上资料的，公司有权解除与员工的聘用关系。李某英在智联招聘网站上发布的应聘简历和面试时填写的工作申请表中其姓名均填写为"李浩"，学历为本科。直至离职前李某英均未向某翻译社提供学历证书，某翻译社后以李某英未如实提供学历信息、在试用期内表现不符合岗位任职要求为由解除了劳动关系。在案件审理中李某英自认真实学历为大专，身份证上的名字为李某英，而不是李浩。一审法院以李某英在与某翻译社订立劳动合同时存在欺诈事实，双方所签订的劳动合同无效为由驳回了李某英要求某翻译社支付违法解除劳动合同经济赔偿金的请求。二审法院维持了一审判决。

劳动者的主观过错程度是用人单位解雇是否合法的重要衡量因素，但是我国劳动立法中，未对劳动者过错程度进行明确划分，在此类案件中，人民法院自由裁量权较大，可能会出现类案不同判的现象。

2. 劳动者违规行为造成用人单位损失情况

损失包括直接的物质损失与间接的非物质损失。直接的物质损失即劳动者违反用人单位规章制度的行为所造成的单位的收入减少或者支出增加。间接的非物质损失主要涉及企业形象、企业信誉、企业日常管理秩序等抽象的概念，上文提到的某运输公司工作人员在工作场所赌博，该行为就严重影响了企业形象。劳动者的行为给用人单位造成的损失大小是衡量"严重"程度的重要因素，但绝不是决定性因素，应当结合劳动者的岗位职责、主观过错程度等综合考量。

三、"严重"程度认定标准的完善建议

劳动法上并未具体规定哪些违反规章制度的情形可以称得上"严重"，立法者将"严重"与否的审查裁量权赋予裁审机关，以便通过个案裁量，应对个别而又复杂的用工情况，平衡劳企双方利益。但同时，劳动司法实践在上述比照标准缺失的情况下，逐步借助比较法思路发展出综合衡量模式，一方面出现"公说公有理，婆说婆有理"的状况，另一

方面规则缺位导致裁审尺度统一日趋艰难。无论是在新业态用工领域，还是在传统劳动领域，在制度规则尚未完善的情况下，运用法理综合分析，准确引导价值观念，仍是当前劳动司法实践面临的严峻课题。对此，笔者提出如下完善建议。

（一）劳动者行为"严重"程度的类型化处理

结合域内外劳动司法实践，可以初步得出如下劳动者行为"严重"程度的判定路径。

一是劳动者行为已然危及用人单位生产经营秩序或者造成重大影响、损失，以至于双方劳动合同的目的已无法实现。根本违约是合同法上的一项重要制度。在计划经济向社会主义市场经济转型的过程中，传统劳动关系引入劳动合同制度，以合同之力克服行政管理惯性，矫正双方之间权利失衡状态。因而在判断是否"严重"到解除劳动合同的程度时，根本违约制度可以成为法理依据。应注意的是，造成的损失类型并非仅指物质损失，还包含非物质减损，如企业信用、商誉、形象等无形资产损失；不限于实际发生的损失，还包括将来可能发生的损失。

二是劳企双方之间信赖基础彻底丧失且无法修复，客观上不可能再维系原劳动关系。劳动司法实践中，也要特别注意不能仅以纠纷已经酿成仲裁、诉讼而简单认定劳企双方已丧失信任而不能再继续履行原劳动合同。因为这样做，等于以纠纷发生裁审的必然"结果"去推导劳动合同无法履行的可能"结果"，此推导不仅与合同继续履行基础法理相悖，也使得劳动法关于司法需审查劳动合同是否具备继续履行客观条件的规定被轻易架空，对于坚持要求维系劳动关系的劳动者而言，是极不公平的。此外，信赖基础还包含对劳动者违反用人单位规章制度行为的可追溯性问题。即用人单位未在合理期限内及时加以调查并作出处置，相反仍然如常接受劳动者继续履行劳动合同，足以使劳动者对用人单位不再行使劳动合同解除权产生信赖，之后用人单位再以此为由解除劳动合同，便会因明显违反诚信原则而被否定，对劳动者行为"严重"程度的评判

-164-

也会大打折扣。

三是分析用人单位性质、劳动者职位职责要求、违反的是基本规则还是一般规则，以及违约行为频率与纠正效果等要素。岗位职责（工作具体内容）属劳动合同主给付义务范畴。用人单位规模不同，行业类型不同，都有可能对同一劳动行为及恪守要求存有差异，例如星级宾馆对服务人员礼仪方面的要求通常较一般旅馆要严格，化工作业对劳动者明火管理的要求也不同于其他行业。不同于一般职工，管理人员履职行为具有更强的行为示范效果与表率意义，规章制度对其管理限制的要求也会更高。行为背离劳动法上诚实信用、忠诚勤勉、职业道德等基本原则，可归责性自然也较违反一般规定要强。此外，从违反劳动合同的次数上，也易对劳动者的行为过错程度、今后不当行为的可预测性以及今后对劳动合同关系破坏的可能性得出结论。有鉴于此，不少用人单位在规章制度中明确以违规次数作为"严重"程度的考量标准。同时，如果无正当理由不服从工作指令，经批评教育甚至处分警告后仍然拒不改正，也会倾向于给出程度"严重"之评价。以陈某诉某陶瓷公司经济补偿纠纷案（入选苏州法院2021年度劳动人事争议十大典型案例）为例，某陶瓷公司维修部经理陈某怠于履行岗位安全监管职责，导致安监部门例行检查时发现陶瓷公司燃气设备存在30处泄漏点，被勒令立即整改。某陶瓷公司在安全自查时，又发现陈某对维修部多名员工违反安全生产规范作业不闻不问，疏于管理，在两次警告处分之后，某陶瓷公司单方面与陈某解除了劳动合同，一审、二审均判决认定某陶瓷公司系合法解除劳动合同。

（二）坚持比例原则和最后手段原则并重

劳动法追求尽可能地保持劳动合同"持续性"并维系劳企之间彼此信赖，此从无固定期限劳动合同规则确立等即可确知，且在疫情期间更需尽量促进劳动关系稳定，鼓励劳企共渡难关。因此，对"可以"之作为应当保持适度谦抑，除非确需解除劳动合同之情势出现，否则，劳动司法应以尽量促成劳企双方矛盾和解及劳动合同继续履行为宜。

1. 比例原则

比例原则源于德国行政法，是指行政权力的行使除有法律依据这一前提外，行政主体还必须选择对行政相对人侵害最小的方式进行。比例原则具有合理行政的重要内涵，目的在于规范行政裁量权以保护相对人的利益。由于劳动关系双方具有从属性，用工管理与被管理在一定程度上又带有行政主体行使行政职权的色彩，劳动者与行政相对人处于类似的被管控境地，结合劳动者生存权保护要求，引入比例原则对评价用人单位用工管理权行使的正当性具有一定借鉴意义。

比例原则的"三阶理论"即妥当性、必要性和法益相称性，可用以分析违反规章制度是否达到"严重"程度。妥当性，简而言之就是要求用人单位解雇目的须正当，不得滥用用工自主权，例如，因劳动者投诉而报复解雇即违反了妥当性。以郑某诉某模具公司劳动争议案（入选苏州法院2021年度劳动人事争议十大典型案例）为例，郑某向政府部门主办网站举报某模具公司存在违法用工、违规经营等行为，某模具公司随后不给郑某安排工作，不提供办公设备，还在郑某工位上方安装监控，以"在公开网站发布不实内容""擅自离岗、有看英文书等与工作无关的行为"为由，先后给予郑某两次严重警告处分，并基于该两次处分解除劳动合同。法院认定公司滥用用工管理权、变相违法解除劳动合同，应向郑某支付违法解除劳动合同的赔偿金。必要性，又称最少侵害原则，是指用人单位在实施达到惩处目的的多种手段中，宜选择对劳动者伤害最小的一种，因为解雇是对劳动者最为严厉的处分，用人单位是否没有其他更合适的处置，应当慎重斟酌。法益相称性，是指对不同质的法益进行衡量。解雇带来的增益是否大于其所不可避免造成的损害，也应作分析考量。

需要注意的是，比例原则的"三阶理论"将裁判者置于行为实施主体角度考虑，在公共利益考量的基础上衡平利益，而公共利益也可成为评价解除劳动合同行为正当与否的关键环节与说理重点。

2. 最后手段原则

最后手段原则从比例原则的必要性特征发展而来，用于劳动合同解除中，以判断违反规章制度"严重"程度是否已经达到用人单位如采取调岗、警告、罚款等措施均无法达成惩戒目的之地步，穷尽所有可能的各种手段仍不得不解除劳动合同。从此原则极力克制用人单位作出解雇决定，亦能理解劳动合同法第四十三条为何强调用人单位单方解除劳动合同需事先将理由通知工会的程序性强制安排。当然，在适用最后手段原则时，若劳动者存在滥用职权、挪用公款、泄露商业秘密等侵害用人单位或社会公众利益时，则审判人员不能以用人单位未适用最后手段原则而判断其属于违法解雇。此外，虽然劳动者的单次行为过错程度较低且并未对外产生不良影响，但劳动者在多次出现违规行为并经用人单位多次警告后仍无悔改的，用人单位基于最后手段原则对其进行解雇则具有正当性。

（三）引入劳企双保护理念

劳动司法对"严重"程度认定不一，除了倾向保护（劳动者）理念、（劳企）双保护理念可能导致视角差异之外，背后还隐藏着深层次原因。对"严重"程度的判定，蕴含劳动司法对用工自主权与劳动生存权价值的比较。在司法严格审查调岗合理性的现状下，应当认可用人单位的单方调岗权；依一般社会观念难以期待用人单位予以容忍的，不能仅因规章制度缺乏规定而否定用人单位的解雇权。但从精细角度分析，解雇与调岗对劳动生存权之影响本身还是存在明显不同的，放置于同一场域探求抽象规则，合理与否尚待商榷。如在劳动法上，劳动者"不胜任工作"可由用人单位先行调岗或接受培训，用人单位并不能径行与劳动者解除劳动合同便是例证。也就是说，在诸如用人单位采取调岗等管理措施，或作出解雇以外其他处分决定的情况下，尚可平衡劳企双方权利；而当用工自主权与劳动生存权发生价值冲突时，比如就解雇问题考察违

- 167 -

反规章制度"严重"程度时，更宜从严把握。①

本文以劳动者严重违反用人单位规章制度的案例为切入点，对司法实践中严重违规的案例进行深入研究，分析用人单位规章制度效力、劳动者严重违反规章制度的行为类型、实践中认定劳动者违规程度的考量因素，提出劳动者行为"严重"程度的类型化处理、坚持比例原则和最后手段原则并重以达到法律的统一适用的目的，并创新性提出劳企双保护理念，在诸如用人单位采取调岗等管理措施，或作出解雇以外其他处分决定的情况下，应平衡劳企双方权利，而当用工自主权与劳动生存权发生价值冲突时，比如就解雇问题考察违反规章制度"严重"程度时，更宜从严把握。

---

① 参见苏州劳动法庭：《关于涉解雇、调岗劳动争议案件审理情况的调研报告》。

【最高人民法院案件解析】

表见代理认定中相对人是否善意无过失应综合审查判断

——平安银行股份有限公司上海分行诉绿地能源集团有限公司等金融借款合同纠纷案

汪 军[*] 魏佳钦[**] 邵 辉[***]

法理提示 表见代理的认定不仅要求行为人具备有代理权的外观，而且要求相对人在主观上善意、无过失。对于相对人善意、无过失的认定，应当结合代理行为实施的场所、代理人的职责与权限、代理人与被代理人的关系以及双方交易往来中形成的习惯等因素进行综合审查判断。

一、案件基本信息

再审申请人（一审原告、二审上诉人）：平安银行股份有限公司上海分行。

被申请人（一审被告、二审被上诉人）：绿地能源集团有限公司。

一审被告、二审上诉人：辽宁绿地能源煤业有限公司。

---

[*] 最高人民法院民事审判第一庭法官。
[**] 最高人民法院第三巡回法庭法官助理。
[***] 江苏省南京市鼓楼区人民法院法官助理。

一审被告、二审上诉人：东港市辽东实业（集团）有限公司（以下简称辽东公司）。

一审被告：上海瑟胜实业有限公司（以下简称瑟胜公司）。

再审申请人平安银行股份有限公司上海分行（以下简称平安银行）因与被申请人绿地能源集团有限公司（以下简称绿地公司）等金融借款合同纠纷一案，不服（2019）沪民终329号民事判决，向最高人民法院申请再审。最高人民法院作出（2020）最高法民申4725号民事裁定，提审本案。

二、当事人起诉情况

平安银行向一审法院起诉请求：（1）判令辽宁绿地能源煤业有限公司（以下简称辽宁绿地公司，辽宁绿地公司为绿地公司的全资子公司）向平安银行支付商业承兑汇票垫款本金94411759.29元并支付自汇票到期之日起至本息实际清偿之日止根据票面金额按照贴现合同约定利率加收50%计收的罚息；（2）判令绿地公司、辽东公司、瑟胜公司对辽宁绿地公司的付款义务承担连带清偿责任。

三、一审法院查明的事实

2015年6月，平安银行与辽宁绿地公司签订《商业承兑汇票贴现额度合同》，约定平安银行对辽宁绿地公司签发并承兑的商业承兑汇票按规定审查后保证予以贴现。2015年6月12日，辽宁绿地公司的法定代表人、绿地公司的副总经理卢某代表绿地公司与平安银行签订了《最高额保证担保合同》。后平安银行对辽宁绿地公司签发的六张商业承兑汇票共计发生垫款94411759.29元，但辽宁绿地公司未按约还款。

经查明，平安银行与辽宁绿地公司之间订立《商业承兑汇票贴现额度合同》及绿地公司提供担保的相关事实如下。

2014年3月左右，平安银行与辽宁绿地公司签订综合授信合同，辽宁绿地公司向瑟胜公司签发商业承兑汇票。在瑟胜公司原法定代表人侯某放等人陪同下，平安银行员工卞某铖与同事朱某育至绿地公司开展商业承兑汇票到期保兑保证核保。卢某负责接待，并表示同意由绿地公司为辽宁绿地公司出具的商业承兑汇票进行保兑保证。卞某铖向卢某出示《最高额保证担保合同》《股东大会决议（担保）》、商业承兑汇票保证担保粘单，并要求加盖绿地公司公章、法定代表人私章。随后卢某带领卞某铖、朱某育到绿地公司18楼财务室管理公章的人员办公室，在《最高额保证担保合同》《股东大会决议（担保）》、商业承兑汇票保证担保粘单上加盖公章。当时，卢某表示绿地公司法定代表人吴某晖的印章及绿地公司的股东单位印章均不在绿地公司所在的绿地能源大厦内保管，吴某晖也不在绿地能源大厦办公，卢某会到绿地集团总部加盖吴某晖印章、股东单位印章后，安排人员将盖章确认的《最高额保证担保合同》《股东大会决议（担保）》、商业承兑汇票保证担保粘单送到平安银行。后瑟胜公司向平安银行申请办理商业承兑汇票贴现手续，该批商业承兑汇票按期兑付。

2014年12月，辽宁绿地公司以同样方式再次融资。卞某铖和朱某育至绿地公司找卢某盖章确认商业承兑汇票兑付担保保证事宜，卢某还是带卞某铖和朱某育至前次财务室人员处加盖绿地公司公章。两三天后，卢某带吴某晖私章至平安银行闵行支行卞某铖办公室，在商业承兑汇票粘单上加盖印章。随后，瑟胜公司按照第一次申请贴现的流程办理贴现手续，该批商业承兑汇票也按期兑付。

2015年6月发生第三笔业务（即案涉业务），卞某铖等再次去绿地公司找卢某盖章确认商业承兑汇票兑付担保保证事宜。半个小时左右，卢某将盖好绿地公司公章、法定代表人私章的《最高额保证担保合同》、盖好绿地公司股东单位公章的《股东大会决议（担保）》及《私章确认函》、商业承兑汇票保证担保粘单等办理贴现业务的手续材料交给卞某铖。

四、一审法院认定与判决

一审法院认为：关于绿地公司应否对辽宁绿地公司的付款义务承担

担保责任问题。第一，经过司法鉴定，案涉《最高额保证担保合同》和六张商业承兑汇票担保粘单及相关核保材料上的绿地公司公章及其法定代表人吴某晖私章均与绿地公司提交的样章不符，且平安银行也未提交证据证明绿地公司和吴某晖曾经使用过本案系争的印章。第二，关于案涉《最高额保证担保合同》和六张商业承兑汇票担保粘单及相关核保材料形成过程，《最高额保证担保合同》《股东大会决议（担保）》《私章确认函》、商业承兑汇票保证担保粘单等办理贴现业务的手续材料，系由卢某办理绿地公司担保的盖章手续后交给卞某铖，平安银行并未见证绿地公司的盖章过程。并且之前贴现业务办理过程中，平安银行已经知道吴某晖的私章并非由卢某保管、绿地公司的股东并非与绿地公司在同一地点办公，绿地公司的股东不可能在半个小时左右召开股东会并形成决议，故应认定平安银行对《股东大会决议（担保）》及吴某晖在合同上的确认未尽到审查义务。第三，在案涉《最高额保证担保合同》形成时，平安银行明知卢某系绿地公司的副总经理，卢某无权代表绿地公司作出同意担保的意思表示，且卢某作为辽宁绿地公司的法定代表人，不应当负责办理绿地公司为辽宁绿地公司提供担保的手续。平安银行称其为辽宁绿地公司办理本案贴现业务的条件是绿地公司提供担保，故平安银行在核保过程中应当对绿地公司的担保事宜尽到审慎审查义务，不应认为辽宁绿地公司的法定代表人卢某对绿地公司有代理权。第四，2014年《最高额保证担保合同》未经绿地公司股东、法定代表人认可，是卢某利用其职务便利加盖，现无证据证明绿地公司对该合同及合同项下的贴现业务知晓并认可，不能以该合同推定卢某可以代表绿地公司签订案涉《最高额保证担保合同》。故平安银行在本案贴现业务核保过程中存在过失，不构成善意，其认为卢某的行为构成对绿地公司表见代理的主张不能成立，绿地公司不应当对辽宁绿地公司的付款义务承担保证责任。

一审法院判决：（1）辽宁绿地公司于判决生效之日起十日内向平安银行支付垫款94411759.29元并支付自垫款发生之日起至实际清偿之日止的罚息；（2）辽东公司对辽宁绿地公司上述第一项付款义务承担连带清

偿责任，并可在承担责任后向辽宁绿地公司追偿；（3）瑟胜公司对辽宁绿地公司上述第一项付款义务承担连带清偿责任；（4）驳回平安银行其他诉讼请求。

五、当事人上诉请求

平安银行上诉请求：撤销一审判决第四项，改判绿地公司对辽宁绿地公司所负平安银行的债务承担连带清偿责任。

辽宁绿地公司、辽东公司上诉请求：撤销一审判决第一项、第二项，或将本案发回重审。

六、二审法院认定与判决

二审法院认定事实与一审法院认定事实一致。

关于绿地公司应否对辽宁绿地公司的付款义务承担担保责任问题。首先，认定卢某是否对绿地公司具有代理权的关键是平安银行是否知道或者应当知道卢某的行为超越权限，平安银行是否属于善意相对人。在案涉《最高额保证担保合同》形成时，卢某虽为绿地公司的副总经理，但其未经绿地公司授权办理案涉担保事宜，亦未以绿地公司负责人或委托代理人的身份在相关合同上签字，担保行为不是卢某所能单独决定的事项。卢某以绿地公司名义为自己担任法定代表人的辽宁绿地公司的债务提供担保，属于关联担保。平安银行作为关联担保的相对人，应对卢某以双重身份办理担保手续尽到审慎审查义务，应当审查卢某是否经绿地公司授权，是否系有权代表，系争担保合同是否经公司股东会或者股东大会决议，且决议的表决程序是否符合公司法第十六条的规定。其次，虽然平安银行称其与辽宁绿地公司的授信业务以及绿地公司提供担保的业务始于2014年，但其并未提供证据证明2014年的授信业务与诉争合同具有关联性以及绿地公司对担保知晓并认可。平安银行陈述其与辽宁绿地公司2014年的授信业务正常到期，未发生风险。而绿地公司并不认可2014年担保的事实。故平安银行不能以2014年的担保合同来推定卢某可以代表绿地公司签订《最高额保证担保合同》。最后，经鉴定，《最高额保证担保合同》和六张商业承兑汇票担保粘单及相关核保材料上加盖的绿地公司公章及其法定代表人吴某晖私章均与绿地公司提交的样章不符，且平安银行也未提交证据证明绿地公司和吴某晖曾经使用过该印章。此外，平安银行在之前贴现业务办理过程中已知绿地公司法定代表人吴某晖的印章及绿地公司的股东单位印章均不在绿地公司所在的绿地能源大厦内保管，吴某晖也不在绿地能源大厦办公，绿地公司的股东不可能在半个小时左右召开股东会并形成决议。但在案涉核保材料形成过程中，卢某半小时左右就在有关材料上办理好盖章用印手续，而卞某铖既未见证用印过程亦未提出任何质疑，有违基本审核义务。综上，平安银行在本案贴现业务核保过程中存在过失，不构成善意，其关于绿地公司承担保证责任的主张不能成立。

二审法院判决：驳回上诉，维持原判。

七、当事人再审申请与答辩

平安银行申请再审称：本案符合民事诉讼法第二百零七条第二项规定的情形，应予再审。主要事实和理由：第一，卢某的行为构成表见代理，绿地公司应当承担连带保证责任。（1）辽宁绿地公司是绿地公司的全资子公司。在案涉合同签订期间，卢某既是辽宁绿地公司的法定代表人，也是绿地公司的党总支副书记、副总经理，分管绿地公司的业务工作。卢某代表母公司与债权人签订为全资子公司提供担保的合同，符合常理和商业习惯。（2）案涉《最高额保证担保合同》的签订地点、过程、交易环境等均与绿地公司有关，足以使平安银行对卢某具有代理权产生合理信赖。（3）平安银行与辽宁绿地公司、绿地公司等在2014年开展的两笔票据贴现业务与2015年第三笔业务即案涉票据贴现业务在类型、主体上相同，三笔业务具有明显的连续性、关联性，平安银行基于前两笔业务的业务模式和交易习惯，有理由相信案涉合同签订时卢某具有代理绿地公司提供保证担保的权限。第二，平安银行在核保过程中已尽合理审查义务，系善意无过失的相对人。（1）平安银行两名工作人员亲自前往绿地公司办公场所办理核保手续，并见证卢某将核保材料交给绿地公司相关人员安排盖章。结合卢某身份、盖章地点、往年业务办理情况等，平安银行有理由相信卢某具有代理权限，平安银行已尽审查义务。（2）根据《全国法院民商事审判工作会议纪要》第19条的规定，绿地公司作为辽宁绿地公司的母公司，为其全资子公司辽宁绿地公司提供担保，平安银行并不负有审查担保决议的义务。因此，绿地公司的股东会决议是否真实与平安银行的合理审查义务并无关联。

绿地公司辩称：（1）绿地公司没有在《最高额保证担保合同》上盖章签字，该合同对绿地公司不产生法律效力。（2）平安银行不构成善意。平安银行对卢某的身份以及行为不能代表绿地公司是明知的。且在核保过程中，卢某在半小时内就完成了在核保材料上加盖绿地公司法定代表人吴某晖私章及在《股东大会决议（担保）》上加盖各股东单位公章的用印手续，与常理不符，平安银行对此未尽到合理的审查义务。（3）卢某、卞某铖、侯某放等人在公安机关所做的询问笔录前后陈述不一，不应被采信。

八、最高人民法院再审审查裁定

最高人民法院审查后认为，平安银行的再审申请符合民事诉讼法第二百零七条第二项规定的情形，于2021年2月10日作出（2020）最高法民申4725号民事裁定，提审本案。

九、最高人民法院再审审理情况

最高人民法院再审认为：对于无权代理人实施的代理行为是否构成表见代理问题，可以结合代理行为实施的场所、代理人的职责与权限、代理人与被代理人的关系、合同形式要件以及相对人是否善意无过失等因素进行综合审查判断。本案根据现有证据及已查明的事实，应当认定卢某办理最高额保证担保手续的行为构成表见代理，理由如下：

（一）卢某的行为客观上形成了其具有代理权的外观

其一，辽宁绿地公司系绿地公司的全资子公司，二者关系密切。案涉合同签订期间，卢某既是辽宁绿地公司的法定代表人，又是绿地公司的副总经理，职务身份特殊。其二，2014年辽宁绿地公司与平安银行曾开展过票据贴现业务，绿地公司为辽宁绿地公司所应承担的债务提供担保并签订了《最高额保证担保合同》，卢某负责办理了绿地公司盖章用印手续。根据上海市公安局物证鉴定中心出具的鉴定意见，2014年平安银行与绿地公司签订的《最高额保证担保合同》及核保材料中加盖的绿地公司公章真实，故卢某曾有权使用绿地公司公章。其三，2015年平安银行与绿地公司签订的《最高额保证担保合同》等核保材料中加盖的绿地公司公章及其法定代表人私章的行为系由卢某安排相关人员在绿地公司办公大楼内完成。由此，综合绿地公司与辽宁绿地公司的特殊关系、卢某的职务身份、绿地公司往年担保办理情况、担保合同盖章地点等因素，卢某办理2015年最高额保证担保手续的行为，客观上形成了卢某有代理权的外观。

（二）平安银行已尽到相应的注意义务

其一，平安银行基于2014年其与辽宁绿地公司、绿地公司开展票据贴现业务的合作情况，对卢某在2015年办理最高额保证担保手续中的用章权限产生合理信赖，符合交易习惯。其二，在2015年核保过程中，平安银行安排两名工作人员前往绿地公司办公场所核实情况，并与卢某接洽绿地公司盖章事宜。鉴于卢某在上海的办公地点、绿地公司公章及其法定代表人私章保管地点均在绿地公司办公场所内，《最高额保证担保合同》《私章确认函》、商业承兑汇票保证担保粘单等材料的盖章用印手续在半小时内完成，亦不违常理。其三，绿地公司系为其全资子公司辽宁绿地公司开展经营活动提供担保，绿地公司是否出具相应的股东会决议不影响担保合同效力。绿地公司以卢某在半小时内完成了各股东在《股东大会决议（担保）》上盖章用印手续与常理不符为由，主张平安银行未尽合理审查义务，不应支持。

综上，卢某代理绿地公司处理保证合同盖章事宜的行为构成表见代理，该代理行为有效，案涉《最高额保证担保合同》成立并生效。绿地公司应依约对辽宁绿地公司欠付平安银行的垫款债务承担连带保证责任。二审判决认定平安银行在本案贴现业务核保过程中存在过失，不构成善意，绿地公司不承担保证责任不当，应予以纠正。

最高人民法院判决：（1）撤销一审、二审判决。（2）辽宁绿地公司于判决生效之日起十日内向平安银行支付垫款94411759.29元并支付自垫款发生之日起至实际清偿之日止的罚息。（3）绿地公司、辽东公司对辽宁绿地公司上述第二项付款义务承担连带清偿责任；绿地公司、辽东公司承担连带清偿责任后，有权向辽宁绿地公司追偿。（4）瑟胜公司对辽宁绿地公司上述第二项付款义务承担连带清偿责任。

十、对本案的解析

本案再审判决认定卢某代理绿地公司处理保证合同盖章事宜的行为构成表见代理，案涉《最高额保证担保合同》成立并生效，实质上确认了表见代理认定过程中相对人是否善意无过失的判断应结合案件事实进行综合考量的裁判规则。

（一）表见代理的构成要件

表见代理制度是信赖保护的一项重要制度，其法理基础既在于维护交易安全，也在于保护相对人的信赖利益。[①] 表见代理本属于无权代理，但因本人与无权代理人之间的关系，具有授予代理权的外观，致相对人相信无权代理人有权而与其为法律行为，法律使其发生与有权代理同样的法律效果。[②] 由于表见代理仅是无权代理范畴中的特殊类型，是对无权

[①] 参见张驰：《表见代理体系构造探究》，载《政治与法律》2018年第12期。
[②] 参见梁慧星：《民法总论》，法律出版社2001年版，第232页。

代理制度增设的非常态例外规则,裁判者应审慎认定表见代理的构成要件。① 民法典第一百七十二条规定:"行为人没有代理权、超越代理权或者代理权终止后,仍然实施代理行为,相对人有理由相信行为人有代理权的,该代理行为有效。"如何认定"相对人有理由相信行为人有代理权",是适用表见代理制度的关键问题。《最高人民法院关于适用〈中华人民共和国民法典〉总则编若干问题的解释》第二十八条第一款规定:"同时符合下列条件的,人民法院可以认定为民法典第一百七十二条规定的相对人有理由相信行为人有代理权:(一)存在代理权的外观;(二)相对人不知道行为人行为时没有代理权,且无过失。"据此,表见代理的构成不仅要求客观上形成代理权的外观,而且要求相对人在主观上善意且无过失地相信行为人有代理权。

(二)相对人善意无过失的认定

表见代理中的相对人在主观上必须是善意的、无过失的。所谓善意,是指相对人不知道或者不应当知道行为人实际上无权代理;所谓无过失,是指相对人的这种不知道不是因为其疏忽大意造成的。如果相对人明知或者理应知道行为人没有代理权、超越代理权或者代理权已终止,而仍与行为人签订合同,那么就不构成表见代理,而成为无权代理。在纷繁复杂的个案中认定相对人是否善意无过失,是审判实践中的难点。

过失系指行为人没有尽到一般谨慎之人在同样客观情况下应尽的合理注意义务。所谓"有过失",即指相对人有核实代理权是否存在之义务而未尽到。② 具体到表见代理的认定上,如果相对人已经对代理权外观履行了相应的审查义务,则可以认定其为善意且无过失。由于当前的法律规定并未对相对人的具体审查义务作出较为详细的规定,且不同业务领

---

① 参见徐海燕:《表见代理构成要件的再思考:兼顾交易安全和意思自治的平衡视角》,载《法学论坛》2022年第3期。

② 参见王利明:《民法总则研究》,中国人民大学出版社2012年版,第686页;汪渊智:《代理法论》,北京大学出版社2015年版,第386页。

域的审查义务范围及相对人的专业素养存在客观差异，实际上难以明确界定相对人负有的统一的审查义务范围。个案中，只能根据不同情形分别判断。司法裁判中，如果对相对人审查义务要求过低，会导致本人与相对人利益失衡，迫使本人承担合同义务，有违私法自治原则；如果对相对人审查义务要求过高，则相对人需要耗费大量精力考察被代理人的真实意思，导致交易成本大幅增加，影响交易效率。此外，实践中往往很难存在"完美"的相对人，如司法裁判确定的相对人的审查义务过高，容易导致绝大部分案件中表见代理制度没有适用空间，等同于对表见代理这一信赖保护制度的实质性架空。

最高人民法院在2009年印发的《关于当前形势下审理民商事合同纠纷案件若干问题的指导意见》第14条中即提出人民法院在判断合同相对人主观上是否属于善意且无过失时，应当结合合同缔结与履行过程中的各种因素综合判断合同相对人是否尽到合理注意义务。为了避免司法裁判中对相对人善意无过失认定的机械化处理，在个案审查中，应当注意结合代理行为实施的场所，代理人的身份、职责与权限，代理人与被代理人的关系以及双方交易往来中形成的习惯等因素进行综合审查判断。

（三）本案中平安银行善意无过失的认定

就本案而言，其一，辽宁绿地公司系绿地公司的全资子公司，二者关系密切。案涉合同签订期间，卢某既是辽宁绿地公司的法定代表人，又是绿地公司的副总经理，职务身份特殊，2015年《最高额保证担保合同》等核保材料系卢某在绿地公司办公场所交给绿地公司相关人员安排盖章。其二，辽宁绿地公司与平安银行曾于2014年开展过两次同样的票据贴现业务，绿地公司为辽宁绿地公司所应承担的债务提供担保并签订了《最高额保证担保合同》，也是卢某负责办理了绿地公司盖章手续，且根据司法鉴定意见，2014年平安银行与绿地公司签订的《最高额保证担保合同》及核保材料中加盖的绿地公司公章真实。本案裁判综合考虑卢某的特殊身份、核保盖章的地点、绿地公司与辽宁绿地公司的母子公司

-179-

关系以及当事人之间过往业务办理情况等因素，合理确定了平安银行所负的注意义务程度，认定卢某代理绿地公司处理保证合同盖章事宜的行为构成表见代理，该代理行为有效，案涉《最高额保证担保合同》成立并生效。

【地方法院案件解析】

互联网平台用工劳动关系认定的审查进路

——何某红诉兢择公司确认劳动关系纠纷案

陈 丹[*] 赵洋洋[**]

【裁判要旨】

1. 劳动者人格及经济从属性是认定劳动关系最核心的标准。互联网平台用工中，平台用工企业以要求从业者登记为个体工商户后再签订合同、在协议中对身份关系性质进行事先约定等方式规避与从业者建立劳动关系的，应以案件具体事实为基础，从双方是否符合劳动关系核心特征予以认定。

2. 互联网平台用工中，平台用工企业与劳动者之间的关系符合以下特征的，就应当依法认定双方之间存在劳动关系：对于双方符合法律法规规定的劳动关系主体资格；从业者提供的劳动是平台用工企业的业务组成部分；在双方劳动用工过程中，平台用工企业的指挥、管理与监督权具有决定性作用，从业者并无实质自主决定权，从业者获得的报酬为其主要经济来源且具有持续稳定特点。从业者自备部分生产资料、薪酬由其他主体代发等因素均不足以否认双方之间的劳动关系。

---

[*] 广东省广州市中级人民法院民一庭庭长。
[**] 广东省广州市海珠区人民法院法官。

【案号】

一审：广东省广州市南沙区人民法院（2021）粤0115民初17045号
二审：广东省广州市中级人民法院（2022）粤01民终6300号

【基本案情】

兢择公司系外卖配送服务商，经营范围包括货运代理等，该公司承接"饿了么"平台在广州南沙区金洲站点外卖配送业务。

2020年8月，兢择公司与好活公司签订《好活平台服务协议》，约定兢择公司将业务发包给好活公司，好活公司承包业务后发包给具有经营资质的商事主体（接活方），包括但不限于个体工商户，相关费用当日即可到达接活方自己的账户。

2020年10月23日，何某红注册个体工商户"壹玖贰捌叁叁柒号好活商务服务工作室"，经营范围包括外卖递送服务等。

同日，壹玖贰捌叁叁柒号工作室作为乙方，分别与甲方好活公司签订《项目转包协议》与甲方兢择公司签订《承揽合作协议》。其中，《项目转包协议》约定乙方自主选择承揽甲方的相应业务或订单，乙方承揽的所有标的业务营收均归乙方所有，甲方按月将服务费结算到乙方指定的平台账户或银行账户中。《承揽合作协议》约定甲方负责提供同城配送业务接单平台，乙方业务人员通过甲方建立的个人"饿了么"账号上线后，"饿了么"系统会自动发布订单信息，乙方业务人员可根据自身情况进行抢单，抢单后负责送至指定客户手中，视为完成 单配送业务。乙方应按照甲方要求，按时完成规定的服务数量，达到规定的服务标准。乙方服务期间，应接受甲方的监督检验。乙方外卖配送承揽服务费按接单情况结算，按单量提成，由甲方通过好活平台支付，乙方无固定外卖配送承揽服务费。该协议明确双方无劳动关系，只是业务合作关系，双方无人身依附性，甲方只要求乙方按质按量完成承揽业务，不对乙方进行考勤，乙方对其合理的配送时间可自由支配，甲方不作强制性规定。

日常工作中，兢择公司通过钉钉软件、微信群对何某红进行排班、考勤等用工管理，何某红按排班时间在蜂鸟团队 App 上线、接单，对外提供配送服务，休假、预支工资需提前申请；若不上线、接单会承担罚款等不利后果，上班期间须穿着统一工作服。何某红的工资薪酬按接单数量计算，并视距离、天气状况等有一定补贴，"薪资"通过好活平台于每月 25 日发放。

2020 年 10 月 31 日，兢择公司向中国太平洋财产保险股份有限公司上海分公司为何某红投保雇主责任险。2020 年 11 月 4 日，何某红在送单过程中发生交通事故受伤，被送往广州市第一人民医院住院治疗至 2020 年 11 月 26 日，出院诊断为右髋臼粉碎骨折，右髋关节脱位。住院期间产生医疗费 61018.79 元，由何某红以现金方式支付。后经司法鉴定，何某红为十级伤残。何某红以中国太平洋财产保险股份有限公司上海分公司、兢择公司等为被告提起责任保险合同纠纷诉讼，一审法院于 2022 年 4 月 18 日作出（2022）粤 0115 民初 482 号民事判决书，判决中国太平洋财产保险股份有限公司上海分公司向何某红支付保险金 160838.79 元等。中国太平洋财产保险股份有限公司上海分公司不服提起上诉，二审法院维持原判。

【审判结果】

广东省广州市中级人民法院认为，关于劳动关系的认定标准，参照《劳动和社会保障部关于确立劳动关系有关事项的通知》（劳社部发〔2005〕12 号）第一条的规定，劳动者人格及经济从属性是认定劳动关系的最核心标准。互联网平台用工虽然与传统劳动用工，在管理方式和生产资料配置方式等方面存在不同，但判断平台用工是否构成劳动关系，仍应以案件具体事实为基础，从双方是否符合劳动关系的本质特征来进行合理判断。

第一，关于人格从属性。首先，何某红在兢择公司担任全职骑手。兢择公司通过钉钉软件、微信群对何某红进行排班、考勤等用工管理。

何某红按排班时间在蜂鸟团队 App 上线，接受兢择公司的派单，对外提供配送服务。何某红休假需要提前申请，如果不上线、接单，则兢择公司会作为旷工处理或予以罚款。工作时需统一着装，其配送过程始终处于平台的监控状态下。以上事实反映，兢择公司对于何某红的工作时间、工作任务、工作数量及休息休假等基本劳动要素具有决定权，何某红不上线、不接单均会承担处罚等不利后果，足以说明何某红在提供服务过程中并无实质的自主决定权。在双方的劳动用工过程中，均体现兢择公司的意志，并通过惩戒机制予以保障。因此，兢择公司实际行使了对何某红劳动全过程的指挥、管理和监督权，而非其抗辩的仅对服务质量后果进行监督管理。其次，蜂鸟平台 App 本身的信息和技术手段系平台从业者进行工作的重要生产资料，系由兢择公司向何某红提供。虽然何某红自备车辆从事配送业务，但是合理利用自有的生产工具是共享经济下优化资源配置的体现，相较于市场信息等核心生产资料而言，何某红自备车辆的事实不足以成为否定劳动关系的独立要素。综上，可认定的双方劳动用工关系具有较强的人格从属性。

第二，关于经济从属性。首先，何某红的工资薪酬按接单数量计算，并视距离、天气状况等有一定的补贴，由好活平台以"薪资"名义每月定期发放。其既非好活公司与何某红在《项目转包协议》约定的"服务费"，亦非兢择公司和好活公司在《"好活"平台服务协议》约定的当日结算方式。可见，何某红劳动报酬的发放具有持续稳定的特点。其次，双方关于"未经兢择公司同意，何某红同时与其他单位建立合作等关系，对完成兢择公司项目任务造成严重影响的，兢择公司有权终止合作关系"之约定，具有排他性质，限制了何某红为其他平台提供服务从而获得报酬。最后，虽然本案中《"好活"平台服务协议》约定兢择公司将配送业务发包给好活公司，好活公司再转包给有关商事主体，《项目转包协议》约定何某红承接好活公司的配送业务并结算相应的服务费，但兢择公司与何某红工作室签署的《承揽合作协议》又约定何某红工作室承揽兢择公司的配送业务，与前述两份协议的约定内容不一致。且从实际配送业务的履行情况来看，兢择公司向何某红派单，由何某红接单对外提供配送服务，结合何某红预支工资需向兢择公司申请的事实，可认定好活公司并未参与配送业务的承包或转包，而仅系工资薪酬的代付主体。这与在平台用工模式下，部分劳动要素被拆分至其他主体的普遍做法一致，不足以否认何某红与兢择公司之间的经济从属性特征。综上，何某红作为兢择公司的全职骑手，对于交易价格和劳动对价均无决定权，且其从兢择公司处领取的工资报酬为其主要生活来源。因此，可认定双方的劳动用工关系具有相当的经济从属性。

此外，关于兢择公司提出双方已约定排除劳动关系的抗辩。兢择公司主张双方签署的《承揽合作协议》约定兢择公司与何某红注册的个人工作室建立承揽合作关系，不构成任何劳动关系，故双方并无建立劳动关系的合意。劳动关系属于身份关系，不仅涉及劳动者劳动权益的保护，也事关劳动用工秩序的维护。对于双方之间真实的法律关系性质，关键应从案件法律事实出发，审查是否符合劳动关系的从属性特征，而不能仅因双方在协议中对身份关系性质存在事先约定而排除劳动法律法规的适用，否则容易导致用人单位利用优势地位规避其应负的法律责任。在本案中，何某红入职时按兢择公司的要求注册个体工商户，该个体工商户亦未实际经营。因此，兢择公司依据上述协议提出的抗辩主张不成立，不予采纳。

综上，何某红和兢择公司均符合法律、法规规定的劳动关系主体资格。何某红从事的外卖配送业务与兢择公司的经营范围相符，其提供的劳动是兢择公司业务组成部分；在双方劳动用工全过程中，兢择公司的指挥、管理与监督权具有决定性作用，何某红并无相应自主权，双方之间劳动用工关系具有较强的人格从属性及经济从属性，故可确认何某红与兢择公司于2020年10月23日入职时起建立劳动关系。另外，虽然双方并无约定劳动合同期限，但何某红在发生交通事故后住院至2020年11月26日，依据相关劳动法律法规，无论职工是否因工作遭受事故伤害而接受医疗，在医疗期间内均不得解除劳动合同。何某红现主张双方劳动关系持续至 2020 年 11 月 26 日，合法合理，予以支持。综上所述，判决：撤销一审判决；确认何某红与兢择公司于 2020 年 10 月 23 日至 2020 年 11 月 26 日期间存在劳动关系。

【评析】

中国互联网络信息中心发布的第 50 次《中国互联网络发展状况统计报告》显示，截至 2022 年 6 月，我国网络直播用户规模达 7.16 亿，网约车用户规模达 4.05 亿。因互联网平台用工引发的纠纷在各地法院频繁出现，揭开互联网平台用工模式下平台企业与从业者之间法律关系性质的"面纱"，合理规制双方之间劳动关系的认定标准，探寻一条既能保证平台经济欣欣向荣，又能赋予从业者合理权益保障的法律路径，成为当下理论研究和司法实践共同关注的重点。然而，目前学术界对双方之间法律关系的性质界定尚未达成一致意见，司法实践中，类案不同判、裁判说理不统一的现象也一定程度存在。

在此情况下，应避免仓促立法，对从业者权益保障的制度设计仍需要在审慎的探索中寻找出路。司法先行，立足现阶段从业者法律地位确定的迫切性，将典型案例作为可以参照的范本，探索当下司法实践行之有效的应对之策意义重大。本案即是在此情况下迈出的一小步，以期通过个案司法实践的推动尽快将互联网平台用工规范起来，并为将来修订劳动法律法规提供有益参考。

一、劳动关系从属性的基本理论

劳动关系作为劳动法律法规中最基础、最重要的概念之一，从属性是其本质属性。从属关系超越了租赁契约的藩篱，明确提出了摒弃劳动—商品的理论，提出劳动不是商品，要确立一种超越简单的劳动交换的理念，劳动不仅表现为工资的交换，而是一种带有从属性的劳动关系。[①] 目

---

① 参见郑爱青：《法国劳动合同法概要》，光明日报出版社 2010 年版，第 19 页。

前对于何为从属性，国内外学者尚未形成统一观点，但主流观点认为，从属性包括人格从属性、经济从属性与组织从属性。

(一) 人格从属性

所谓人格从属性，是指负有劳动给付义务之一方基于明示、默示或依劳动之本质，在相当期间内，对自己之习作时间不能自行支配。[①] 德国学理上以人格从属性为通说，即劳动关系与承揽关系、委托关系等劳务给付关系的区别在于劳动者人身依附的程度不同。[②] 日本学界也赞成将人格从属性作为劳动关系从属性认定的核心标准，我国也有部分学者主张建立以人格从属性为主的劳动关系判断标准。

司法实践中对人格从属性的理解基本一致，认为人格从属性是指劳资之间存在控制与支配的状态，其外部标准主要是劳动者需遵守用人单位的规章制度，劳动者受用人单位指挥管理，用人单位有奖惩权等。[③]

(二) 经济从属性

所谓经济从属性，是指劳动提供者根据用人单位提供的生产资料从事特定劳动以获取相应的报酬，在此过程中形成的对用人单位的经济依赖。德国帝国法院曾认为经济从属性是劳动关系核心特征，但是很快便认识到经济从属性甚至不是认定劳动关系的充分条件。[④]

司法实践中对经济从属性理解并不统一，更多的是通过外部标志"工资支付凭证"来辅助人格从属性的论证，裁判文书说理中常常与人格从属性一同出现。

[①] 参见黄越钦：《劳动法新论》，中国政法大学出版社2003年版，第94页。
[②] 参见 [德] 雷蒙德·瓦尔特曼：《德国劳动法》，沈剑锋译，法律出版社2014年版，第47~48页。
[③] 参见李志锴：《论我国劳动法上"从属性"的内涵厘定与立法考察》，载《大连理工大学学报（社会科学版）》2019年第3期。
[④] 参见王倩、朱军：《德国联邦劳动法院典型判例研究》，法律出版社2015年版，第13页。

(三) 组织从属性

所谓组织从属性，一般是指劳动者进入企业组织内部，成为企业中的一员，劳动者提供的劳动是企业组织生产、经营过程中不可或缺的一环。《劳动和社会保障部关于确立劳动关系有关事项的通知》（劳社部发〔2005〕12号）（以下简称《通知》）中，"劳动者提供的劳动是用人单位业务的组成部分"的规定即将组织从属性作为劳动关系认定的必备要素之一。

司法实践中对组织从属性的理解更倾向于组织的管理结构与形式构成，而非组织内的成员合作，裁判文书说理中亦较为笼统。

二、互联网平台用工劳动关系认定的裁判规则

（一）互联网平台用工对劳动关系从属性的挑战

承前分析，劳动关系认定的核心标准是人格从属性、经济从属性兼顾组织从属性。[①] 然而，随着互联网、算法技术的发展，互联网平台用工呈现出用工形式灵活多变、从业者自主化程度提高、生产资料部分由从业者提供、收入分配方式多样、部分劳动要素拆解等新特点，这些对传统劳动关系从属性产生了巨大冲击，互联网平台用工关系从属性形式上呈现出"相对弱化"趋势。

1. 灵活多变的用工形式隐秘了人格从属性

互联网平台用工模式下，从业者在工作时间、工作场所、工作形式上均有较大自主权，可在一定范围内，自主决定何时、何处工作，工作多久。表面上看，平台企业对从业者的人身控制有所减弱。实际上，大部分平台企业会制定相对严格的规章制度，通过"算法技术"，并引入消费者这一监督主体，以保证从业者对劳动秩序的遵循；通过"经济激

[①] 参见王全兴：《劳动法》，法律出版社2007年版，第35~36页。

励",设定定价体系及报酬制度,以实现对从业者工作时间的"软控制"。概言之,新就业形态从业者看似挣脱了劳动控制的束缚,但受到了"算法技术"和"经济激励"的双重禁锢。①

2. 薪酬工具的分配方式模糊了经济从属性

一方面,不同于传统劳动关系中生产资料通常由用人单位所有,劳动者利用用人单位提供的生产资料从事相关劳动。互联网平台用工中,生产资料与用人单位出现了一定的解绑,从业者所依赖的生产资料可能由其自身提供,如外卖配送员、网约车司机需自备车辆。另一方面,传统劳动关系中,用人单位通常按月支付劳动者工资,且有最低工资标准。而互联网平台用工中,从业者的报酬实行按单、按次计发,没有底薪,报酬中不包含工龄补贴等,多劳多得、优劳优得,一旦不接单则收入锐减。

3. 新颖独特的就业形式淡化了组织从属性

互联网平台用工模式下,平台企业肢解为信息发布平台、薪资支付平台等,劳务需求者将本应在企业内部完成的任务肢解成标准化的单元,并通过平台外包给大量自由的单个从业者。从业者进入某一平台时仅需下载某软件App,在App上进行勾选注册即可,退出时则只需关闭或卸载相应软件。从业者与平台企业之间可能从未谋面,仅是通过线上进行沟通交流。

(二)互联网平台用工劳动关系的认定

虽然以互联网平台用工为代表的新就业形态,有意识地针对传统从属性的判断标准编织了一套包含隐蔽权力、转变权威、变更外部标志等面纱,使得传统从属性判断标准难以应对。但笔者认为,互联网平台用工模式并未改变劳动关系从属性的本质。平台企业虽然对从业者的工作时间、工作场所不加限制,但是会通过克扣服务费、限制甚至取消从业者接单资格等经济惩罚手段以及利用"算法技术"来保障从业者对秩序

---

① 参见陈龙:《"数字控制"下的劳动秩序——外卖骑手的劳动控制研究》,载《社会学研究》2020年第6期。

的遵循，并通过"经济激励"设定定价体系及报酬制度，最终实现对从业者的"软控制"。我们应当灵活地理解劳动关系从属性特征，以合同履行事实为依据考虑多种指示性因素综合判断。①

1. 贯彻一个理念：利益平衡理念

司法价值理念是探究互联网平台用工劳动关系认定的基础和前提，在目前法律法规滞后甚至缺位的情况下，司法价值理念对司法裁判具有重要的指导意义。

互联网平台用工模式下，"资强劳弱"的传统局面并未得到扭转。反而因新技术、新算法的加持，平台企业与从业者之间的力量悬殊对比愈发凸显，双方依然处于一种天然不平等的状态。切实保障从业者合法权益，既是以法律促成双方地位平等，保障民生、维护社会稳定的重要方式，亦是劳动法"保护法"特性的彰显。当然，也不可否认互联网平台用工吸纳就业力量、缓解就业压力的重要意义。目前我国的新业态仍处于快速发展时期，保护新业态用工模式，对于构建和谐劳动关系、优化营商环境、推动社会经济高质量发展具有重要意义。

笔者认为，在认定互联网平台用工劳动关系时应秉持利益平衡司法理念，一方面，要合理界定平台用工企业的责任承担规则，保障从业者合法权益；另一方面，也要根据用工事实，依法审慎认定双方之间的劳动关系，避免不完全劳动关系的泛化，促进平台经济持续健康发展。

2. 坚持一个原则：事实第一原则

在互联网平台用工模式下，平台用工企业为规避用工风险，掩盖双方真实法律关系，往往与从业者签订承揽协议、合作协议、劳务协议等，并在相关协议中明确"双方不属于劳动关系"。部分平台用工企业甚至要求从业者先注册个体经营者身份，再以该身份与其签订合作协议。也存在许多打着外包名义，但承包方实际并未参与经营管理的"假外包"情况。司法实践中有些法院过于重视形式上的协议约定而忽视了实质从属

---

① 参见班小辉：《"零工经济"下任务化用工的劳动法规制》，载《法学评论》2019年第3期。

性的审查,本案一审法院即存在此种现象。

笔者认为,认定互联网平台用工劳动关系时应坚持"事实第一原则"①,刺破平台用工企业的"面纱",进行实质从属性的认定。正如国际劳工组织所指出的,确定一种雇佣关系的存在,应当以事实为依据,而不能根据双方对其赋予的名称或形式来决定,这就是为什么一种雇佣关系的存在应取决于某些客观条件是否得到满足,而不是取决于一方或双方对这种关系进行怎样的描述。

有学者认为对于互联网平台用工模式,可尊重当事人的意思自治,允许当事人通过合意方式来确定双方法律关系。但笔者认为,一方面,对于双方之间真实的法律关系性质,关键应从案件事实出发,审查是否符合劳动关系的从属性特征,而不能仅因双方在协议中对身份关系性质存在事先约定而排除劳动法律法规的适用,否则容易导致平台企业利用优势地位规避其应负的法律责任;另一方面,平台企业与从业者之间天然的地位不平等,双方在经济地位、谈判能力、信息掌握等方面能力悬殊,在签订相关协议时必然是不平等的,基于保护弱者的社会保障理念,司法实践中不宜完全放任当事人意思自治,在尊重双方合意的同时也应加强合法性、合理性、实质性审查。

3. 细化一个标准:互联网平台用工关系从属性的外部标志

当前,世界各国均在摸索互联网时代劳动关系的外部标志。《劳动和社会保障部关于确立劳动关系有关事项的通知》第二条规定了工资支付凭证或记录、工作身份证明、招用记录、考勤记录、其他劳动者证言等五类劳动关系判断外部标志。传统用工模式下,上述五类外部标志足以分辨双方是否构成劳动关系。但互联网平台用工中工资由第三方支付、工作时间灵活、签订合作/承揽协议、线上抢单线下配送等新特征,使得上述五类外部标志有些"力不从心"。笔者认为,建立多要素的从属性外部判断标志,是完善我国互联网平台用工劳动关系认定的必要之举。

---

① "事实第一原则"是国际劳工组织在第95届国际劳工大会上提倡的一种认定劳动关系的原则。

第一，强化人格从属性判断。互联网平台用工关系中，人格从属性的核心仍然是用人单位对劳动者的指挥管理和监督控制。对此应结合平台用工企业对从业者的控制方法、程度，奖惩措施等外部标志进行认定。具体包括：（1）从业者是否需要按时上线接单，若不按时上线接单是否有惩罚；（2）平台用工企业是否对从业者每天在线时间、完成任务数量有一定要求；（3）从业者的服务是否接受平台用工企业监管，平台用工企业对于从业者提供的服务是否有标准化要求；（4）从业者如不服从命令，是否会受到惩罚或其他不利影响，如减少派单、降低提成比例等；（5）从业者进入或者退出平台是否受到平台用工企业限制等。具体个案分析中，可结合个案实际情况，对上述要素进行全面综合分析，根据平台用工企业对从业者的管理强度判断双方是否具有人格从属性。

第二，丰富经济从属性内涵。对此应结合平台用工企业报酬支付方式、双方对生产资料的分配等进行认定。具体包括：（1）从业者获取报酬的方式以及发放主体，是否具有持续稳定的特点；（2）相关报酬收入是否为从业者的主要生活来源；（3）平台用工企业是否规定了从业者的报酬标准；（4）核心生产资料是否由平台用工企业提供等。鉴于互联网平台用工的灵活性与多样性，为充分尊重市场规律，保障平台经济健康平稳发展，对互联网平台用工劳动关系的经济从属性应持有包容的态度，充分尊重平台用工企业自由选择报酬支付方式以及双方对生产资料配置的分工。只要报酬的支付具有持续性和规律性，核心生产资料由平台用工企业提供，即可认定双方之间具有经济从属性。

第三，明确组织从属性界定。对此可从从业者和平台用工企业两方面进行分析，若平台用工企业通过具体业务规则在消费者面前营造了一种组织属性的外观，或者从业者在提供服务时需按照要求穿着或佩戴可识别为平台用工企业的服装、装饰等（如美团外卖配送员在配送时需统一着美团工作服），此时的从业者相比于传统劳动者更具有组织从属性。此外，判断组织从属性可依据从业者是否单独完成相关劳动和平台用工企业是否以组织从业者从事平台分配的工作任务为主要营业范围等。

在此需要说明的是，互联网平台用工模式仍处于不断完善发展过程中。不同平台之间、同一平台不同类型从业者之间均有其独特性。判断从业者与平台用工企业是否成立劳动关系，虽可参考前述从属性外部标志，但不宜"一刀切"僵化处理，仍需结合个案实际情况，重点考察在用工过程中，从业者是否具有实质自主决定权和从业者获得的报酬是否为其主要经济来源且具有持续稳定特点这两个核心要素。

三、本案的处理思路

本案为确认劳动关系案件，需审查劳动关系的主体和内容两方面。主体上，何某红和兢择公司均符合法律法规规定的劳动关系主体资格，这毋庸置疑。内容上，何某红从事的外卖配送业务与兢择公司的经营范围相符，其提供的劳动是兢择公司业务组成部分，这也相对容易判断。但受何某红注册个体工商户与兢择公司签订《承揽合作协议》、自备工作用车、好活平台发放薪酬等现实特征干扰，何某红与兢择公司之间是否具备劳动关系的本质属性成为本案审理的关键，也是一审、二审法院的分歧所在。

首先，本案涉及互联网平台用工劳动关系的认定问题，应秉持"利益平衡"的司法价值理念。保护劳动者合法权益，是劳动法律法规的首要价值取向。但倾斜性保护并不意味着忽视对企业合法权益的保护。特别是在互联网平台用工中，基于"实施更加积极的就业政策，完善创业扶持政策，加大对灵活就业、新就业形态的支持力度"的政策导向，在审查平台企业与平台从业者之间是否构成劳动关系时，既要保障平台从业者的合法权益，不能机械套用传统劳动关系认定的标准，一概排斥劳动关系，防止某些平台企业假借互联网平台用工的名义规避其承担的法律责任与社会责任，又要注意对新型行业发展的护航，审慎认定劳动关系，促进新业态经济健康长远发展。

其次，根据本案现有证据反映的事实，何某红与兢择公司之间具有劳动关系的本质属性。第一，兢择公司对何某红的工作时间、工作任务及休息休假等具有指挥、监督与惩戒的权利，何某红并无实质自主决定权。兢择公司通过钉钉软件、微信群对何某红进行排班、考勤等用工管理。何某红休假需要提前申请，如果不上线、接单，兢择公司会作为旷工处理或予以罚款，其配送过程始终处于平台的监控状态下。第二，何某红对于劳动对价和交易价格均无决定权，且对兢择公司的生产资料、薪酬支付具有一定的经济依赖性。兢择公司向何某红提供的蜂鸟平台App，其本身的信息和技术手段系平台从业者进行工作的重要生产资料。何某红的薪酬发放具有持续稳定特点，且因兢择公司排他性质的服务约定，导致其司发放的薪酬为何某红主要收入来源。第三，何某红工作时需统一着装，其提供的劳动是兢择公司业务组成部分。概言之，双方劳动用工过程中，兢择公司的指挥、管理与监督权具有决定性作用，何某红并无相应自主权，双方之间劳动用工关系具有较强的人格从属性及经济从属性，可确认双方存在劳动关系。

最后，平台企业以要求平台从业者登记为个体工商户后再签订合同、在协议中对身份关系性质进行事先约定、"假外包"等方式规避与平台从业者建立劳动关系的，人民法院不予支持。第一，何某红应兢择公司要求注册成立个体工商户，并以该个体工商户名义与兢择公司签订《承揽合作协议》，约定双方不构成任何劳动关系。但是，一方面，该个体工商户并未实际经营，仅是兢择公司掩盖双方实质法律关系的一种方式；另一方面，劳动关系属于身份关系，不能仅因双方在协议中对身份关系性质存在事先约定而排除劳动法律法规的适用，故也不宜直接依据双方签订的《承揽合作协议》认定双方之间不具有劳动关系。第二，直观上，案涉协议等显示，兢择公司将配送业务发包给好活公司，好活公司再转包给有关商事主体。但事实上系兢择公司向何某红派单，何某红接单对外提供配送服务，好活公司并未参与配送业务的承包或转包，仅系薪酬代付主体，好活平台的加入不足以否认双方之间的劳动关系。

【地方法院调研】

关于涉养老机构纠纷案件的调研报告

天津市第一中级人民法院课题组[*]

随着我国人口老龄化的加剧，越来越多的老年人选择入住养老机构安度晚年。由于养老机构发展状况参差不齐及老年人年迈体弱的特点，养老机构与入住老年人之间的纠纷呈多发趋势。为了解涉养老机构纠纷案件[①]现状，服务于社会老龄化趋势，我们对2019年至2022年天津市第一中级人民法院（以下简称一中院）及辖区法院审结的涉养老机构纠纷案件进行了整理分析，总结该类纠纷的特点、频发原因、审判难点和裁判规则，并提出建议，以期对妥善化解养老机构与入住老年人之间的矛盾纠纷，保障老年人合法权益，引导养老服务行业健康有序发展提供有价值的参考。

一、近四年涉养老机构纠纷案件审判概况

（一）涉养老机构纠纷案件基本情况

2019年至2022年，一中院及辖区法院共审结涉养老机构纠纷案件74件。从案件案由分析，服务合同纠纷44件、生命权纠纷9件、健康权纠纷15件、身体权纠纷3件、侵权责任纠纷3件（见图1）。从结案方式分

---

[*] 课题组成员：刘莉、王晓燕、吴庆榜。
[①] 本文主要指养老机构与入住老年人之间的纠纷案件。

析，一审审结的 54 起案件中，判决、撤诉和调解的数量为审结方式的前三甲，占比分别为 70.4%、14.8%、9.3%（见图 2）。二审审结的 20 起案件中，维持原判、依法改判、发回重审、调解的数量占比分别为 75%、10%、10%、5%（见图 3）。

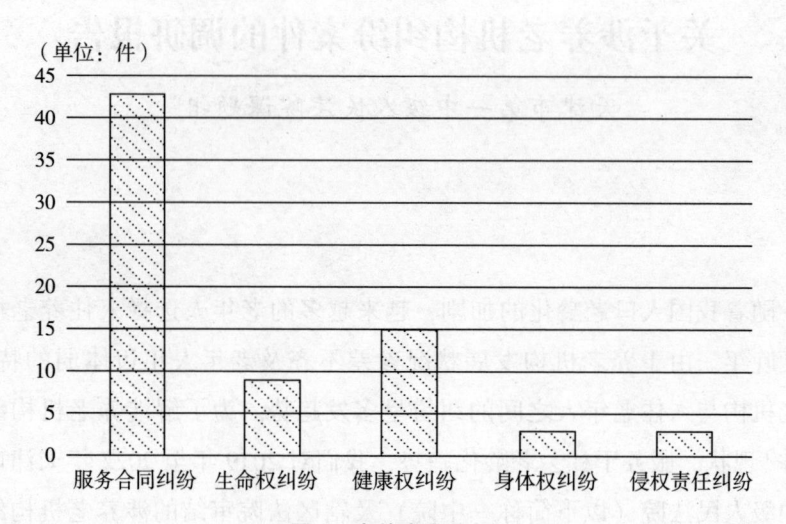

图 1 案件案由分析

	2019年	2020年	2021年	2022年
判决	3	9	11	15
撤诉		2	5	1
调解	2		1	2
驳回起诉			1	
按撤诉处理		1		1

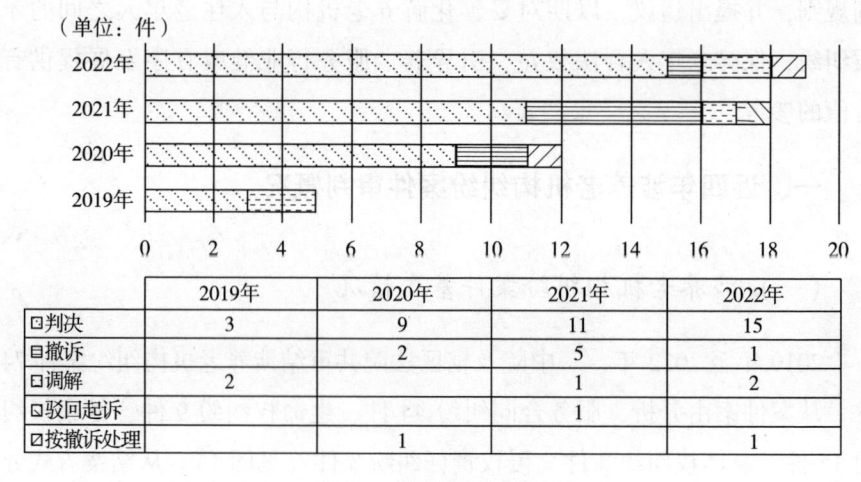

图 2 一审结案方式分析

(单位：件)

	2019年	2020年	2021年	2022年
维持原判	1		6	8
依法改判		1		1
发回重审		1		1
调解				1

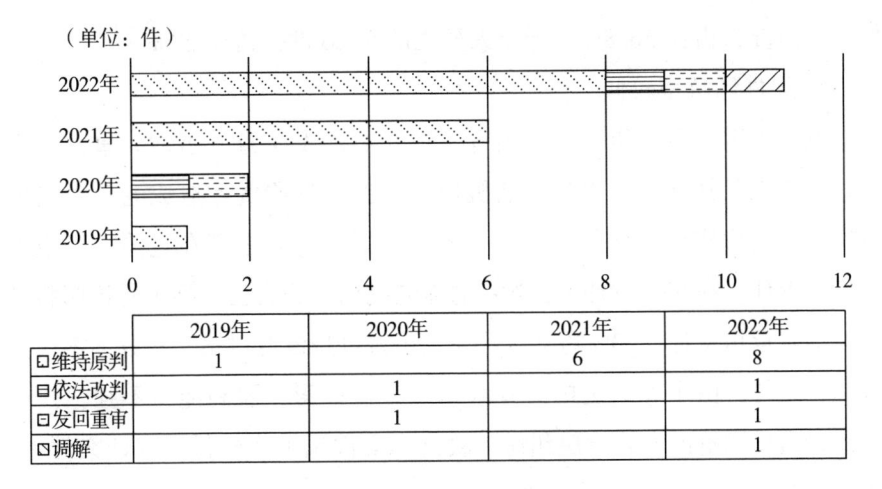

图 3　二审结案方式分析

（二）涉养老机构纠纷案件主要特征分析

1. 案件数量持续攀升

2019年至2022年，一中院及辖区法院审结涉养老机构纠纷案件分别为6件、14件、24件、30件，2020年同比增长133.3%，2021年同比增长71.4%，2022年同比增长25%，案件数量持续攀升。

2. 原告多为老年人一方

随着人们法律意识不断提升，依法维权的理念逐渐深入人心，老年人与养老机构之间发生矛盾纠纷时，越来越多的老年人选择通过诉讼途径解决纠纷。调研的一审案件中，老年人作为原告提起诉讼的有35件，占比64.8%；作为被告应诉的有19件，占比35.2%，作为原告的比例远高于作为被告的比例。

3. 纠纷多因老年人伤亡而起

在审结案件中，入住养老机构的老年人平均年龄为72岁，其中年纪最大的96岁，且自身均患有高血压、糖尿病、心脏病、肝肾疾病等一种或多种老年疾病，体质较为脆弱，养老机构提供护理服务过程中稍不注意，就容易出现伤亡事故。审结的74起案件中，42起案件出现了老年人伤亡的情况，占比56.8%，老年人死亡的有20件，占比27%。

4. 案件调解率较低

老年人因自身体质原因，稍有不慎就可能发生意外事故。事故发生后，老年人及其亲属认为是养老机构未尽到护理职责才造成老年人发生意外，养老机构应对此负责。而养老机构则认为其不存在过错，不应承担赔偿责任。在统计案件中，70%的养老机构认为自己尽到了看护照料义务，不应承担责任，90%的家属认为老年人自身没有过错，双方冲突较为激烈。此外，由于养老机构具有浓厚的公益色彩，盈利能力不强，往往不愿意通过调解的方式解决纠纷，故此类案件调解率较低。统计案件中，调解结案只有7件，占比9.5%。

(三) 涉养老机构纠纷产生的原因分析

涉养老机构纠纷的产生既有养老机构服务管理方面的原因，也有老年人自身的原因，更有社会的因素。对纠纷产生根源进行分析，有助于有针对性解决问题。

1. 机构管理服务不规范

通过调研发现，养老机构发展不平衡、服务水平参差不齐。有些养老机构尤其是农村养老机构硬件设施以及软件设施并不是非常完善，为矛盾纠纷的出现埋下了隐患。比如，有的养老机构服务设施简陋、服务类型单一、服务意识不强、服务质量不高，易导致老年人的意外伤害，进而诱发老年人或其家属与养老机构的纠纷。

一是护理人员业务水平低。养老行业为微利行业，具有高投入、低回报、高风险、低收益的特点，一些养老机构出于节约成本的考虑，不愿意投入更多资金为员工开展系统的专业培训，使得部分护理人员医疗护理知识欠缺，业务水平不高，在遇到突发状况时难以采取正确的应对措施。比如，面对老年人摔倒、磕碰、噎食、烫伤、突发疾病等突发状况时，不能准确研判情况是否严重，以致未能及时拨打120急救电话，转送医疗机构救治并通知其紧急联系人，延误最佳治疗时机。老年人出现伤亡事故后，与老年人或其家属的矛盾纠纷便不可避免地出现。

二是工作人员责任意识有待提高。养老服务是一种特殊的长期照料服务，涉及医疗护理、康复训练、生活照料等多种服务形式，服务对象主要是一些体弱的老年人，需要护理人员具备很强的责任心。而一些护理人员工作不负责，服务意识差，面对入住老年人合理诉求，敷衍塞责，态度恶劣，甚至辱骂殴打老年人，侵犯老年人合法权益，使得老年人与养老机构间的矛盾纠纷数量居高不下。

三是老年人健康评估机制有待完善。一些养老机构在老年人入住前没有全面评估老年人身体条件和精神状态，入住后没有为老年人建立健康档案并定期体检，未能及时发现和治疗早期疾病，保障老年人的身体健康。

四是长时间封闭管理问题凸显。新冠疫情来势汹汹，养老机构出于多种因素考虑，纷纷采取全封闭式管理，运营成本大幅增加。亲属探访、文娱活动的取消，使老年人容易产生焦虑、压抑、抑郁等心理问题，以致自伤和伤害他人的事件偶有发生。此外，由于封闭管理，老年人突发疾病后不能及时外出就医，或担心外出后回不来不敢外出就医，以致延误了最佳诊疗时机。老年人发生意外后，认为养老机构存在过错，要求养老机构承担相应责任，从而产生纠纷。

2. 监管制度有待进一步完善

目前，养老机构的监管体系尚不完备，监管主体多元，存在民政、住建、公安、消防、卫生、防疫、市场监管等多个监管主体，部分监管领域职责划分不明确，存在监管盲区与真空地带，执法合力和执法联动有待进一步加强，职责明确、分工协作、科学有效的综合监管制度有待进一步构建和完善。

3. 老年人自身原因

入住养老机构的老年人有很大一部分为失能、半失能老年人，他们对养老机构的硬件设施和服务质量要求较高，稍有不慎就可能发生意外事故。而且，有些老年人自己一人入住养老机构，远离亲人朋友，久而久之，内心易感到失落、孤寂和抑郁，以致情绪有所波动，实施一些自伤或伤害他人的行为。此外，一些老年人因性格原因，易与养老机构工作人员或其他入住老年人产生冲突，从而引发纠纷。

4. 亲属内心期望较高

一方面，部分老年人亲属认为自己花钱将老年人托养在养老机构，养老机构就应当对老年人的身心健康负责，若老年人住养期间发生意外，养老机构应该承担全部责任。在这种认识下，老年人亲属易忽视老年人的心理需求，一旦发生意外，亲属多将事故归责于养老机构并提出赔偿诉求，故而引发纠纷。另一方面，一些老年人亲属为了少交护理费或者担心养老机构拒收，入住时故意隐瞒老年人既往病史和身心健康状况或提供虚假的体检材料，致使养老机构未能根据老年人健康状况准确评定护理等级并提供相应的护理服务，造成老年人因突发疾病或心理抑郁而发生意外，进而产生纠纷。

二、涉养老机构纠纷案件审理难点分析

（一）案件事实难以查清

一是入住养老机构的老年人多是失能、半失能的老年人，容易发生摔倒、磕碰、骨折等意外而遭受人身损害。意外事故又多发生在老年人居住的房间内，非公共区域，出于隐私考虑，养老机构不会、家属一般也不同意室内安装监控，使得意外成因难以查清。二是涉养老机构纠纷在举证责任分配上具有特殊性和复杂性，案件双方当事人，尤其老年人举证能力差、辨识能力弱，难以陈述事情原委，使得案件事实认定难度加大。三是老年人年迈体弱，普遍患有一种或多种老年基础疾病，一旦发生意外往往会造成严重的人身损害，此类案件中"多因一果"和"多因多果"的情况很多，而老年人在就医过程中除产生治疗侵权行为直接导致的伤情费用外，还产生治疗其他原有病症的费用，案件承办法官由于自身专业知识的局限，难以对此类费用的合理性予以判断。

（二）责任划分难度较大

涉养老机构纠纷案件通常法律关系较为复杂，该类纠纷往往体现为服务合同纠纷下的违约责任、养老机构安全保障义务下的侵权责任、第三人侵权责任和子女监护责任相互交叉杂糅，各种责任对于损害结果的作用系数认定难度较大。老年人在养老机构发生意外事故遭受人身损害时，老年人及其亲属对养老机构在护理救助方面是否存在过错难以举证，诉讼中缺乏证据支持，法院难以界定养老机构的护理行为与老年人受伤后果之间的因果关系，双方责任承担比例难以准确认定。

（三）法律适用存在困难

目前，老年人在养老机构内伤害事故频发，但我国还未针对养老机构内老年人伤害事故的处理进行专门立法。老年人入住养老机构需要双方签订养老服务合同或者入住服务协议，然而，无论是合同法还是民法典合同编中均没有规定"养老服务合同"，法律规定不具体导致司法适用困难。在统计案件中，法院审理涉养老机构纠纷案件时，通常依据消费者权益保护法、老年人权益保障法和民法典等法律的相关规定作出裁判。立法的滞后性必然导致对社会养老服务调整的乏力，不利于老年人合法权益的保护和养老机构的健康发展。

（四）利益关系不易平衡

如何平衡老年人个人权益保护和引导养老服务行业健康有序发展之间的关系，需要承办法官在利益衡量和自由心证的基础上不断进行个案权衡，此类案件极大地考验着法官的智慧。一方面，老年人合法权益需要特殊保护。老年人是社会弱势群体，善待老年人，保障其合法权益是全社会的共同责任，如何最大限度地保障老年人的合法权益是人民法院审理涉养老机构纠纷案件时必须关心和思考的问题。另一方面，养老机构的利益也必须维护。养老机构是由政府扶持发展的具有浓厚公益色彩的服务机构,公益性是其第一属性。养老服务业本身是微利行业,前期投入大、投资回报周期长,已让很多养老机构自身的发展步履维艰,纠纷带来高额的赔偿可能瞬间压垮一个机构。要鼓励养老行业发展,维护社会资本进入养老领域的积极性,就不能对养老机构课以过重责任。

(五) 对法官能力素质要求较高

在养老机构类纠纷案件持续攀升,争议内容日益复杂的严峻形势下,涉养老机构的国家政策性文件和相关立法频繁出台,无论是民法典、老年人权益保障法、消费者权益保护法等法律,还是民政部制定的《养老机构管理办法》等部门规章及一些地方性法规均对养老机构相关问题作出了规定。法律规范供给数量的增多,更新速度的加快,不仅使法律适用变得复杂,也给案件审理者的知识更新能力提出了新要求。案件裁判者必须熟练掌握相关法律法规的规定,对其综合素质提出挑战。

三、涉养老机构纠纷案件的裁判思路

(一) 注重保护老年人合法权益

与养老机构相比,老年人参与诉讼的能力明显不足,一方面,老年人理解表达能力差。入住养老机构的老年人大多体弱多病,因身体原因往往不能到庭参加诉讼,即便到庭应诉,由于其认知能力、行为能力、理解能力、表达能力和听力障碍等原因,也难以准确表达自己的观点和诉求,对法官的庭审指导、释法明理难以消化吸收。另一方面,老年人举证能力弱。入住养老机构的老年人通常法律知识储备不足,证据意识不强,对证据的客观性、关联性、合法性以及证明力的大小、证据的种类等知之甚少,极易因举证不能而承担不利的法律后果。就涉养老机构纠纷而言,加强老年人合法权益的司法保护,法院应着重审查养老机构是否依法依规依协议,恰当地履行了管理服务义务,其提供服务是否符合国家标准和行业标准。但需要强调的是,维护老年人群体的合法权益,并不意味着偏袒老年人一方，法院应审慎厘清养老机构的看护责任和入住老年人的自身责任。此外，宪法和老年人权益保障法均确立了针对老年人的社会优待原则，加大对老年人合法权益的保护力度，有充分的法理依据。

（二）谨慎适用养老机构免责条款

免责条款，是指合同当事人在合同中事先约定的，旨在限制或免除未来责任的条款。[①] 根据民法典第五百零六条的规定，造成对方人身损害的，无论是故意还是过失均不能免责。因此，养老服务合同中约定的造成对方人身伤害的免责条款无效。养老机构应合理设置服务协议，拟订公平、合理、合法的合同条款，厘清各方权利义务，避免采取免除或减轻自身责任、加重对方责任或限制对方主要权利的条款。例如，在程某贞与某养老院健康权纠纷一案中，某养老院与程某贞在养老服务合同中约定因养老院及其工作人员以外的第三人的行为等原因造成老年人伤亡事故，养老机构不承担赔偿责任。法院认为该约定明显具有免除自身责任、加重对方责任，排除对方主要权利的性质，因此该相关内容无效。

（三）养老机构无责情形的认定

养老机构若充分履行了日常护理照料义务和合同约定的通知协助义务，提供了符合服务标准的养老服务，老年人因自身疾病或因自身行为（自残、自杀等）出现伤亡事故，养老机构对老年人的损害无过错，养老机构无须对老年人的伤亡承担赔偿责任。

（四）养老机构行为无效的认定

依法成立的合同，对当事人具有法律约束力。养老机构应保持床位费、护理费等费用标准相对稳定，严格按照合同约定收取服务费用，不得擅自提高收费标准，增加费用，也不得要求老年人一方一次性提前预

[①] 参见王利明、杨立新、王轶、程啸：《民法学》，法律出版社2014年版，第462页。

付入住期间的全部服务费用。

（五）严格审查养老机构是否履行通知救助义务

入住老年人突发疾病或发生其他紧急情况，应第一时间通知老年人亲属或紧急联系人，并及时拨打120急救电话、送医救治。若养老机构未履行通知亲属、积极救助义务，则应承担相应的赔偿责任。例如，在高某凡与某养老院生命权、健康权纠纷案中，高某凡系死者高某之子，某日18时，护理人员巡视房间时发现高某在寝室身体不适，便立即采取急救措施，并电话通知高某凡现场情况，但在此期间养老机构及高某凡均未拨打120急救电话。直至当日22时护理人员才拨打了120急救电话，救护车到达时高某已死亡。法院认为，养老机构护理人员在高某身体突发不适，出现紧急情况时，虽采取了紧急救助措施并通知了亲属，但并未及时拨打120急救电话或将高某转送医疗机构救治，违反了其作为养老机构应在老年人突发危重疾病时及时转送医疗机构救治的义务，存在一定过错，应承担相应的赔偿责任。

（六）重点查看养老机构是否尽到安全保障义务

养老机构作为经营者对服务对象若未尽到安全保障义务，造成入住老年人遭受人身损害的，养老机构应当承担相应的赔偿责任。实践中，因养老机构护理人员疏忽大意或故意侵权，造成老年人摔倒、噎食、烧伤、烫伤、坠楼、褥疮、骨折、猝死等情形，法院主要基于双方的过错程度、老年人损害后果的轻重，同时兼顾养老服务行业的公益属性来依法裁判。在判断老年人过错程度时，主要考量因素为老年人的年龄、健康状况、行动能力等。在判断养老机构过错程度时，主要考量养老机构是否尽到了安全保障义务和损害发生的原因，若养老机构恰当履行了自己的义务，则养老机构无过错，若因为老年人自身的原因导致了损害后果的发生，则可以减轻养老机构的赔偿责任。需要强调的是，安全保障义务是养老机构必须承担的法定义务，不因当事人的约定或一方当事人的提前告知而免除。例如，在林某义、李某青、林某与某养老院合同纠纷案中，林某义入住某养老院时患有脑梗后遗症、行动不便，生活无法自理。林某义如厕时，养老院的护理人员将其扶坐在便椅上离开，后林某义摔伤。法院认为，某养老院对入住老年人负有安全保障义务，日常管理服务中应积极采取措施预防危险的发生，对于自理能力存在困难的老年人应予以特别关注。林某义作为有脑梗后遗症的老年人，自己坐在便椅上存在一定的风险，需要护理人员全程陪护。某养老院护理人员中途离开，未能尽到充分的安全保障义务，故某养老院应对林某义因摔伤造成的实际损失承担相应责任。

四、妥善处理涉养老机构纠纷的建议

涉养老机构纠纷案件频繁发生的原因有很多，不仅与老年人生理性和病理性等身体健康因素有关，也与养老机构管理服务欠缺有关，更与政府的监督管理不力有关。要预防、减少涉养老机构纠纷案件的发生，推进矛盾纠纷及时高效化解，需多方力量共同努力。

（一）法院应坚持调判结合，妥善化解矛盾纠纷

人民法院应坚持"调解优先、调判结合"的方针，积极构建多元化的纠纷化解机制，引导老年人和养老机构理性表达意见和诉求，妥善化解涉养老机构纠纷。

1. 部门联动，多元化解纠纷

各级法院应积极联合民政、公安、街道、社区等部门构建涉养老机构纠纷联动化解机制，争取多部门的配合参与，充分发挥多方力量化解涉养老机构纠纷。也可以选任人大代表、心理咨询师、医务人员等与法院工作人员共同组成涉养老机构案件调解团队，以提升涉养老机构纠纷化解工作实效。

2. 强化交流，统一裁判尺度

为公正、高效处理涉养老机构纠纷，不断提高司法公信力，各级法

院应加强沟通交流，杜绝同案不同判，统一裁判标准，妥善化解养老机构与入住老年人之间的矛盾纠纷，切实保障老年人合法权益，引导养老服务业健康有序发展。

3. 提升服务，畅通维权渠道

各级法院应开辟老年人维权绿色通道，坚持"优先立案、优先审理、优先执行"，切实做好老年群体法律服务工作。此外，针对老年人诉讼能力弱的特性，各级法院可探索建立"陪同诉讼人机制"，老年人一方可以自行选择陪同诉讼人负责信息传递、解释说明等事项，切实提升老年人的诉讼体验。

（二）养老机构应苦练"内功"，消除服务安全隐患

高标准的管理服务，高素质的员工队伍，高质量的硬件设施，高水平的服务合同是养老机构"避险自保"的有效举措。养老机构应不断增强硬件设施配备，加强护理人员管理培训，规范养老服务合同，提升养老服务质量，从源头上消除服务安全隐患，最大限度降低责任风险。

1. 设置合同体验期

养老服务合同设置合理期限的体验期。为预防和减少老年人因冲动消费引发的纠纷，切实保障老年人的消费权益，养老机构与入住老年人自签订服务合同的次日起设置一定天数的体验期。老年人在此期间没有办理入住的，有权单方面解除合同，养老机构对预付的费用应一次性返还。但需要注意的是，体验期的天数不应过长，以十天以内为宜，因为入住协议签署之后，老年人短期内没有入住，对养老机构收益的影响微乎其微，养老机构理应退还老年人预付的全部费用。如果体验期过长，养老机构床位则会长期空置，不能再次销售，其收益会严重受损，此时再让养老机构全额退还老年人一方预付的费用，则对养老机构明显不公。

2. 引入心理咨询服务

随着年龄增长，许多老年人身体机能严重下降，加之子女亲属不在身边，精神得不到慰藉，内心对亲人的想念若不能及时得到疏解，极易

产生严重心理健康问题。引入心理咨询服务，为老年人提供心理疏导，及时排解其内心的苦闷，有利于提升老年人在养老机构的归属感、安全感和幸福感，从而减少矛盾纠纷的发生。

3. 完善智能监控系统

在走廊、出入口、接待厅、活动室、病房等老年人公共活动区域安装监控录像设备，在征得老年人（或其亲属）及同房间居住的其他老年人一致同意后，可以在老年人居住生活的房间内安装监控录像设备。同时，养老机构应安排专人管理和实时监控该设备，在老年人发生摔倒、磕碰、晕倒等突发事件时，第一时间作出反应。此外，出于对老年人隐私权的保护，养老机构需对服务期间获取的视频监控影像资料妥善保存，严格保密。监控力量的加强，可以在纠纷发生时提供翔实的证据资料，进而还原事情真相，厘清各方责任。

4. 构建健康评估机制

入院前从自理能力、健康状况、精神状态、既往病史等方面完整评估老年人身心健康状况，并根据评估结果合理确定照料护理等级，与老年人及其亲属签订风险告知书，明确隐瞒健康状况时的责任承担问题。入院后及时为老年人建立健康档案并定期组织体检，密切关注老年人的身心健康状况，提前做好风险防范工作。

（三）政府部门应加强监管，预防和减少矛盾纠纷发生

1. 强化制度保障，完善相关立法

鉴于老年人在养老机构伤害事故多发的现状，相关部门可以出台类似于教育部颁布实施的《学生伤害事故处理办法》和国务院颁布实施的《医疗事故处理条例》之类的《养老机构伤害事故处理办法》，对养老机构伤害事故的定义、基本类型、不同利益主体的法律责任、事故处理程序等内容进行明确规定。

2. 完善保险机制，提升防风险能力

一方面，构建养老机构强制性责任保险机制，保障内容应涵盖意外

事故、骨折保险金、施救费用、法律费用、第三者责任费用等方面。其中，政府兴办和非营利性养老机构保险费用由政府财政负担，民办及营利性养老机构保险费用由政府财政按照标准保费的一定比例给予补贴，剩余部分由养老机构自担。民办及营利性养老机构可自行选择保险公司进行投保。保险范围覆盖老年人从入住养老机构开始接受服务的全过程，在养老服务合同有效期内（不受时间空间限制）发生的意外事故，无论是否为养老机构责任，均纳入保险赔付范围。另一方面，建立养老机构责任保险基金，通过政府财政补助、福利彩票公益金捐赠、养老机构和入住老年人共同筹资、社会团体和个人捐助的方式，建立养老机构责任保险基金，用于养老机构伤害事故的责任赔付。此外，为了增强养老机构规避风险的能力，促进养老机构长远发展，可从养老机构每年收益中提取一定比例的资金作为机构长期发展备用金，主要用于养老机构基础设施的日常维护、新设备的添置和组织活动经费等。

3. 构建监管机制，智能化常态管理

一方面，民政部门联合住建、市场监管、公安、消防、卫生、防疫等部门，对养老机构建筑的设计使用、消防安全、卫生安全、食品安全、自然灾害防范、疫情常态化防控等方面，定期组织开展专项检查，消除安全隐患，建立健全常态化协同监管机制；另一方面，加快养老服务信息管理系统建设，推进民政、住建、公安、消防、卫生、防疫、市场监管、社会救助等部门的信息资源对接，加强部门间的信息共享，构建动态完整的老年人信息数据库，提升服务管理效能，加强对养老机构运营管理、资金使用、服务质量等情况的监管。

4. 加强培训教育，严格管理追责

养老机构协会应定期组织养老机构员工进行安全知识教育培训和职业道德培训，加强护理人员岗前职业技能培训和岗位技能提升培训，提升工作人员的业务水平和职业道德水平。对养老机构发生的欺老、虐老等侵害老年人合法权益行为的相关责任人，在追究法律责任的同时，实施"行业禁入"。

关于人口老龄化背景下构建和完善适老型民事诉讼模式的调研报告

北京市朝阳区人民法院课题组[*]

我国自 2000 年进入老龄化社会[①]以来，人口老龄化进程加快。党和政府高度重视人口老龄化问题，先后颁布发展规划、出台制度政策，启动多项行动计划，提出"积极应对人口老龄化，构建养老、孝老、敬老政策体系和社会环境"。2021 年 11 月，中共中央、国务院发布《关于加强新时代老龄工作的意见》明确提出建立"适老型诉讼服务机制"。2022 年 3 月，最高人民法院出台《关于为实施积极应对人口老龄化国家战略提供司法服务和保障的意见》。应加强人口老龄化的司法应对，健全完善适老型司法程序和实体法律制度，探索构建符合涉老诉讼规律和特点的民事诉讼模式，不断回应和满足老龄化社会的司法需求。

一、我国社会人口老龄化特点和发展难题

我国人口老龄化呈现新特点，社会发展面临新挑战。

---

[*] 课题组成员：龚浩鸣、齐晓丹、李清华、肖华林、蒙镭；执笔人：肖华林。

[①] 国际通行一般把 60 岁以上人口占总人口比例达 10%，或 65 岁以上人口占总人口的 7%，作为一个国家或地区进入老龄化社会的标准。按此标准我国自 2000 年就已进入老龄化社会，2000 年，我国 60 岁以上人口占总人口比例达 10.3%，65 岁以上人口占总人口比例达 7%。

(一) 人口老龄化的特点

人口老龄化加速增长，老龄人口数量大，高龄老人多。2020年第七次全国人口普查时，60岁以上人口占比为18.7%，数量达2.64亿，65岁以上人口占比为13.5%，数量超过1.9亿，较2010年分别上升5.44和4.63个百分点，与2000年相比近乎成倍增长。同时，人口老龄化与高龄化、失能化、空巢化、少子化"四化并发"。2020年，60岁以上失能老人数量已超4200万，老年空巢家庭率已达50%以上，在大中城市更是高达70%。

人口老龄化地区发展不平衡，城乡倒置显著，呈现差异性、多样化的发展进程。除西藏外，其他省市65岁以上老年人口比重均超过7%，其中12个省市比重超过14%。"农村比城市先老""东部比西部先老"。目前我国农村老龄化比例比城市高1.24%。

老年人能力结构发生新的变化。老年群体的受教育程度、经济基础、劳动能力、精神文化需求等方面发生了结构性变化，老年人的价值观、消费观与生活方式不断更新，需求正向高层次、高质量、个性化、多元化的方向发展。

(二) 人口老龄化社会发展难题

人口老龄化将对社会发展带来深远影响，机遇与挑战并存。对个人和家庭而言，我国是"以居家为基础、社区为依托、机构为支撑"的养老及服务体系，养老主要依托家庭代际支持。在人口老龄化程度加深及以往较低生育水平作用下，个人及家庭的养老负担较大。同时，失独、空巢、高龄、失能、失智等问题将进一步导致家庭养老功能不足，对社区、机构养老等社会化养老需求将显著增加。营造对老年人友好、适老型社区环境，加强硬件、软件建设，建立社区养老共同体，是社区面临的迫切、重要难题。我国养老机构的数量和质量尚无法满足快速增长的养老需求。就国家和社会层面而言，国家政策的顶层设计、地方政策的出台和实施都面临全方位一体化的要求，需要做好超前规划顶层制度设计、合理配置养老资源和解决区域老龄化差异性等问题。

二、构建适老型民事诉讼模式的重要意义

构建适老型民事诉讼模式，是满足老年人司法需求、继承弘扬中华民族传统美德、贯彻落实积极应对人口老龄化国家战略的要求。

（一）满足老年人司法需求的现实要求

我国涉老民事纠纷诉讼呈现新特点，老年人维权对司法的需求不断提高。

涉老纠纷总量大、增长迅速，案件类型由传统型向现代型转变。2020年，全国各级人民法院审结的涉老民事案件42.10万件。[①] 近五年，北京市朝阳区人民法院（以下简称朝阳法院）审理涉老民事案件近5万件，较前五年增长40%以上。老年人参与投资、民间借贷等经济活动日益增多，涉老民事案件类型逐渐扩展到合同、股权等经济纠纷领域。2020年，全国各级人民法院审结的涉老民事案件中涉及老年人金融财产权益保护的案件10.61万件，占全部涉老案件的20%以上。[②] 近五年，朝阳法院涉老合同类案件数量较前五年增长50%以上。同时，老年人的司法保护需求从对身份利益、财产利益的保护上，全面延伸到人格利益、安全利益和情感利益方面。

老年人诉讼能力整体较弱，要求司法保护更加能动。由于老年人生理机能衰退，行动、认知理解能力下降，部分还存在视力、听力障碍等问题，导致老年人的诉讼能力相对较弱，具体表现在以下方面：（1）老

[①] 参见中国老龄协会与中国司法大数据研究院联合发布的《2020年度全国涉及老年人案件情况研究》。

[②] 参见中国老龄协会与中国司法大数据研究院联合发布的《2020年度全国涉及老年人案件情况研究》。

年人的法律知识不足，证据意识不强，举证能力相对较弱；（2）老年人对诉讼中的法律释明和庭审指导理解能力不强；（3）受限于经济能力和思想观念等原因，老年人委托律师代理诉讼的比例相对较低，有些虽委托他人以公民代理方式参加诉讼，但代理人大部分也没有诉讼经验，不能提供有效的诉讼帮助。

数字化发展产生数字鸿沟，老年人的诉讼参与度有待进一步保障。司法技术运用的不断升级，在提供更加高效、便捷司法服务的同时，也给老年人带来应用挑战，老年人参与智慧诉讼的能力不足。部分老年人没有电脑或者智能手机，缺乏参与智慧诉讼的基础条件；老年人在使用智能手机、电脑的熟练程度上也存在差异，大部分老年人不会使用智能设备或者熟练度不够；智慧诉讼程序在操作流程、操作界面、程序功能上，未能贴合老年人生理特点和匹配老年人的使用习惯、操作能力，个性化、精准化设计不足。

（二）继承弘扬中华民族传统美德的历史要求

孝亲敬老是中华民族传统美德，是中国特色社会主义核心价值观的重要组成部分，也是社会主义法治的基本理念之一。继承和弘扬孝亲敬老传统美德，需要引导全社会增强接纳、尊重、帮助老年人的关爱意识和老年人自尊、自立、自强的自爱意识，依法维护老年人应有的尊严和合法权益。构建养老、孝老、敬老政策体系和社会环境，要求针对老年人权益保障法律规范不健全和老年人诉讼能力整体较弱的问题，从科学立法、严格执法、全民守法上下足功夫，从公正司法层面采取积极有效的措施，提升老年人的司法获得感、幸福感、安全感。

（三）贯彻落实积极应对人口老龄化国家战略的组成部分

实施积极应对人口老龄化国家战略，既有对认识的要求，也有对实践的要求。在认识层面，要求正确认识人口老龄化过程及其影响、与老龄化相关的老年人及老龄社会等问题。在实践层面，要求主动作为，采取积极主动、科学有效的策略和措施，积极干预人口老龄化过程和结果，应对人口老龄化的各项挑战。① 健全优化涉老诉讼服务机制，构建适老型民事诉讼模式，为老年人便利参与民事诉讼活动提供保障，正确处理和解决人口老龄化过程中出现的各种矛盾纠纷，切实保障老年人的合法权益，对促进社会发展和安全稳定具有重要意义。

三、各地法院适老型民事诉讼模式回顾与比较

积极应对人口老龄化，各地法院不断进行涉老民事诉讼模式探索，形成了一些主要模式、做法。

（一）各地法院涉老审判主要模式回顾

1. 涉老审判庭模式

该种模式主要代表有：（1）上海市静安区人民法院于1994年成立老年审判庭（民事审判第三庭），② 从设立涉老案件立案绿色通道、提供涉老案件审理便捷服务、加强涉老案件优先执行、完善老年人维权社会网络、强化涉老纠纷化解宣传引导五个方面构建涉老民事审判模式。（2）山东省济宁市任城区人民法院于2007年成立老年法庭（民事审判第五庭），③ 专门审理除人民法庭管辖范围以外当事人一方为60岁以上老年人的案件，对老年人诉讼实行接待优先、立案优先、审理优先、执行优先，

---

① 参见林宝主编：《积极应对人口老龄化：内涵、举措和建议》，中国社会科学出版社2021年版，第31页。

② 1991年，上海市静安区人民法院在全国率先成立了老年法庭，开启了涉老民事案件专门审判的先河。1994年，上海市静安区人民法院在老年法庭的基础上，成立了全国首个内设机构单列的老年审判庭，创设了"上门受理、上门谈话、上门开庭、上门执行、上门回访"的"五上门"特色工作方法。参见上海市静安区人民政府网，https://www.jingan.gov.cn/rmtzx/003008/003008002/20211126/95b44446-8e29-4174-8c54-e34f4d5ebce5.html，2022年4月29日访问。

③ 山东省济宁市任城区人民法院于2007年12月成立老年法庭暨民事审判第五庭，专司审理除人民法庭管辖范围以外当事人一方为60岁以上老年人的案件。参见中国山东网，http://jining.sdchina.com/show/3058889.html，2022年4月29日访问。

实现快立案、快审理、快宣判、快执行。

2. 老年维权合议庭及巡回法庭模式

该种模式主要代表有：（1）江苏省无锡市北塘区人民法院于1995年成立保护老年人权益合议庭，① 设立"老年维权绿色通道""老年人权益保护站"，实现涉老维权"一站式"无缝对接服务，创新全方位"立体式"护老方法。（2）河北省涉县人民法院于2022年成立涉老年人巡回法庭，② 以多元纠纷化解机制为依托，畅通老年群体维权通道，注重对老年群体特殊利益保护和精神关爱；案件优先立案、优先保全、优先执行，方便老年人参与诉讼。

3. 家事、少年审判庭内的老年审判模式

该种模式主要代表有：（1）江苏省徐州市铜山区人民法院于2018年在少年家事审判庭内成立老年审判合议庭，③ 由少年家事审判庭副庭长担任审判长，配备资深法官、女法官、老乡贤、老龄部门人民陪审员等合议庭成员，由专人负责对涉老案件进行立案咨询、法律援助、材料收转等；实行庭前教育程序，对子女开展亲情教育、敬老爱老教育等，打好亲情修复基础。（2）福建省南平市中级人民法院于2021年依托少年庭成立保护老年人权益法庭，④ 对涉老案件"快立、快审、快执"，统一裁判尺度；强化诉调对接联动，邀请家事调解员参与老年人权益纠纷调解，贯彻亲情修复、调解优先的原则；加强社会协同联动，开展回访帮扶，开展普法宣传教育，协调、借助社会力量综合保障老年人参与社会发展等权利。

4. 便老惠老司法服务贯穿诉讼全过程模式

该种模式主要代表有：（1）浙江省温州市鹿城区人民法院探索建立

---

① 参见《北塘：纵深司法应对"深度老龄化"社会》，载《人民法院报》2012年10月21日。
② 参见《涉老年人巡回法庭专职受理65岁以上老人的民事、刑事案件》，载搜狐网，https://www.sohu.com/a/540693489_120794523，2022年4月29日访问。
③ 参见《江苏法制报》2018年10月19日。
④ 参见《南平中院设立保护老年人权益法庭》，载"福建高院"微信公众号，2021年10月15日。

适老型诉讼服务机制,在诉前调解、立案、审判、执行等各环节为老年人便利、平等参与诉讼活动提供司法保障。[①] (2) 广东省江门市江海区人民法院围绕诉讼程序保障、实体权益保护和社会力量三个维度统筹资源,设立"适老诉讼服务站",探索建立适老型诉讼服务机制。[②]

(二) 各涉老审判主要模式做法比较

各地法院的探索实践,为推动涉老审判方式和机制改革提供了生动样式。

设立涉老审判庭,实行涉老案件集中审判,有利于法官审判经验的积累和专业化法官的培养,全面把握涉老案件法律关系性质、准确适用老年人权益保护法律规范,统一裁判理念与尺度,实现法律适用的统一;有利于针对老年人诉讼的特殊性,出台系列专门针对老年人的诉讼服务机制、审理程序和制度性规定,切实满足涉老诉讼类型化、个体性的司法需求;有利于确定统一的法官绩效考核标准,实现考核评定的科学性;有利于充分发挥司法能动性,协调各方力量,做好涉老纠纷源头化解、诉源治理。但受制于老年法庭编制问题,及受理案件数量的支撑,各地成立的老年法庭,多为法院内设的民事审判庭,并未有老年审判庭编制。随着涉老案件类型的多样化,对法官提出了更高要求,其不仅需要了解老年人特点,还需要有更为全面法律知识。

与专门审判庭相比,老年维权合议庭、巡回法庭在设立程序上更为便利,可以根据涉老诉讼的特点、诉讼案件量,因时因地制宜,在需要的时候设立。老年巡回法庭可以有效满足地理自然条件不同、交通不便、出行不便的老年人参与诉讼活动。巡回法庭进行实地走访,更能深入了解案件的背景情况,就地审理,实现普法宣传教育功效。老年合议庭也

---

① 参见《温州法院探索建立适老型诉讼服务新机制 为老年群体量身定制"保护伞"》,载《法治时报》2021年4月1日。

② 参见《江海法院适老诉讼服务 让老年人打官司不再难》,载《江门时报》2021年4月24日。

能够达到培养专业法官,有效解决纠纷和维护法律统一的目的。但固定的老年合议庭、巡回法庭,面临考核机制公平科学性问题。合议庭、巡回法庭模式难以满足涉老诉讼数量大、需求多的要求,也不利于专门硬件配备及适老型诉讼服务机制的建立。

涉老案件类型涉及婚姻家庭、析产继承等家庭内部矛盾纠纷,并向侵权、合同等外部纠纷扩展。[1] 前一种诉讼可以归集在家事审判工作中,这也是部分法院在家事审判庭内开展涉老诉讼审判的原因。对该类诉讼,由家事审判庭办理,可以避免司法资源的重复和浪费,充分发挥家事审判庭解决相关纠纷的优势。但家事审判庭的相关制度和做法,对涉老对外诉讼却难以贴切地适用。在涉老对外诉讼中,既要充分考量老年人诉讼的特殊性,又要全面认清当事人间的法律关系,准确运用法律规范解决纠纷。对内诉讼和对外诉讼审理方式的不同,是将涉老审判独立于家事审判的根本原因。

对于司法资源不充裕的地区,不单设专门的老年审判庭、老年合议庭、家事审判庭,而以贯穿始终的老年人优待措施,在现有民事诉讼法的基本框架结构内建立行之有效的便老惠老司法服务机制,对老年人在诉讼上给予一定便利和辅助,也是一种有效路径。

四、朝阳法院涉老审判的实践与思考

北京市朝阳区作为首都面积最大、人口最多的城区,老年人口数量大,老龄化程度较高,2021年60岁及以上常住人口为72.8万人,占比21.1%。[2] 朝阳法院立足于人民法庭的职能定位,结合区域实际,确定亚运村人民法庭为涉老纠纷审理的专业化人民法庭,将人民法庭职能功能

---

[1] 根据诉讼当事人间的关系和法律关系,涉老诉讼可以分为有特殊身份关系的内部诉讼和对外诉讼。内部诉讼是指发生在家庭成员之间的诉讼。对外诉讼的当事人间无家庭成员关系等特殊身份关系的诉讼。

[2] 数据来源于北京市老龄工作委员会办公室、北京市老龄协会发布《北京市老龄事业发展报告(2021)》。

前移后延，从诉前调解、审判执行、参与社会治理等方面，探索构建全方位、全流程的适老型民事诉讼模式，为创建老年友好型社会、加强老年人权益保障提供有力司法服务和保障。

（一）朝阳法院涉老审判制度机制建设

1. 建立适老型诉讼服务新机制，便利老年人参与诉讼活动

改造和完善适老诉讼服务设施，方便老年人参加诉讼：（1）进行无障碍通道和法庭改造，按照无障碍建设、设计规范要求，进行诉讼服务大厅和法庭建设改造，保障法庭通行安全和使用便利；（2）设立"适老诉讼服务站"，印制大字体诉讼指南，安排人员指导老年人使用智慧诉讼服务，弥合"数字鸿沟"问题，配备老花镜、轮椅、急救箱和 AED 急救设备，与附近医疗机构达成医疗应急合作；（3）设立"长青驿站"心理疏导室，对于可能存在心理障碍或情绪不稳定的老年人，及时提供心理疏导，实行心理咨询介入涉老审判机制；（4）设立长青志愿岗，与北京市老年志愿者协会合作，由志愿者协会选派老年志愿者参与诉讼服务志愿岗位，承担诉讼引导工作，解答来法院的老年当事人相关服务咨询。

增加适老诉讼服务程序制度供给，提供精细化服务：（1）提供定制式、"一对一"的诉讼服务，对患有严重疾病、行动不便的老年人，提供电话口述、在线申请等立案方式和远程视频、巡回审判等诉讼服务。（2）运用适老化的庭审方式，对于进入庭审的案件，庭审时适当放缓语速、审理节奏，方便老年人倾听和表达诉求。（3）建立案件进度通报和专业术语解释制度，审理过程中通过电话、上门等方式向老年人及其子女及时通报案件审理进度；庭审中及判决后，及时向老年人进行专业法律术语解答及法律释明。（4）建立老年人审判执行应急机制及紧急联系人信息制度，以备老年人突发重大疾病或意外事件时联系。（5）建立老年人司法救助机制，对遭受侵权行为导致身体伤害或者生活困难的老年人，因被执行人履行不能等原因导致老年人无法获得足额赔偿并出现严重生活

困难的，及时予以司法救助。

2. 优化涉老纠纷诉调对接机制，提升涉老纠纷化解效能

朝阳法院将涉老纠纷和解、调解"关口"前移，精准案件识别、分流，完善诉调对接模式，积极提升涉老纠纷化解效能。（1）专门调解组织和特邀调解员调解。引入养老机构行业协会调解组织，对涉养老机构的服务合同、侵权类纠纷进行专门调解；邀请人民调解委员会、村（居）民委员会、街乡司法所工作人员等人员为特邀调解员，按照调解员属地和调解能力特长，有针对性委派、委托具有丰富社会经验的人员参与涉老案件调解。（2）诉讼前和解。在案件受理前，先与老年当事人家人或所在社区、村委联系，了解情况、先行调解，解开心结，力争促成诉讼前和解，平和修复关系。（3）司法确认。对于达成诉前和解的当事人，引导当事人通过人民调解组织或者其他具有调解职能的组织达成调解协议，指导当事人申请司法确认。（4）诉讼调解和速裁分流。设置案件分流员，对案件是否属于老年人权益保障案件、是否具备诉讼调解或速裁条件进行精准识别并分流，适合调解的，及时分配委托调解，不合适调解的，及时转由速裁法官或者后端法官办理。

3. 探索老年人参诉程序机制，切实保障老年人实体权益

朝阳法院制定《老年人权益保障案件工作规定》，从老年人诉讼能力识别和诉讼陪同机制、老年人诉讼代理和法律援助机制、老年人诉讼真实意愿查明机制、老年人诉讼的柔性调解和能动审理机制等方面，建立和完善老年人参诉程序机制。

建立老年人诉讼能力识别和诉讼陪同机制。根据老年人年龄、身体、精神健康状况以及文化水平等因素，对老年人的诉讼能力进行识别和标记。对于听说读写能力较强，能参与诉讼流程，也能使用智能设备的老年人，标记为绿色；对于有一般诉讼能力但在智能设备使用上存在障碍的老年人，标注为黄色；对于存在诉讼能力障碍的老年人，标记为红色。在老年人进入法庭，诉讼服务人员进行识别后，根据不同类型分别标记，

提示后续程序中对老年人某一方面（如耳背、无法手写等）予以特殊关注。能力识别、标记表随案流转，方便在不同阶段掌握老年人的身心状态，根据老年人个体差异，提供有针对性的诉讼服务。

针对大部分老年人法律知识不足、诉讼活动经历少，一旦进入诉讼程序，对诉讼规则、流程等认识理解不足，且常有沟通障碍，而诉讼代理制度不足以完全补强老年人诉讼能力欠缺的实际，建立诉讼陪同机制，允许老年人的亲朋好友等有密切关系的人陪同参与诉讼。在庭前进行诉讼陪同确认、告知，增强当事人及对方的配合、认可度。诉讼陪同人员与诉讼代理人相区别，诉讼陪同人员只陪同参与、协助办理程序性事项，负责信息传达、解释说明等工作，不具有实体决定权。诉讼陪同人员不限于近亲属等，也不要求诉讼陪同人员具有律师、法律服务工作者资格，但应当与老年人具有密切的关系，比如保姆、邻居、社区工作者、同单位人员等。

协助老年人确定诉讼代理人和法律援助机制。在老年人委托他人以公民身份代理诉讼时，法院对涉老诉讼代理人资格及诉讼行为严格审查，向权利人释明诉讼的利害关系。如果老年人无委托诉讼代理人且自身诉讼能力明显不足，或者委托诉讼代理人为近亲属但当事人本人和委托诉讼代理人均明显缺乏必要诉讼能力的，或者老年人无委托诉讼代理人，且案件的对方当事人为其近亲属，无法由其近亲属担任委托诉讼代理人的，在上述情形下应当征求老年诉讼参与人意见，向本人或其近亲属建议向司法行政机关申请法律援助，也可适时与司法行政机关协调确定提供法律援助服务的委托代理人，或建议老年人申请由基层组织或社会团体推荐公民代理进行诉讼。

针对老年人法律援助的特殊性，加大法律援助协作和司法救助力度。加强与法律援助机构的协调配合，建立健全老年人法律援助维权机构网络，建立起以法律援助中心为轴心，以基层司法所为依托的法律援助工作站。同时，做好与相关职能部门的协调工作，特别是司法救助的衔接工作，会同相关部门加大对受害老年人临时庇护、法律援助的帮扶力度，加大司法救助力度，建立多层次救助体系。

建立老年人诉讼真实意愿查明机制。充分关注老年人的真实意思，强化真实意愿查明机制，确保老年人诉讼自主。在老年人诉讼中特别设置询问、核对程序，在审查老年诉讼参与人主体情况时，结合是否本人参诉、身心状况、诉讼主张等综合判断是否系老年诉讼参与人的本人真实意愿。

建立老年人诉讼的柔性调解和能动审理机制。在涉老审判中，除了程序便民、亲民，优待弱者外，更加注重调解审判工作的柔和、灵活。贯彻调解优先原则，对涉老年人案件优先安排相对缓和的调解方式。在老年人案件审理过程中更多考虑老年人的举证能力情况，在举证质证、审理方式上作出特别规定，明确规定法院的释明、协助举证义务，采取积极能动的审理方式，依职权开展法庭调查，最大限度查明案件事实。在庭审问答上，针对言语含糊混乱等老年人，采用书面笔录问答式庭审模式，针对文化水平和法律知识欠缺的老年人，以通俗话语代替法言法语，逐一询问，充分保障其发言权。

4. 积极参与推动多方联动社会治理体系建立，共筑老年友好型社会

（1）以党建为引领，主动融入基层党委领导下的涉老纠纷社会治理大格局，建立"长青"党建创新项目，坚持党建工作与业务工作同谋划、同部署、同推进，助益基层治理精准发力，推动队伍合力持续凝聚；积极争取各级党委和政府支持，加强与相关部门沟通联系，建立完善联席会议制度，推动建立矛盾纠纷预防调处化解三级联动体系机制。（2）运用"法官进社区"工作平台，发起成立"长青志愿服务队"，倡导善行善举、凝聚爱心、奉献社会，提升干警特别是青年干警社会认知、体察和群众工作能力。（3）传统文化与法治文化一体推进，打造涉老法治文化宣传基地，在法庭建设孝亲敬老法治文化宣传教育展，以中华优秀传统文化、革命文化、社会主义先进文化中的尊老敬老法治优良传统和成

果，传承和弘扬中华民族传统美德与社会主义核心价值观。（4）加强法治宣传，树立敬老爱老的社会风尚，开展巡回审判，以案讲法，达到"开庭一次，教育一方"的良好效果；全方位加强普法、宣讲活动，不仅向老年人普及维权法律知识，也向社会各阶层宣传老年人权益保障法，引导公众树立尊重、关心、帮助老年人的社会风尚，从源头上预防和减少老年人权益被侵害现象的发生。

（二）构建和完善适老型民事诉讼模式的思考

适老型民事诉讼模式的构建和完善是一项系统性工程，涉及立法、执法、守法、司法各个层面，需要优化涉老年人诉讼程序供给、注重老年人实体权益维护、提供更优涉老年人诉讼服务、统筹社会力量参与。

第一，在涉老诉讼模式上，各地法院探索建立的涉老审判主要模式，或是存在着受限于老年法庭编制及受理案件数量支撑，法官审判能力全面发展的问题；或是面临考核机制科学性、难以有效满足涉老诉讼数量大和多元化的要求；或是存在老年审判领域专门硬件和适老型诉讼服务机制建立健全等问题。

第二，在支持老年人起诉和公益诉讼机制上，根据民事诉讼法的相关规定，机关、社会团体、企事业单位对损害国家、集体或者个人民事权益的行为，可以支持受损害的单位或个人向人民法院起诉，但该制度在涉老案件中运用较少。针对实践中老年人合法权益被侵害的现状，探索建立检察机关、负有老年人权益保护职责的老龄委、村（居）民委员会和其他老年人组织支持老年人起诉和老年人维权公益诉讼制度，具有重要意义，具体包括支持起诉、可提起老年人权益保障公益诉讼的主体、老年人维权公益诉讼受案范围等问题。

第三，在吸收借鉴中华传统法律文化优秀成果与涉老审判方式、机制改革有机结合上，如何更好地吸收、借鉴传统法律文化"无讼"的理念和方法，探索涉老案件的非诉化改革，将一些没有权利义务争议的、事实性的涉老案件纳入非诉程序，通过非诉方式或自治方法最大程度解决当事人面临的纠纷或问题。

第四，老年人权益保护领域相关法律规范仍有待完善。老年人权益保障法规定了老年人社会优待的内容，但涉及司法优待的规定只有关于诉讼费用的缓减免、提供法律援助、法律服务的内容，没有专门的"司法保护"内容规定。在其他法律和司法解释方面，缺乏系统、全面、完善的规定。因此，需要进一步在相关法律中增设老年人"司法保护"专门内容，在相关实体法、诉讼法、司法解释和诉讼服务规范中针对适老型诉讼服务机制进一步具体细化。

预付式消费中消费者权益的司法保护探究

——关于涉预付式消费纠纷案件的调研报告

浙江省杭州市中级人民法院课题组[*]

一、现状考察：预付式消费纠纷案件的基本情况

（一）案件概况和特点

通过对浙江省杭州两级法院的数据样本进行分析，可发现近三年（2019年至2021年）杭州地区预付式消费纠纷案件集中呈现出以下特点。

1. 案件数量总体呈增长态势

受新冠疫情等多方因素叠加影响，预付式消费纠纷数量呈阶段性激增趋势（见表1）。

表1 近三年杭州地区预付式消费纠纷案件审理情况

（单位：件）

年份 类型及数量		2019年	2020年	2021年
收案	收案数	2260	2678	2565
	诉前化解数量	817	1145	1291
	潜在诉讼主体未入程序数量（估计）	4050	34450	5480

---

[*] 课题组成员：邵景腾、姚炜强、韩圣超、孔文超、刘小敏、郭泽夏。

(续表)

结案	结案数	2305	2635	2670
	判决数量	872	985	1191
	调撤数量	1370	1574	1419

2. 案件类型和涉及行业相对集中

以服务合同、教育培训合同和买卖合同三大类为主，教育培训、休闲健身、美容美发行业相关纠纷较为多发（见图1、图2）。

其他
8件，占0.1%

教育培训合同
1333件，占17.5%

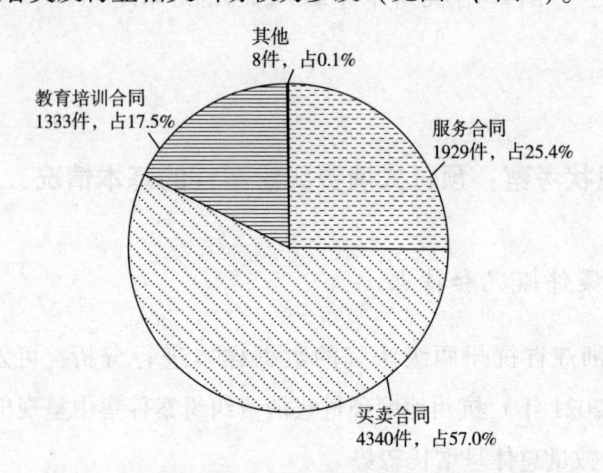

服务合同
1929件，占25.4%

买卖合同
4340件，占57.0%

图1 近三年杭州地区预付式消费纠纷案件案由分布

（单位：件）

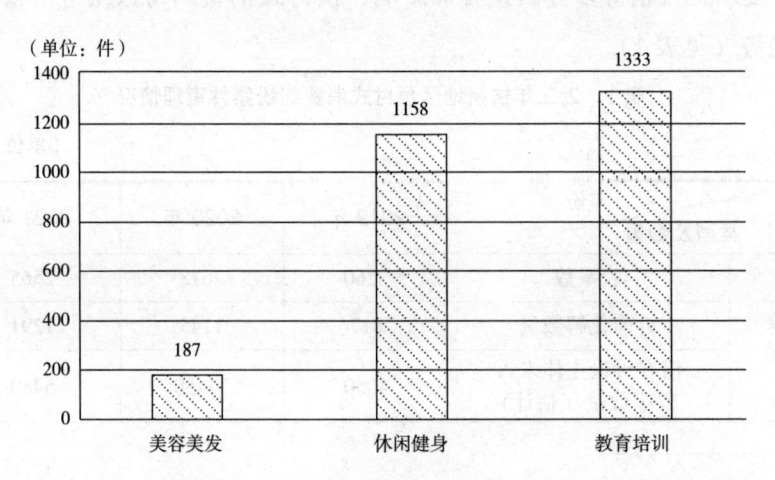

美容美发 187
休闲健身 1158
教育培训 1333

图2 近三年杭州地区预付式消费纠纷案件所涉主要行业

3. 案件争议主要涉及退款和虚假宣传

消费者的诉讼请求主要集中在要求解除合同并退还剩余预付费用，或者要求认定经营者虚假宣传进而主张惩罚性赔偿（见图3）。

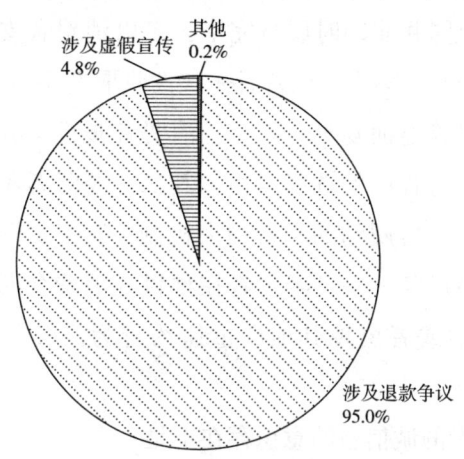

图3 近三年杭州地区预付式消费纠纷类型

- 涉及虚假宣传 4.8%
- 其他 0.2%
- 涉及退款争议 95.0%

4. 群体性纠纷多发

预付式消费涉众面广，一旦商家"跑路""暴雷"或者"失联"，会导致批量纠纷产生，因涉案人数较多，消费者维权意识增强，大多通过集体诉讼等方式维权，容易出现预付式消费纠纷案件集中爆发的情况，需要人民法院妥善处理，正确引导，以此保护消费者合法权益，维护社会稳定。据统计，近三年杭州地区预付式消费纠纷中涉及群体性纠纷的案件共计1245件，比如，余杭法院受理的某健身有限公司与消费者之间的服务合同纠纷达107件。

5. 案件执行难度大

商家因自身经营不善、无法继续维持而停业类案件以被告缺席判决居多，部分案件经营者虽勉强应诉，但大多无履行能力。消费者即使胜诉，也会在执行中面临经营者人找不到、无财产可供执行等情形。个别案件存在构成集资诈骗等刑事犯罪的可能，审理时间长、追赃难度较大。

（二）成因分析

1. 预付式消费的履行义务顺序有别于传统消费模式

预付式消费合同并非即时履行完毕，多以消费者支付足额预付款作为双方权利义务开始的标志，经营者一次性收取费用后分多次履行义务，由此可能导致的风险显而易见。其一，消费者履行义务的前置性限制了消费者在合同履行过程中的选择自由；其二，经营者履行合同义务的滞后性弱化了经营者诚信履约的利益约束机制；其三，消费者权利的实现存在不确定性和高风险，一旦经营者在预付式消费合同项下义务履行完毕前陷入破产境地或者出现其他严重违约行为，极易导致消费者维权困难。

2. 部分经营者的诚信履约意识存在不足

在预付式消费模式中，经营者掌握着主动权且占据有利地位，消费者在交付款项后则明显处于弱势地位，其能否完整享受商品或服务，很大程度取决于经营者的经营状况和诚信程度。实践中，部分经营者不诚信履约，主要表现在以下方面：其一，合同制定不规范，大量使用格式条款。格式条款通常倾向于保障经营者的权益，具有规避经营者应负义务、限制消费者权利的共性。其二，虚假宣传行为多发，服务质量难以保障。有的经营者以各种优惠条件甚至不惜以虚假宣传方式诱导消费者办理预付卡，而待消费者完成款项支付后，服务态度和服务质量明显下降。其三，擅自终止营业，恶意逃避债务。有的经营者吸引大量消费者办卡后突然消失，有的在办卡之初就有大规模圈钱的想法，有的因经营管理不善发生资金链断裂进而跑路等，无论何种原因，都会对消费者权益造成较大的负面影响。

3. 部分消费者的风险防范意识有待加强

冲动消费以及缺乏足够的风险意识，是消费者在预付式消费模式中较为常见的问题。一方面，部分消费者往往容易受各种优惠承诺的诱惑，未对经营者的经营能力等进行了解就草率签约；另一方面，部分消费者对自身权利缺乏保护意识，未充分全面了解合同条款内容即签字确认。同时，部分消费者收集、固定书面证据的意识不强，不注意保留合同、票据等交易凭证，导致纠纷发生后难以有效举证，也给经营者的违法失信行为提供了可乘之机。

二、实证分析：预付式消费纠纷案件审理中的疑难问题及裁判思路探析

（一）格式条款的效力认定

格式条款由于其方便、快捷、缔约成本低等特点而在预付式消费中普遍使用，但是经营者为了自己的最大利益，往往会利用其优势地位，制定一些不公平的格式条款。民法典第四百九十七条规定，提供格式条款一方不合理地免除或者减轻其责任、加重对方责任、限制或排除对方主要权利的，该格式条款无效。消费者权益保护法第二十六条第二款、第三款亦明确，经营者不得以格式条款作出排除或者限制消费者权利、减轻或者免除经营者责任、加重消费者责任等对消费者不公平、不合理的规定，不得利用格式条款并借助技术手段强制交易，格式条款含有前述内容的，其内容无效。在具体案件中，考虑到预付费的消费者承担了更多风险，认定格式条款效力以及相应的法律后果时，应从平衡经营者与消费者双方权利义务关系的角度出发，依法保护消费者合法权益。

1. "一经办理，概不退卡"条款

民法典第五百六十三条第一款规定了五种符合法定条件可以单方解除合同的情形，当预付式消费中的情形符合上述法律规定时，消费者可以单方面依法解除合同，而不受合同中"一经办理，概不退卡""本店享有任意变更或终止合同的权利"等排除、限制了消费者法定权利的格式条款限制。这些限制条款任意扩大了经营者的权利，侵害了消费者法定的合同解除权，应当依法被认定为无效。

2. "余额过期作废"条款

过期作废是指消费者在取得预付卡以后，必须在规定期限内进行消费，逾期则作废或者附条件地进行延期才能继续有效的情形。① "余额过期作废"条款有两种表现形式，一种是过期后余额直接归经营者所有，另一种是过期后需再次充入一定金额达到特定数量才能继续使用。关于前者，虽然消费者一次性支付价款，但是经营者需分次履行，消费有效期经过后余额直接转归经营者所有的条款，排除了消费者的主要权利，应当被认定为无效。关于后者，"卡内余额须达到一定数量才能继续使用"条款在性质上属于限制消费者权利的条款，有强制消费、侵害消费者的公平交易权之嫌，针对此种情形，仍需综合余额过期原因、保底余额要求、经营者经营成本变化等因素作出效力评判。

3. "本卡不得转让"条款

预付式消费卡分为记名和不记名两种。不记名预付卡，谁持有该卡便意味着享有该卡所对应的债权，"本卡不得转让"条款多发生在记名预付卡中。记名预付卡中"本卡不得转让"的格式条款不宜一律认定无效，应在个案中根据消费者提出的转让事由是否合理予以区分。记名预付卡的消费主体往往是特定的，经营者与消费者约定记名预付卡不得转让，属于合同双方约定债权不得转让的情形。由于此类条款与消费者具有重大利害关系，消费者提供证据证明经营者未履行提示或者说明义务，主张该条款不成为合同内容的，应予支持。如果预付卡限制转让条款不存在不成立或者无效的情形，而在履行过程中出现合同解除的法定事由，消费者主张解除合同的，应予支持。

（二）责任主体的认定

1. 真实经营主体与名义经营主体的厘清

调研发现，部分经营者故意设置多重法律关系，造成对外经营主体

---

① 参见吴景明、雅克主编：《我国新消费形式下消费者权益保护法律问题研究》，中国法制出版社 2013 年版，第 240 页。

混乱，导致消费者难以准确确定维权对象。

（1）营业执照上登记的经营者与实际经营者不一致。消费纠纷发生时，如果营业执照上登记的经营者与实际经营者不一致的，消费者有权按《最高人民法院关于适用〈中华人民共和国民事诉讼法〉的解释》第五十九条第二款规定，以实际经营者与登记的经营者作为共同诉讼人提起诉讼。消费者权益保护法第四十二条规定：使用他人营业执照的违法经营者提供商品或者服务，损害消费者合法权益的，消费者可以向其要求赔偿，也可以向营业执照的持有人要求赔偿。由此可见，实际经营者与登记的经营者均可以作为责任承担主体。

（2）经营者向消费者披露的经营主体名称并无对应的工商登记主体。有些经营者为规避法律责任，在与消费者交易过程中，往往使用"××俱乐部""××会所""××中心""××分店"等名称，而未真实披露用于工商登记的主体名称。笔者认为，在此情形下，应当综合预付款的收取主体、经营场所的租赁主体以及水电费、物业费的支付主体等综合判断经营者的真实身份。如相关场景下的主体身份均一致，则足以确认合同相对方。反之，则需结合预付款的资金流向、涉及消费者的各个环节所使用的字样或者图案标识等，进一步甄别消费者有理由相信与其成立合同关系的相对方身份，并将其作为承担责任的主体。

2. 总店与加盟店的责任辨析

特许经营在健身、美容美发、教育培训等领域的预付式消费中广泛应用。虽然总店与加盟店属于独立的民事主体，但双方为紧密联系的利益共同体，且总店在对加盟店的经营行为加以控制的过程中不仅获得了加盟费、管理费等直接利益，还获得了市场份额扩大、知名度提高等间接利益。如果完全排除总店的责任，不但在处理效果上有失公平，而且对于总店为扩大特许经营而降低加盟标准、发展无赔偿能力的加盟店等行为无法起到规制作用，最终有可能将风险全部转嫁于社会公众。因此，根据权利义务相一致原则，笔者倾向于综合衡量总店对加盟店的控制行为在加盟店对消费者的违约行为中的参与程度来确定总店是否承担责任、责任大小及责任类型。

3. 经营主体变更后的责任承担者

经营主体变更的情形，包括经营主体的合并和转让。纠纷多见于经营者变更时没有做好交接善后事宜，继受经营者没有继续为之前的会员提供服务或者办理退卡事宜，而是采取概不负责或者要附加条件且不允许消费者退费的做法，上述行为严重侵害了消费者合法权益。笔者认为，经营主体的合并和转让，应当遵守诚信原则和权利义务相一致原则，不得因此而损害已支付预付款的消费者的利益。同时，根据民法典第五百五十五条的规定，该转让行为需征得已支付预付款的消费者的同意。公司法第一百七十四条也规定了作为继受经营者的继续履行义务。

（三）消费者合同解除权的行使

1. 消费者行使合同解除权的情形

预付式消费合同适用民法典第五百六十三条关于合同法定解除的规定，通常在经营者存在根本违约行为，或者存在不可抗力或其他违约行为致使合同目的无法实现等情形下，消费者享有法定解除权。不可抗力是指不能预见、不能避免并且不能克服之客观情况。根本违约的认定重点在于致使合同目的不能实现。笔者认为，如果经营者在履约过程中擅自停止经营、变更履行义务的主体，以及服务质量明显降低、经营场所搬迁导致与消费者距离明显增长或出现其他违约情形，足以达到根本违约形态的，消费者有权行使法定解除权。

鉴于预付式消费合同的交易对象主要可分为商品和服务，而服务类的预付式消费合同通常具有人身专属性，属于债务标的不适于强制履行或者履行费用过高的情形，故在双方的信任基础已经丧失的情况下，应允许消费者作出是否继续接受服务的选择，即应赋予消费者对此类合同解除的权利。但如果消费者因自身原因提出终止合同，经营者并无违约行为或过错的，则消费者对合同解除负有单方过错，应承担相应的违约责任。

2. 合同解除后退还剩余预付费用的计算

合同解除后，尚未履行的，终止履行；已经履行的，根据履行情况和合同性质，当事人可以要求恢复原状，采取其他补救措施，并有权要求赔偿损失。预付式消费合同属于继续性合同，解除权行使原则上无溯及力，将产生使合同仅向将来消灭的法律后果，对已履行部分不产生影响。

关于解除合同时应退还的剩余预付费用的计算，笔者认为，可综合预付式消费合同的性质和形式、合同完成比例、行业标准、合同解除原因、各方损失以及双方对合同解除的过错程度等各方面因素依法认定应退还费用金额。杭州地区的司法裁判情况显示，对于在设定的使用期限内不限制消费次数的预付凭证，通常根据消费者在解除合同时剩余的使用期限的占比，折算应退还的余额；对于以消费者实际购买的商品或者接受的服务扣付费用并设定使用期限的预付凭证，一般根据消费者剩余的消费次数折算应返还的数额。

另存在一定争议的是合同解除时赠送项目应如何处理的问题。笔者倾向于认为，"赠品"系为促成缔约的营销手段，应综合案情考虑其性质的认定。如"赠品"为赠送消费金额或者增加消费期限，则系"明赠实购"，本质上仍属消费者购买的商品或服务的一部分，在计算退费金额时，应将"赠品"价值予以一并考量。如"赠品"为赠送办卡礼品或者体验服务，则系经营者对消费者的额外赠与，合同解除时，若消费者已实际享用，经营者无权请求消费者折价补偿，而若消费者未使用或未享受，经营者也不再承担赠与义务。

（四）虚假宣传与欺诈的区分

虚假宣传与欺诈的共同点显而易见，即不实信息影响了消费者对真实信息的获知，进而在一定程度上左右了消费者的意思表示。经营者的欺诈行为大多以虚假宣传方式实施，但并非所有虚假宣传都构成欺诈行为。

民法上的欺诈,一般指故意隐瞒真相或故意告知虚假情况,诱使相对方陷入错误意思表示的行为。但也有观点认为,消费领域中欺诈的构成仅需满足经营者的主观故意和存在欺诈行为即可,无须考虑被欺诈方的认知。笔者倾向认为,判定经营者的虚假行为是否构成消费欺诈行为,应坚持经营者和消费者的主客观相统一的标准,主要审查是否同时满足消费欺诈的四个构成要件:经营者有欺诈的故意;经营者实施了欺诈行为;消费者因经营者欺诈行为产生错误认识;消费者因错误认识作出意思表示。而在判断是否具备前述四要件时,一般需综合考虑以下两个因素:其一,经营者是否对合同重要条款提供不实信息。对合同重要条款的评判,应以是否影响消费者选择购买经营者商品或服务时的预期、影响合同目的之实现为主要审查因素。比如,经营者对涉及商品的主要功能或者服务主体资质、服务主要标准等存在虚假宣传时,一般考虑其构成欺诈。其二,虚假宣传的方式致使消费者被误导的可能性和客观事实。在认定错误时,应当以普通消费者通常应有的判断能力为准,并结合日常生活经验、相关公众一般注意力、发生误解的事实和被宣传对象的实际情况等因素予以评判。[①] 只有在虚假宣传的同时构成消费欺诈的,消费者才可依据消费者权益保护法第五十五条的规定主张惩罚性赔偿。

三、路径探索:防范化解预付式消费纠纷的对策与建议

(一)发挥人民法院职能,为规范预付式消费提供司法保障

深入贯彻落实中央发布的《关于加强诉源治理推动矛盾纠纷源头化解的意见》,坚决把非诉纠纷解决机制挺在前面,强化诉调对接工作。进一步优化司法资源配置,推动建设分层递进、繁简分流、衔接配套的一站式诉讼服务体系,满足当事人多元、高效、便捷的解纷需求。依托智慧法院建设等信息技术手段,加大在线诉讼服务力度,节约消费者维权

---

① 参见宦广堂、李春艳:《经营者虚假宣传构成欺诈的认定》,载《人民司法·案例》2016年第5期。

成本。针对预付式消费纠纷中的类型化案件，将要素式审判模式覆盖到诉前调解、立案、庭审、文书制作等环节的全流程，确保案件快审快结。审慎分析研判群体性纠纷，选取具有代表性的示范案件先行审理、调判，通过发挥示范案件的引领作用，妥善化解其他平行案件纠纷。结合案件审理过程中发现的新问题，不断总结提炼审判经验，推动案例指导工作常态化，并建议最高人民法院尽快出台预付式消费的相关司法解释，完善涉及预付式消费领域的裁判规则，有效发挥民事审判对预付式消费行业的规范引导作用。多渠道多方式开展司法宣传活动，通过发布典型案例、庭审直播、巡回审判、法律讲座等方式，普及消费者权益保护法律知识，引导消费者和经营者树立法治观念、强化规则意识，助力营造和谐公平诚信的消费环境。

（二）聚焦行业风险点，实现预付式消费全过程动态监管

建议严格预付费行业准入门槛管理，推行准入核验备案制度，结合经营者的资金规模、信用状况等进行灵活管理，从源头净化市场。建议加强对预付式经营活动的日常监管，建立预付资金存管平台，确保经营者专款专用，保障消费者资金安全，保障交易安全。建议完善经营者诚信档案，建立严重失信主体禁入名单，加大对失信经营者的惩罚力度，以提高经营者的失信成本，对相关不法行为起到震慑与警示作用，更好地维护市场经济秩序和法治化营商环境。

（三）推动行业自治，促进经营者守法诚信经营

推动行业自律和管理，充分发挥行业自律组织在行业管理与纠纷化解方面的桥梁作用，通过制定行业规范、开展行业培训、推行合同示范文本等，促进预付式消费行业健康发展。引导经营者及时履行信息披露义务，真实、全面、准确地向消费者提供与预付式消费业务相关的信息，不作虚假或者引人误解的宣传，充分保障消费者的知情权。规范经营者的签约履约行为，严格按照民法典、消费者权益保护法关于格式条款的

要求，制定权责明晰、公平合理的协议文本，以显著方式提请消费者注意与其有重大关系的内容，在履约过程中注重消费者的消费体验，保证产品和服务质量。

（四）倡导理性消费，提升消费者风险防范意识

引导消费者养成理性消费观，充分考虑自身需求、经济状况和消费习惯，作出预付消费决定。签订合同时，建议消费者尽可能详尽阅读合同条款，对合同中的模糊用语或对自身权利义务有较大影响的条款，可要求经营者进行解释说明，对于没有书面合同或者约定过于简单的，可主动要求签订合同或增加合同条款。合同履行过程中，建议消费者注意保管预付款协议、消费凭单及发票等相关证据，以便在维权时进行举证；建议消费者积极关注商家的经营动态和信用状况，如果发现商家经营情况异常，可依法进行救济。

（五）形成社会共治合力，构建防范化解预付式消费纠纷协同体系

根据预付式消费纠纷的特点，建议整合社会资源，凝聚法院与市场监管、消保委等相关职能部门的合力，全面构筑消费维权共享共治的大格局。通过加强沟通协作和信息共享，搭建预付式消费纠纷数据、信息的互联互通平台，不断规范完善协同合作工作机制，实现预付式消费领域行政监管、行业自律、司法规制的有机统一。协同做好涉群体性的预付式消费纠纷案件的联合调处工作，依托党委政府力量，汇聚多元解纷合力，助力破解群体性消费纠纷难题。畅通消费者维权渠道，推动"司法调解+行政调解+人民调解+行业调解"多元化解新模式，为当事人提供"投诉+调解+确认"一站式解纷服务，实现更多预付式消费纠纷的源头化解、多元化解。

约稿函

《民事审判指导与参考》由最高人民法院民事审判第一庭编。自2000年创办以来，本书以传播最高人民法院民事审判政策和指导意见、介绍最高人民法院和全国地方各级人民法院的优秀审判工作经验以及审判实践中疑难问题的解决思路为己任，对全国法院民事审判工作起到了重要的指导与参考作用，并为全国民事审判工作人员及其他关注、研究民事审判工作的法律工作者提供了一个广阔、互动的交流平台。为了能够有更多优秀稿件更好地反映各地民事审判研究成果，特在此向全国法院系统人员征集与民事审判相关的稿件：

【业务文章】主要收录民事审判实体法律适用以及裁判方法、审判理念等方面的文章，文章应立足审判实践，言之有物、论证有据、观点明确，切忌拖沓，每篇6000字左右为宜。

【地方法院案件解析】主要收录各地法院审结具有典型性和一定指导意义的案件，主要包括基本案情、审判情况及对涉及的法律问题的评析。每篇文章不超过5000字。

【热点调研】主要收录各地法院针对民事审判实践中的新情况、新问题进行调研形成的调研成果，调研文章应当数据翔实、分析论证透彻，并提出相应的意见和建议。每篇文章以1万字左右为宜。

【地方法院传真】主要收录各地法院有关民事审判工作的规范性意见和文件等，为各地法院提供一个信息共享、经验交流的平台。

来稿请发送到以下电子邮箱，并注明联系人电话等联系方式，写作规范及体例请参照已出版图书相应栏目的文章。

联 系 人：张一宸
电　　话：010-67556755
电子邮箱：zuigaofaminyiting@163.com

最高人民法院民事审判第一庭
《民事审判指导与参考》编辑部